四川省教育廳重點科研資助項目

# 《法苑珠林》文本整理商議

范崇高 / 著

四川大學出版社

責任編輯:徐　凱
責任校對:張伊伊
封面設計:墨創文化
責任印制:王　煒

圖書在版編目(CIP)數據

《法苑珠林》文本整理商議 / 范崇高著. —成都：
四川大學出版社，2018.3
　ISBN 978-7-5690-1625-3

　Ⅰ.①法…　Ⅱ.①范…　Ⅲ.①佛教-宗教經典②《法
苑珠林》-研究　Ⅳ.①B94

中國版本圖書館 CIP 數據核字（2018）第 046808 號

書名　《法苑珠林》文本整理商議

著　　者　范崇高
出　　版　四川大學出版社
地　　址　成都市一環路南一段 24 號 (610065)
發　　行　四川大學出版社
書　　號　ISBN 978-7-5690-1625-3
印　　刷　郫縣犀浦印刷廠
成品尺寸　148 mm×210 mm
印　　張　12.125
字　　數　281 千字
版　　次　2018 年 3 月第 1 版
印　　次　2018 年 3 月第 1 次印刷
定　　價　48.00 圓

◆讀者郵購本書,請與本社發行科聯繫。
　電話:(028)85408408/(028)85401670/
　(028)85408023　郵政編碼:610065
◆本社圖書如有印裝質量問題,請
　寄回出版社調換。
◆網址:http://www.scupress.net

# 前　言

　　《法苑珠林》一百卷，是唐代僧人道世對唐代及以前漢譯佛經和相關文獻進行分類整理後編纂而成的類書，素有"佛教百科全書"之稱，是研究佛教文化以及漢代以後至唐代社會歷史最為重要的文獻之一。道世，唐代長安僧人，本姓韓，字玄惲。因名避唐太宗李世民廟諱，當時多稱其字。其傳記見於《宋高僧傳》卷四。道世著述頗多，尤以《諸經要集》和《法苑珠林》影響最大。為了便於人們從浩如煙海的佛教文獻中集中了解佛教博大精深的意旨，道世仿照南朝梁釋僧旻、寶唱等編纂《經律異相》的體例，分門別類摘錄佛教經典以及有利於佛教思想傳播的外典，將其中的重要內容編成《諸經要集》二十卷。其後，他又花了約十年時間，把《諸經要集》的內容擴充為《法苑珠林》。《法苑珠林》成書後，流傳廣泛，從宋代開始收入《大藏經》，歷經元、明、清，不斷有新的刊刻本問世。由於《法苑珠林》資料來源龐雜，內容涉及佛教文化和社會生活的各個方面，加上俗字俗語夾雜其間，理解原文已屬不易，而在輾轉傳抄中又出現了不少錯訛，所以文本失真的程度相對較高。

　　最早對《法苑珠林》文本加以斷句並進行出示校記的校勘的，是日本高楠順次郎等於1934年輯錄完成的《大正新修大藏經》(簡稱《大正藏》)。《大正藏》本《法苑珠林》以《再刻高麗藏》為底本,參考《開寶藏》本、《契丹藏》本等整合而成,對所有文本進行斷句,同時與宋本、元本、明本、宮本等的文字進行比對,將異文以校勘記的形式列於頁腳。1994年,由國內中華大藏經編輯局編輯完成的《中華大藏經》(漢文部分)(簡稱《中華藏》)由中華書局陸續出版。《中華藏》本《法苑珠林》各卷以《趙城金藏》或《高麗藏》為底本影印,主要參校《資福藏》《影宋磧砂藏》《普寧藏》《永樂南藏》《徑山藏》《清藏》等版本,將異文以校勘記的形式置於每卷末尾。《大正藏》本和《中華藏》本刊印後,都受到學人青睞,然而祇列出異文而不作出決斷,讓其使用價值大打折扣;《大正藏》本的斷句更是錯訛頗多,甚有礙於文意的正確理解,正印證了呂叔湘先生所說的"標點古書也是一件相當費勁的工作,並不象有些人所想像的那樣輕而易舉"(《標點古書評議》77頁)。

2003年12月,中華書局出版了著名佛學專家周叔迦、蘇晉仁兩位先生整理的《法苑珠林校注》,共六冊,順應了當代興起的佛教文化熱的需要,填補了長期以來該書沒有一部上乘整理本的空白。校注者的工作主要包括為全書加上現代標點、一一指明所引文獻的出處、對文字進行必要的校勘,所有這些都為研究者進一步整理佛教文獻、探究佛教文化搭建了津梁。該書出版後,成為《法苑珠林》研究利用者的首選整理本,同時也開啟了我國全面深入校理《法苑珠林》文本的新篇章。當然,盡管校注者佛學修養淵深,對文本的文字錯誤多有校正,但因為沒來得及對全書文字進行全面深入的校勘整理,加之研究範圍和研究工具的局限,書中仍留下不少遺漏和可商之處，主要表現在以下幾個方面：

　　1. 對特殊詞語關注不夠。如書中［77］［111］［205］
［385］［479］等条。

　　2. 對特殊詞義關注不夠。如书中［34］　［55］　［71］
［441］［496］等条。

　　3. 對字的俗寫關注不夠。如书中［11］［223］［293］
［435］［486］等条。

　　4. 對字的通借關注不夠。如书中［39］　［60］　［186］
［250］［302］等条。

　　5. 對特殊語法關注不夠。如书中［114］［202］［204］
［232］［401］等条。

　　6. 對源頭文字關注不夠。如书中［12］　［56］　［121］
［252］［466］等条。

　　7. 對他書異文關注不夠。如书中［13］　［83］　［100］
［457］［469］等条。

　　8. 對佛教文化關注不夠。如书中［45］［170］［181］
［263］［436］等条。

　　9. 對抄书失誤關注不夠。如书中［22］　［24］　［63］
［213］［345］等条。

　　《法苑珠林校注》問世後，引出了一系列商榷文章，強
力推進了《法苑珠林》的文本整理研究。董志翹 2007 年最
先撰寫商榷論文《〈法苑珠林校注〉匡補》，指出書中點校的
可商之處 20 條。隨後，曾良、王東、羅明月、禹建華、范
崇高、王紹峰、薛玉彬、吳建偉等先後撰文對該書校點提出
商討意見。但這些研究成果不是全面系統的研究，主要還是
其他文獻校理的附屬產品。筆者在撰寫《中古小說校釋集

稿》時，對《法苑珠林校注》多有參考。2010 年以後措意於該書的文本整理，斷斷續續作了一些考索，現冒昧集為一書，以方便研究者深入討論。

本書的工作主要包括以下四個方面：

第一，對書中出示的校語進行辨正。《法苑珠林校注》出示的校語主要是比對《法苑珠林》的各種版本，或出示異文，或對異文進行判定。本書主要採用他校的方法，廣泛運用《法苑珠林》以外的相關文獻進行比對，發現存在的問題，再通過綜合比較研究，找出最接近當時語言實際的詞語，選出表達最合理的文字，把"校勘"和"训释"結合起來，盡量恢復文本原貌。

第二，對書中失校的文字進行補充。由於各種原因，《法苑珠林校注》沒來得及對全書文字進行全面系統的校勘，漏校之處較多，影響了對文本的正確理解。本書盡量廣泛比對相關文獻中的文字，反復玩味文本的意義，對可以認定且確有必要補充的文字進行增補，以還原文本，理順文意。

第三，對書中文字的標點進行修正。《法苑珠林校注》為原書加上了現代標點，非常便於讀者閱讀和理解，但同時也對校注者就文意的把握提出了更高的要求，文意理解錯誤往往表現為標點錯誤。本書比對引文原書，並盡可能窮盡性地搜集與之相同或相關的文獻材料進行參考，以語言事實和文本真意為依據，修正有誤的標點，以使語意順暢。

第四，對書中引文的來源進行訂補。《法苑珠林校注》對書中的引文能找到原始出處的一一加以標明，為《法苑珠林》的進一步研究提供了寶貴的綫索，這是校注者用力最多的地方。但由於條件的限制和問題的艱難，書中偶有溯源有誤或不到位的情況，也出現了個別的筆誤。本書充分利用電腦的輔助研究功能，訂正和增補引文的來源，以為研究者提供更為可靠的訊息。

　　在新文化的建設中，我們必須繼承我國固有文化中的精華部分，這就需要對有價值的古代文獻進行全面整理。隨著佛教文化的傳播和研究的日漸廣泛深入，越來越需要佛教文獻都有一個最接近原貌的精准的整理文本，而《法苑珠林》作為最重要的佛教類書之一，其價值不言而喻，毫無疑問應該成為優先深入整理的佛教經典。當下對《法苑珠林》文本進行的校理纔僅僅是起步，距離對該書進行多角度、全面深入的系統的校理還很遙遠，《法苑珠林》文本的校理研究亟待更進一步深入，需要更多研究者進行更加專門系統的研究，促使最接近原貌的精准的整理文本盡快出現，從而更好地為今所用。

# 凡　例

1. 本書對唐代僧人道世所編纂的佛教類書《法苑珠林》的文本進行校理，研究工作主要針對中華書局 2003 年出版的周叔迦、蘇晉仁整理的《法苑珠林校注》進行，同時旁及對今人相關研究成果的商討，主要包括校勘、標點、出處等。討論文字校勘時，《大正藏》本、《中華藏》本有校勘記的，也同時列出，便於多版本比對。

2. 本書行文中，《法苑珠林》簡稱《珠林》，《法苑珠林校注》簡稱《校注》，討論的《法苑珠林》文字用"此處"代稱，《大正藏》本、《中華藏》本、《高麗藏》本、《磧砂藏》本、《北藏》本、《龍藏》本、《四庫》本《珠林》用"《珠林》各本"代稱。

3. 為方便使用者核對，本書對《校注》的文本以"卷/頁/行"的格式標注，如"1/8/4"表示第 1 卷、第 8 頁、第 4 行；對有校勘記的《大正藏》本、《中華藏》本之文本以"冊/頁·欄/行"的格式標注，用 a、b、c 分別代表上、中、下欄，如"53/271c/7"表示第 53 冊、第 271 頁下欄、第 7 行。

4. 本書附錄的"引用古代文獻要目"列入屬於今人整理過的佛經文獻和非佛經文獻，其餘所引佛經，若未特別說明，皆據《大正藏》本，不再一一列出。

　　5. 本書附錄的"參考論著要目"，以今人的專著為主，在文中引用時，祇出示人名、書名和頁碼。引用論文則於行文中隨文注明。

　　6. 本書對時賢的成果多有引用，限於學術著作慣例，未能於姓名後敬稱"先生"，特作說明，在此一並致敬。

# 目　录

# 《法苑珠林校注》卷一商議

[1] 過去有輪王出世，名曰頂生。奉持齋法，修行布施。國中貧者，出財用給。（引《中阿含經》；冊一，1/8/4）

《校注》："'齋法'原作'法齋'，據《高麗藏》本改。"

按："法齋"無誤。《大正藏》本、《中華藏》本作"齋法"，《大正藏》本校："宋、元、明、宮作'法齋'。"（53/271c/7）《中華藏》本校："磧、南、徑、清作'法齋'。"（71/167a/20）東晉僧伽提婆譯《中阿含經》卷十五："刹利頂生王便於後時觀法如法，行法如法，而為太子、后妃、婇女及諸臣民、沙門、梵志，乃至蜫蟲，奉持法齋。月八日、十四日、十五日修行布施，施諸窮乏沙門、梵志、貧窮、孤獨、遠來乞者。"原本作"法齋"，當據改。三國吳支謙譯《齋經》："佛法齋者，道弟子月六齋之日受八戒。"六齋日即每月的八日、十四日、十五日、二十三日、二十九日、三十日。故知《中阿含經》中的"法齋"，也就是"佛法齋"，是指在每月的六齋日受持八關齋戒。

[2] 人壽五千歲時，三法轉增，非法、欲惡貪、

1

邪法，故父壽五千歲，子壽二千五百歲。（引《中阿含經》；冊一，1/9/6）

按：東晉僧伽提婆譯《中阿含經》卷二三："若有二十一穢不汙心者，必至善處，生於天上。云何二十一穢？邪見心穢、非法欲心穢、惡貪心穢、邪法心穢、貪心穢、恚心穢、睡眠心穢、調悔心穢、疑惑心穢、瞋纏心穢、不語心心穢、慳心穢、嫉心穢、欺誑心穢、諛諂心穢、無慚心穢、無愧心穢、慢心穢、大慢心穢、憍慠心穢、放逸心穢。"故文中所說的"三法"應是"非法欲、惡貪、邪法"，標點當改正。下文："復離非法、欲惡貪、行邪法。我等寧可離此三惡不善法。行是善已，壽色轉好，人生子壽四萬歲。"（10/11）其中"非法欲"也當連文。

[3] 時有王名螺，為轉輪王，聰明智慧。有四種軍，整御四天下。七寶千子具足，端正，勇猛無畏，能伏他眾，統領大地乃至大海。不以刀仗，以法教令，令得安樂。（引《中阿含經》；冊一，1/11/2）

《校注》："'仗'字原作'杖'，據《高麗藏》本、《磧砂藏》本、《南藏》本、《嘉興藏》本改。"

按：東晉僧伽提婆譯《中阿含經》卷十五原作"刀杖"。"刀杖"與"刀仗"同，古書中習見，《珠林》中便有二十餘例，如卷一引《中阿含經》："便有刀杖等物，考楚殺戮。"卷九引《佛本行經》："如來頭髮如紺青色大人相者，乃往古世湣傷群黎，不以刀杖而加害故。"對"刀仗"的本字尚有爭論。慧琳《一切經音義》卷二一引慧苑《新譯大方廣佛華嚴經音義》："鎧仗……《風土記》曰：仗謂刀戟之總名也。

顏注《漢書》曰：仗謂所持兵器也。字宜從立人。經本有從木者，棒杖字也；或從扌者，扙託字也。"此以"仗"為正字。《說文解字·木部》"杖"下段玉裁注："凡可持及人持之皆曰杖，喪杖、齒杖、兵杖皆是也。兵杖字俗作仗，非。"此以"杖"為正字。由於論者各執一端，經書中二者並存，故不宜確定"仗"是而"杖"非。

[4] 依《施設論》說：如中年女緝績氎時，抖擻細毛，不長不短。(引《新婆沙論》；冊一，1/14/1)

《校注》："'擻'字原作'揀'，據《高麗藏》本改。"

按：《大正藏》本校："'擻'，宋、明、宮作'揀'。"(53/273a/16)《中華藏》本校："'抖擻'，磧、南、徑、清作'抖揀'。"(71/169b/11)慧琳《一切經音義》卷六十釋《根本說一切有部毘奈耶律》："抖揀，上音斛，下桑狗反。《考聲》云：抖擻，振動衣物令去塵垢也。此二字無定體，譯經者隨意作之。"又卷七五釋《阿育王譬喻經》："抖揀，上兜口反，下蘇鹿反。經云抖揀，猶抖擻也。""擻"與"揀"為異體字關係，佛典中多見，如北涼浮陀跋摩共道泰等譯《阿毘曇毘婆沙論》卷二八："譬如塵垢不堅著者，抖揀便墮。"《珠林》卷二八引《唐高僧傳》："遂見屋甍一把亂糜，用塞明孔。挽取抖擻，得穀十粒，揉以成米，並將前布，擬用隨喜。"《續高僧傳》卷二七"釋普安"中"抖擻"作"抖揀"。又《珠林》卷八四："西云頭陀，此云抖擻。能行此法，即能抖擻煩惱，去離貪著。""揀"既為"擻"之異體字，則無須改動。

[5] 一者，從火災後經無量時起大重雲，彌復凝住。後降雨滴，注滿世界。(引《起世經》；冊一，1/25/13)

按："彌復"，諸本作"彌覆"，隋闍那崛多等譯《起世經》卷九原也作"彌覆"。慧琳《一切經音義》卷二一引慧苑《新譯大方廣佛華嚴經音義》："覆，芳富反。《漢書音義》曰：彌，滿也。言遍覆蔭也。""彌覆"義為"布滿"，也常用以描寫雲之狀態，如東晉馱跋陀羅譯《大方廣佛華嚴經》卷四："彼須彌山有林觀，名寶華枝，以無量華樓閣、無量寶幢樓閣、無量紺寶網、種種色華而莊嚴之，無量香雲彌覆其上，十億百千城周匝圍遶。"又卷三四："復次，佛子！譬如摩那斯龍王，將欲降雨，先興重雲，彌覆虛空，凝停七日，而未降雨，先令眾生，究竟諸業。""彌覆虛空，凝停七日"即是此處"彌覆凝住"之註腳。《全唐文》卷五三〇顧況《虎邱西寺經藏碑》："可愛樂正念天王十方海中一切寶王，吐雲彌覆，流出教綱，其佛號法水覺空如來。"故此，當改"彌復"為"彌覆"。

[6] 乃至由有劫盜過起，詮量眾內一有德人，各以所收六分之一雇令防護，封為田主。（引《順正理論》；冊一，1/29/3）

《校注》："'雇'字原作'顧'，據《高麗藏》本、《磧砂藏》本、《南藏》本、《嘉興藏》本改。"

按：《大正藏》本作"雇"，校："明作'顧'。"（53/277b/1）《北藏》本、《清藏》本也作"顧"。慧琳《一切經音義》卷五五引玄應釋《奈女祇域經》："雇錢，書皆作顧，同。公護反。案，雇猶顧眄酬報之。雇，與也。"由此可知，"雇"與"顧"為通假字，意為"給付報酬"。古書不乏兩字相通之例，無須改也。用"顧"表示此義者，如《史記·季布欒布列傳》："楚人曹丘生，辯士，數招權，顧金錢，事貴人趙同等，與竇長君善。"東漢荀悅《前漢紀·孝景帝紀》："時為父買尚方工官甲稍五百枝，可以葬者。取庸治之，不與顧直，庸怒而上變反告之。"三國吳康僧會譯《舊雜譬喻經》卷上："王問群臣：'我聞天下有禍，何類？'答曰：'臣亦不見也。'王便使一臣至鄰國求買之。天神則化作一人，於市中賣之，狀類如猪持鐵鎖繫縛。臣問：'此名何等？'答曰：'禍母。'曰：'賣幾錢？'曰：'千萬。'臣便顧之。"是其例也。《珠林》卷八三引《梁高僧傳》："晉永和初，遊於江東，投剡之石城山。山民咸云：此里舊有猛獸之災及山神縱暴，人蹤久絕。光了無懼色，雇人開剪，負杖而前。"《校注》："'雇'字原作'顧'，據《高麗藏》本改。"（冊五，2411/13）此校語無須出也。

[7] 因斯故立刹帝利名。大眾欽承，恩流率土。故復名大王。未有多王。自後諸王，此王為首。（引《順正理論》；冊一，1/29/4）

按："故復名大王。未有多王"兩句，諸本同。唐玄奘譯《阿毘達磨順正理論》卷三十二原作"故復名大三末多王"，同為玄奘所譯的《阿毘達磨俱舍論》卷十二、《阿毘達磨藏顯宗論》卷十七以及唐圓暉述《俱舍論頌疏論本》卷十二都作"故復名大三末多王"，是知"王"為"三"之形誤，"未"為"末"之形誤，"有"為衍文，當據改。日本湛慧撰《阿毘達磨俱舍論指要鈔》卷十二："復名大三末多王：末字作未形誤。"已指出"未"字之非。唐釋神清撰《北山錄》卷三："劫初蒸民，胥於粒食，香稻既盡，分土作藝。為防疆里，立大三末多王，庶類欽承，恩流率土。"北宋慧寶注："三末多，此乃聚落王慮有強者侵奪，遂立一人為王，供其

輸貢，令作民主。"此又與《珠林》引文中所述立大三末多
王之由相合。

[8] 云何為四？一，時世間災漸起，壞此世時，
中間長久，不可以日月歲數而稱計也。二者，此世間
壞已，中間空曠，無有世間。長久迥遠，不可以日月
歲數而稱計也。（引《長阿含經》；冊一，1/29/6）

按：依下文分別言"二者""三者""四者"之行文習
慣，"一，時世間災漸起"當作"一者，世間災漸起"。蓋
"時"有異體"旹"，與"者"形體極近而被誤認。後秦佛陀
耶舍共竺佛念譯《長阿含經》卷二一正作"一者"。

# 《法苑珠林校注》卷二商議

[9] 水輪亦爾，外由有風持不散，如世間攢酪為酥。此風力順轉此水成金。水深一百一十三萬由旬。既順成金水，但厚八十萬由旬。（冊一，2/35/8）

《校注》："'攢'字原作'鑽'，據《高麗藏》本、《磧砂藏》本、《南藏》本、《嘉興藏》本改。"

按：慧琳《一切經音義》卷一四釋《大寶積經》："瓶鑽，上蒲冥反，下纂鸞反，平酥具也。經文從手作攢，非也；宜改從金，正也。"可見，作為從乳酪中取酥使用的攪拌工具，寫作"鑽"和"攢"皆可；依慧琳之說，"鑽"還是正字，而"攢"為俗體。故"鑽"字無煩改。

又："水深"之"水"當連上句，點斷為："此風力順轉，此水成金水。"下文"既順成金水"一句即承此而言。

[10] 其山常有歌舞唱伎音樂之聲。山有二窟：一名為畫，二名善畫，七寶所成，柔軟香潔，猶如天衣。（引《起世經［長阿含經］》；冊一，2/40/1）

《校注》："'窟'字原作'崛'，據《高麗藏》本改。"

按：慧琳《一切經音義》卷六六釋《集異門足論》："龕堀……下髡骨反，又作窟，或作崛也。《毛詩》云'蜉蝣之堀'，窟穴也。顧野王云："堀，掘地為室也。"是知"堀、窟、崛"三字皆可表示"洞穴"義，此處無須依《高麗藏》本改"崛"為"窟"。

[11] 其土中夜阿耨達龍王數數時起清淨雲，周遍世界，而降甘雨。如穀牛乳，以八味水潤澤普洽。（引《長阿含經》；冊一，2/43/11）

《校注》："'穀'字原作'搆'，據《高麗藏》本改。"

按：慧琳《一切經音義》卷四三釋《訶哩底母真言法》："穀乳，上鉤侯反。《考聲》云：穀，取乳汁也。《古今正字》：楚人謂乳為穀……經文作'搆'，非經義也。"《廣韻》去聲候韻："穀，取牛羊乳。亦作擊。"由此可見，"穀"與"穀"為異體，"搆"或"構"為俗寫。"搆牛乳"習見於漢譯佛經中，《長阿含經》卷十八原本也作"搆"，故此處不必據《高麗藏》本更改。

[12] 其土不受十惡，舉動自然與十善合。身壞命終，生天善處。是故彼人得稱為勝於三天下。其土最上，故秦言最上。（引《長阿含經》；冊一，2/45/4）

按：據後秦佛陀耶舍共竺佛念譯《長阿含經》卷十八，原文作："何故稱郁單曰為勝？其土人民不受十善，舉動自然與十善合。身壞命終，生天善處，是故彼人得稱為勝郁單曰。郁單曰者，其義云何？於三天下，其土最上最勝，故名郁單曰（郁單曰秦言最上）。"原書"不受十善"較此處"不受十惡"語義更順暢，指當地人沒有接受十善的教化，但行為舉止卻與十善相符。《大正藏》本、《中華藏》本、《高麗藏》本都作"不受十善"，當據改。而據原書的完整表述，節略後的此段文字當校點作："其土不受十善，舉動自然與十善合。身壞命終，生天善處，是故彼人得稱為勝。於三天下，其土最上，故秦言最上。"

　　［13］若依《善戒經》說僧持二百五十戒，尼持三百四十八戒，亦是生天之業。（冊一，2/57/1）

　　《校注》："'四'字，《高麗藏》本作'七'。"

　　按：《大正藏》本校："'七'，宋、元、明作'四'。"（53/283b/24）《中華藏》本校："'七十八'，磧、南、徑、清作'四十八'。"（71/189c/12）唐定賓《四分比丘戒本疏》卷上："總計大僧有二百五十戒，尼除七滅靜合三百四十一，若並七滅即當三百四十八戒。"唐道宣《四分律刪繁補闕行事鈔》卷中云"律中尼有三百四十八戒"，唐栖復《法華經玄贊要集》卷十三云"僧受二百五十戒，尼即三百四十八戒"。《高麗藏》本作"七"不可取。

# 《法苑珠林校注》卷三商議

[14] 故說偈言：七塵成阿㮸，七㮸成銅塵，水兔牛毛塵，皆從於七起。（引《雜心論》；冊一，3/67/7）

按："牛毛塵"，當作"羊毛塵"。南朝宋僧伽跋摩等譯《雜阿毘曇心論》卷二原作"水兔羊毛塵，當知從七起"，其下自釋云："七銅上塵為水上塵，七水上塵為一兔毫上塵，七兔毫上塵為一羊毛上塵。"而"牛毛塵"在下一偈語中。日本僧安澄（763—814）《中論疏記》卷五引《雜阿毘曇心論》也作"羊毛塵"。

# 《法苑珠林校注》卷四商議

[15] 夫有形者生於無形，則天地安從生。張虔注曰：天地無所從生，而自然生。（引《列子》；冊一，4/122/5）

《校注》："'虔'字疑應作'湛'。"

按：此處的正文和注文，與通行本《列子》及張湛注同。唯"虔"與"湛"讀音不同，字形迥異，恐難致誤。《列子》的注者張湛，字處度，頗疑後人本為添入"張處度注曰"一句，因"處"或"度"字脫落，"處度"剩下的一字誤為形近字"虔"所致。

[16] 黃泉之埃，上為青雲。赤泉之埃，上為赤雲。白泉之埃，上為白雲。玄泉之埃，上為玄雲。（引《河圖始開圖》；冊一，4/127/5）

《校注》："'赤'字原作'青'，據《高麗藏》本改。"

按：作"赤泉之埃，上為赤雲"極是。不過，據《淮南子·墬形訓》以及《太平御覽》卷八引《河圖始開》，此文當作："黃泉之埃，上為黃雲。青泉之埃，上為青雲。赤泉之埃，上為赤雲。白泉之埃，上為白雲。玄泉之埃，上為玄雲。"此處文字脫落後，語義不清，當據以補足。

[17] 乞伏虜凶虐暴惡，嘗中霹靂，其挺引身出外，題背四字，表其凶匿。（引《異苑》；冊一，4/131/1）

《校注》："'挺'字，《異苑》作'柩'。"

按："其挺引身出外"一句，《珠林》各本均同，但句意費解。"挺"當據《異苑》卷四、《太平御覽》卷十三引《異苑》改作"柩"。此文為節引，前三句可據原書補校為"乞伏虜凶虐暴惡，嘗塚中霹靂其柩，引身出外"。"霹靂"在此是動詞"雷擊"義，《搜神後記》卷十："天使[公]！我貧窮，展力耕墾！蛇來偷食，罪當在蛇，反更霹靂我耶？乃無知雷公也！"《太平御覽》卷一八七引《世說·夏侯玄贊》："玄嘗倚柱作書，霹靂其柱，神色無變，作書如故。"《珠林》卷七三引《冥報拾遺》："龍朔元年夏六月，洛陽大雨，震電霹靂元則，於宣仁門外大街中殺之。"即其例。中古時"木"旁與"扌"旁常常相混，"匚"旁與"辶"旁、"廴"旁每每互訛，抄寫者誤認"柩"為"挺"，加上不明曉"霹靂"可帶賓語的用法，因而致誤。唐法琳《辯正論》卷七注引《宣驗記》記此事，作："既葬之後，就塚霹靂其棺，烈屍出外，題背為'凶虐無道'等字。"（魯迅《古小說鉤沉·宣驗記》"烈"作"引"）也可參校。

# 《法苑珠林校注》卷五商議

[18] 諸天身光赫奕，晝夜相照，身無有影。將命終時，身光微昧。有說全滅身影便現。（引《新婆沙論》；冊一，5/141/9）

按："晝夜相照"，《珠林》各本同。唐玄奘譯《阿毘達磨大毘婆沙論》卷七十作"晝夜恒照"，義更長。北魏慧覺等譯《賢愚經》卷九："神珠寶者，自然而至，其珠光明，晝夜恒照百二十里内。"唐道暹述《法華經文句輔正記》卷八："常光一尋，周匝常有光明，四方各一尋，晝夜恒照。"日本願曉等集《金光明最勝王經玄樞》卷一："信相菩薩依此經典修行因緣，當來之世，所成佛土，金寶光明，晝夜恒照。是故名為金照世界。"由上可見，"晝夜恒照"為佛經常語，"相"為"恒"之形誤字，當據正。

[19] 諸天中將命終位，先有二種五衰相現：一小，二大……前五衰相現，已不可轉。（引《新婆沙論》；冊一，5/142/1）

《校注》："'不'字，《高麗藏》本作'或'。"

按：作"不"字欠通暢，而《高麗藏》本作"或"，語義也不完整。"前五衰相現，已不可轉"一句，唐玄奘譯

《阿毗達磨大毗婆沙論》卷七十原作："前五衰相現已猶可轉，後五衰相現已不可轉。"原書表意充足，當據補。

[20] 晉居士史世光者……舅即輕車將軍，報終也。"（引《冥祥記》；冊一，5/145/15）

校注："《太平廣記》卷一三引。"

按：此條見今本《太平廣記》卷一一二"史世光"引《冥祥記》，"一二"上下誤連為"三"。

[21] 後往江南陶隱居處，求覓仙方，冀益長壽。及屆山所，接對欣然。便以《仙方》十卷，用酬來意。（引《梁〔唐〕高僧傳》；冊一，5/147/6）

按：後一"仙方"雖有卷數，但不宜用書名號，因其與前一處"仙方"相同，並非具體書名，而是泛稱，"仙方十卷"意即十卷載有長生不老之術的神仙道經。該段引文後又有："即以《觀經》授之曰：此大仙方，依之修行，當得解脫生死，永絕輪回。"此稱《觀經》為大仙方，可證"仙方"非指一書。元趙道一《歷世真仙體道通鑒後集》卷二："女幾者，陳氏酒家婦也。有仙人過其家，以素書五卷質酒。幾開視之，乃仙方也。"此言五卷素書為"仙方"，亦泛稱也。

[22] 從崑崙以東得大秦國，人長十丈。從此以東十萬里，得俶國，人長三丈五尺。（引《河圖玉版》；冊一，5/160/7）

《校注》："'俶國'，《太平御覽》引作'俶吐洞國'。"

按：《太平御覽》文字不可取。《廣韻》平聲蕭韻："俶，吐彫切。"《楚辭·離騷》："雄鳩之鳴逝兮，余猶惡其俶巧。"

宋洪興祖補注：“佻，吐凋切。”顯而易見，“吐凋”是“佻”的切語竄入正文。後世多有據《太平御覽》訛文而誤以“佻吐凋國”為國名者。《初學記》卷十九引《河圖龍文》亦作“佻國”。

［23］秦始皇二十六年，有大人身長五丈，足跡六尺，夷狄皆服。有十二人見於臨洮。（引《洪範五行傳》；冊一，5/161/3）

按：此條見《漢書·五行志》下之上，“夷狄皆服”作“皆夷狄服”，唐瞿曇悉達撰《唐開元占經》卷一一三引《史記》、《搜神記》卷六、《春秋公羊傳·文公十一年》唐徐彥疏引《關中記》同；《太平御覽》卷三七七引《尚書·洪範五行傳》作“夷狄服”。當據乙改為“皆夷狄服”。文中是描寫大人的衣著如夷狄，若夷狄皆順服，則無從談起。《大正藏》本、《中華藏》本、《高麗藏》本、《磧砂藏》本作“夷狄服”，句首無“皆”字，按上述兩解皆可；然上述各本下文引《列子》之後，又有與此重復的內容，文作“夷狄皆伏”，則有乖原意。

［24］孔子曰：“僬僥長三尺，短之至也。長者不過十，數之極也。”今有五丈之人，此則無類而生也。是歲秦初兼六國，喜以為瑞，鑄金人十二以像之。南戍五嶺，北築長城，西徑臨洮，東至遼東。徑數千里。故大人先見於臨洮，明禍亂所起也。後十二年而秦亡。（冊一，5/161/5）

《校注》：“見《國語》卷五《魯語》下。”

按：以上文字僅有孔子語見於《國語·魯語下》。“是歲秦初兼六國……後十二年而秦亡"一段摘録自《漢書‧五行志》下之上，與上一條引自《洪範五行傳》的内容為《漢書》中同一段文字，原文為："史記秦始皇帝二十六年，有大人長五丈，足履六尺，皆夷狄服，凡十二人，見於臨洮。天戒若曰，勿大為夷狄之行，將受其禍。是歲始皇初幷六國，反喜以為瑞，銷天下兵器，作金人十二以象之。遂自賢聖，燔《詩》《書》，阬儒士；奢淫暴虐，務欲廣地；南戍五嶺，北築長城，以備胡、越；塹山填谷，西起臨洮，東至遼東，徑數千里。故大人見於臨洮，明禍亂之起。後十四年而秦亡，亡自戍卒陳勝發。"頗疑《漢書‧五行志》的這段文字本為一條，因來自《國語》等的文字錯誤植入而出現錯亂。《大正藏》本、《中華藏》本、《高麗藏》本、《磧砂藏》本中，《漢書‧五行志》的這段文字處於所引十七條雜録之後，與引《列子》的文字並在一條。蓋此處《漢書‧五行志》的文字被誤分為兩段後，前一段出處被誤標注為《洪範五行傳》，列為一條；後一段與失去出處的《國語》等文字雜糅在一起，列為另一條（各本下文引《詩含神霧》後，又重復出現引自《國語》的"孔子曰：僬僥長三尺，短之至也"三句）。《大正藏》本等則是在原處保留誤標為《洪範五行傳》的一小段，而將整個"秦始皇二十六年……後十二年而秦亡"一段錯亂的文字置於十七條雜録之後存疑，後來之抄者失察，遂將存疑文字與《列子》文字誤合。

[25] 咸熙二年襄武縣言：有大人現，長三丈餘，跡長三尺二寸。白髮，著黃單衣，黃巾拄杖。呼民王始語云：今當太平。（引《魏志》；冊一，5/161/9）

按："著黃單衣、黃巾"當為一句，"拄杖"後改為逗號。《晉書・五行志下》《宋書・五行志五》作"著黃巾黃單衣"，《永樂大典（殘卷）》卷三〇〇一作"著黃巾單衣"，《初學記》卷十九引《魏志》至"著黃單衣黃巾"止，皆可證"黃巾"不應與"拄杖"連文。《後漢書・靈帝紀》："中平元年春二月，巨鹿人張角自稱'黃天'，其部帥有三十六方，皆著黃巾，同日反叛。"《太平御覽》卷五五六引《豫章記》："吳天紀中，太守吳興沈季白日於廳事上坐，忽然如夢，見一人著黃單衣、黃巾，稱'汝南羊與［平輿］許子將求改葬'，因忽不見。"可見"著黃巾"即頭戴黃巾，"著"猶穿戴，可與衣、巾搭配使用。

［26］此人以鬼為飯，以霧露為漿。名天郭，一名食邪，吞食邪鬼。一名黃火。今黃火鬼，俗人依此人而名之。（引《神異經》；冊一，5/162/3）

《校注》："'黃火'，《高麗藏》本作'黃父'。下同。"

按："黃火"，他處未見，當依《高麗藏》本、《大正藏》本、《中華藏》本作"黃父"。《太平御覽》卷十二、卷三七七、卷八五〇、卷八六一、卷九一八引《神異經》均作"黃父"；《後漢書・欒巴傳》李賢注引晉葛洪《神仙傳》、《異苑》卷六、《太平御覽》卷七二四引襄慶《鬼遺方序》、《太平廣記》卷三二五"郭慶之"引《述異記》也見"黃父鬼"。

［27］《管子》曰："涸澤數百歲，谷之下水不絕者生慶忌……"（引《搜神記》；冊一，5/164/3）

按：《管子・水地篇》："故涸澤數百歲，谷之不徙，水之不絕者，生慶忌。"唐房玄齡注："謂涸澤之中有谷有水，谷不徙而水不絕也。"今本《搜神記》卷十二、《太平御覽》

卷八八六引《管子》與原書同，南朝梁蕭繹《金樓子·志怪篇》所記也同。故"谷之下水不絕者"當據以校改為"谷之徙，水不絕者"。《四庫》本正作"谷不徙，水不絕者"。蓋"徙"字脫落，遂誤"不"為"下"，《大正藏》本、《中華藏》本、《高麗藏》本、《磧砂藏》本作"谷之不水不絕者"，尚作"不"字，可證之。

［28］"又曰：'涸小水精生蚔。蚔者，一頭而兩身，其狀若蛇，長八尺。以其名呼之，可使取魚鱉。'"（引《搜神記》；冊一，5/164/5）

按："涸小水精"，《珠林》各本同。《管子·水地篇》作"涸川之精"。王念孫《讀書雜志·管子第七》："念孫案：涸川之精，《法苑珠林·六道篇》《太平御覽·妖異部》二引此川下並有水字。據下文云'此涸川水之精也'，則有水字者是（上文《尹注》亦云'涸川水有時而絕'）。"則"涸小水精"本應作"涸川水精"，"小"為"川"之誤。"蚔"當作"蝪"，李劍國《新輯搜神記》（274頁）已言之。

［29］經是阿須輪王、晠婆利等毘摩質多之眷屬，佉羅騫馱之朋流。乃至婆稚羅睺之等侶，舍脂跋駝之氣類。並願除憍慢習，離諂曲心。（冊一，5/165/5）

《校注》："'經'字原作'絓'，據《高麗藏》本改。"

按：原作"絓"無誤。王紹峰《中古新興總括副詞"絓是"》（《古漢語研究》2006年第1期）一文云，中古時期"絓是"在句中的位置和作用相當於總括副詞"凡是"，後面常有"皆（悉、並）"與之搭配使用。此處"絓是……並願……"呼應，"朋流""氣類"後的句號皆當改用逗號。

# 《法苑珠林校注》卷六商議

　　[30] 宋尚書僕射滎陽鄭鮮之……於時勝貴多皆聞云。右三人出《冥報記》也。（冊一，6/196/6）

　　《校注》："《冥報記》佚文。'三'字，宜作'四'。"

　　按：《冥報記》所記皆唐人事，而此四人文首全記為宋時人，不應看作《冥報記》佚文。魯迅《古小說鉤沉》將此四條輯入《冥祥記》，可從。李劍國《唐五代志怪傳奇敘錄》（199頁）也認為此四條"不類臨書"，文末所注必是"右四人出《冥祥記》也"之誤。

　　[31] 後徙家向縣，於路見一人如天官，衣冠甚暐曄，乘好馬，從五十餘騎，視仁蒨而不言。（引《冥報記》；冊一，6/196/8）

　　按：眭仁蒨是在人間遇見此人，而且在後文中，眭仁蒨通過此人之口纔知道對方是鬼，故眭仁蒨這時候無從判定此人是否天上居官者（天官），他祇能根據衣著、坐騎和隨從來猜測此人是人間的大官。《續高僧傳》卷一"菩提流支"附"勒那摩提"："一日正處高座，忽有持笏執名者，形如大官，云：奉天帝命，來請法師講《華嚴經》。"此即據外形判斷大官之例。《冥報記》卷中、《太平廣記》卷二九七"眭仁舊"引《冥報録》"天官"俱作"大官",當據改。

[32] 至後月長史來報云:是君鄉人趙某為太山主簿。主簿一員闕,薦君為此官,故為文案經紀召君耳。案成者當死。舊問:請將案出。(引《冥報記》;冊一,6/198/4)

按:睦仁舊所問,當是一個疑問句,而此處"請將案出"卻是一個祈使句,殊不合理;且成景也不可能辦到此事。《冥報記》卷中、《太平廣記》卷二九七"睦仁舊"引《冥報録》此句皆作"計將安出",當從之。"計將安出"可直譯為"計策將怎麼謀劃",常用來問計於人,如《史記·酈生陸賈列傳》:"沛公喜,賜酈生食,問曰:'計將安出?'"《北史·恩幸傳·和士開》:"後主及太后皆泣,問計將安出。士開曰:'臣已得入,復何所慮?正須數行詔書耳。'"下文成景先親自請求趙主簿撤文書,次讓睦仁舊向太山府君陳訴,終讓睦仁舊急做佛像消解,都是他謀劃的計策。

[33] 景曰:鬼者可得見耳。往太山廟東度一小嶺平地,是其都所。君往自當見之。(引《冥報記》;冊一,6/198/9)

按:文中言"度"的對象僅限於"小嶺","小嶺"過後的"平地"就是太山府君都所的所在地。故"平地"當屬下句。

[34] 舊曰:即如是人死當分入六道,那得盡為鬼。而趙武靈王及君今尚為鬼耶?(引《冥報記》;冊一,6/198/12)

按:"即"有"若"義,王引之《經傳釋詞》卷八:

"……《管子·戒》篇:'管仲寢疾,桓公往問之曰:仲父之疾甚矣,若不幸而不起此疾,彼政我將安移之。'《韓子·十過》篇作'即不幸而不起此病'。是即與若同義。《史記·趙世家》曰:'朔之婦有遺腹,若幸而男,吾奉之;即女也,吾徐死耳。'即亦若也,互文耳。"即是其證。後世"即如是"成為常語,猶言"若如是",如《漢書·佞幸傳·淳於長》:"根怒曰:'即如是,何不白也?'"《後漢書·鄧禹傳》:"光武見之甚歡,謂曰:'我得專封拜,生遠來,寧欲仕乎?'禹曰:'不願也。'光武曰:'即如是,何欲為?'"唐劉知幾《史通·因習》:"事出百年,語同一理。即如是,豈陳氏苗裔祚流東京者乎?斯必不然。"故此處"即如是"應作一句。又:"那得"義猶"怎麼會",與"耶"搭配成一個較長的反問句,"那得盡為鬼"後當用逗號。

[35] 閻羅敬受而奉行之,如人奉詔也。無理不可求免,有枉必當得申。何為益也。(引《冥報記》;冊一,6/199/8)

按:"何為益也"這個反問句應該是承接前文睢仁蒨所問"道家章醮,為有益不"而作出的回答,但與文中成景表達的意思相悖。《冥報記》卷中、《太平廣記》卷二九七"睢仁蒨"引《冥報錄》並作"何為無益也",宜據增"無"字,同時句末用問號。

[36] 貞觀十六年九月八日文官賜射於玄武門,文本時為中書侍郎,與家兄太府卿及治書侍御史馬周、給事中韋琨及臨對坐,文本自語人云爾。(引《冥報記》;冊一,6/199/12)

按："九月八日"，《太平廣記》卷二九七"睢仁蒨"引《冥報録》同，而《冥報記》卷中原作"九月九日"。唐杜佑《通典》卷七七："大唐之制……三月三日、九月九日，賜百僚射。"據此可知，唐代皇帝有九月九日賜百官射之禮制。宋王溥《唐會要》卷二十六："（貞觀）十六年三月三日，賜百僚大射於觀德殿。其年九月九日，又賜文武五品已上射於玄武門。"此處更是明言貞觀十六年（642）玄武門賜射的具體日期是九月九日。宜改作"九月九日"。

[37] 張傾，安定馬氏人。初傾之殺麴儉，儉有恨言。恨言是月光見白狗。拔劍斫之，傾萎地不起。左右見儉在傍。遂乃暴卒。（引《十六國春秋·前涼録》；冊一，6/201/5）

按："拔劍斫之"前後有闕文，致使文意不暢。《珠林》卷六七引《冤魂記》、《太平廣記》卷一一九引《還冤記》載有同一事，今據之校補如下："初傾之殺麴儉，儉有恨言，恨言是月光見白狗。後傾夜見白狗，拔劍斫之，不中。傾萎地不起，左右見儉在傍，遂乃暴卒。"文中"萎地"即"委地"。

[38] 是日亦有同死者男女五六千人，皆在門外。有吏著帛單衣，持筆抄人姓名，男女左右別記。（引《趙泰傳》；冊一，6/202/8）

按："帛單衣"未聞。"帛"當是"皂"之形近誤字，唐法琳《辨正論》卷七、《太平廣記》卷一〇九"趙泰"引《幽明録》正作"皂單衣"。"皂單衣"是黑色的單衣，六朝小說中多見，如《搜神記》卷十八："夜半後，有一人著皂單衣來，往戶外，呼亭主。"《太平御覽》卷一八六引《幽明錄》："阮德如嘗於廁見一鬼，長丈余，色黑眼大，著皂單衣、平上幘，去之咫尺。"《太平廣記》卷二九三引《搜神記》："須臾一客來，著皂單衣，頭上五色毛，長數寸。"皆其例。

[39] 魏孫恩作逆時，吳興紛亂。一男子避急，突入蔣侯廟。始入，門木像彎弓射之，即死。行人及守廟者無不皆見。（引《幽冥錄》；冊一，6/203/2）

《校注》："'皆'字原作'必'，據《太平廣記》引改。"

按：古代漢語中"必"與"畢"常常通用，可以表示"全、皆"之義，如《後漢書·江革傳》："革轉客下邳，窮貧裸跣，行傭以供母，便身之物，莫不必給。"司馬光《家範》卷四引"必給"作"畢給"，意指全都提供。《宋書·袁粲傳》："於是聚謀，共執國主，療其狂疾。火艾針藥，莫不畢具。"《太平御覽》卷七三九引"畢"作"必"，字通義同。《高僧傳》卷二"晉長安鳩摩羅什"："陰陽星算，莫不必盡，妙達吉凶，言若符契。"《珠林》卷二五引"必"作"畢"。又卷六"晉彭城郡釋道融"："後克日論義，姚興自出，公卿皆會闕下，關中僧眾四遠必集。"必集即畢集，指全都來集會。本文原作"無不必見"，就是"無不畢見"，故不煩改"必"為"皆"。

[40] 婆羅門言：我有一子，字曰均提。年既孤幼，不任使令，比前長大，當用相與。後至七歲，以其兒付，令使出家。（引《賢愚經》；冊一，6/210/1）

按："孤幼"指年幼的孤兒，文中婆羅門在世，其子顯然不能稱作"孤"。"孤幼"當據《賢愚經》原書卷十三《沙彌均提品》及《經律異相》卷二二引改作"孩幼"。《賢愚經》卷六《月光王頭施品》："五百太子啼哭王前：'我等孤幼，當何所歸？願見湣念，莫以頭施，長養我等，得及人倫。'"《經律異相》卷十四引"孤幼"作"孩幼"，可證孤、孩兩字形近易誤。"孩幼"有"幼兒"和"幼小"兩義："幼兒"義多見於漢魏六朝時，如《宋書·孝義傳·嚴世期》："宗親嚴弘、鄉人潘伯等十五人，荒年並餓死，露骸不收，世期買棺器殯埋，存育孩幼。"詞性發生轉換，即引申為"幼小"義，唐代以來多見，如《舊唐書·后妃下·肅宗張皇后》："張后生二子：興王佋、定王侗。興王早薨，侗又孩幼，故儲位獲安。"從後文"比前長大"和"後至七歲"看，"孩幼"重在強調年齡幼小，文中當取"幼小"義。蓋"孩幼"的"幼小"義在唐前極少用例，故後人將此詞誤判為字形相近的"孤幼"了。

# 《法苑珠林校注》卷七商議

[41] 八大地獄者：一想，二黑繩，三埠壓，四叫喚，五大叫喚，六燒炙，七大燒炙，八無間。（引《長阿含經》；冊一，7/231/7）

《校注》："'埠'字原作'堆'，據《高麗藏》本改。"

按：《大正藏》本作"埠"，校："宋、元、明、宮作'堆'。"（53/323a/12）《中華藏》本作"庫"，校："'庫壓'，磧、南、徑、清作'堆壓'，麗作'埠壓'。"（71/272c/21）慧琳《一切經音義》卷三五釋《佛說一字轉輪王佛頂呪經》："花堆，都回反。《考聲》云：高兒也。經作埠，或作垍，並非也。"可見"埠"為"堆"之異體字，無煩據《高麗藏》本改。《長阿含經》卷十九，《諸經要集》卷十八、宋代思坦《楞嚴經集注》卷八引《長阿含經》均作"堆壓"。《中華藏》本作"庫"，疑是"埠"之形誤。至於《經律異相》卷四九引《長阿含經》作"堆砰"，玄應《一切經音義》卷十五釋《僧祇律》："得砰，烏狹反。謂自上加下也。又作壓。壓，鎮也"。則"堆砰"即是"堆壓"。

[42] 第一想地獄十六者。其中眾生手生鐵爪，遞相瞋忿，以爪相歐，應手肉墮。（引《長阿含經》；冊

一，7/231/9）

按："應手內墮"之"內"，《大正藏》本、《磧砂藏》本、《北藏》本、《清藏》本、《四庫》本作"肉"；《中華藏》本、《高麗藏》本作"宍"，即"肉"之或體。《長阿含經》卷十九、《經律異相》卷四九和《諸經要集》卷十八引《長阿含經》也作"肉"。當據改。

[43] 久受苦已，出鐵釘地獄，到饑鐵地獄。即撲熱鐵上，銷銅灌口，從咽至腹，通徹下過，無不焦爛。（引《長阿含經》；冊一，7/232/5）

按："饑鐵地獄"，《珠林》各本同，然未聞有此地獄。《長阿含經》卷十九、《諸經要集》卷十八引《長阿含經》作"饑餓地獄"，《經律異相》卷四九引《長阿含經》作"饑餓獄"。當改作"饑餓地獄"。

[44] 久受苦已，出渴地獄，到一銅鍑地獄。獄卒怒目，捉罪人足，倒投鍑中。（引《長阿含經》；冊一，7/232/7）

《校注》："'鍑'字，《高麗藏》本作'鑊'。下同。"

按：《大正藏》本、《中華藏》本作"鑊"，《大正藏》本校："宋、元、明、宮作'鍑'。"（53/323b/6）《中華藏》本校："磧、南、徑、清作'鍑'。"（71/273b/2）《長阿含經》卷十九、《經律異相》卷四九和《諸經要集》卷十八引《長阿含經》皆作"鍑"。《方言》卷五："鍑或謂之鑊。"又："釜，自關而西或謂之釜，或謂之鍑。"郭璞注："鍑亦釜之總名。"宋釋志磐《佛祖統紀》卷三一："鍑，方宥反，似釜而大。"據此可知，作"鍑"自可通，《高麗藏》本異文不必列出。

[45] 若有殺父害母，罵辱六親，命終之時，銅狗化十八車，狀如寶蓋，一切火焰化為玉女。罪人遙見，心喜欲往。風刀解時，寒急作聲，寧得好火安在車上，然火自暴。（引《觀佛三昧海經》；冊一，7/237/3）

按："寒急作聲"，《珠林》各本及《諸經要集》卷十八引同；後秦佛陀跋陀羅譯《觀佛三昧海經》卷五原作"寒急失聲"，《經律異相》卷五〇、唐懷感撰《釋淨土群疑論》卷七引以及梁武帝集《慈悲道場懺法》卷四、唐善導集記《轉經行道願往生淨土法事讚》卷上均同。"作聲"與"失聲"意思正相反，不可不辨明。東晉失譯人名《五王經》記所謂"死苦"："欲死之時，刀風解形，無處不痛，白汗流出，兩手摸空，室家內外，在其左右，憂悲涕泣，痛徹骨髓，不能自勝。死者去之，風去氣絕，火滅身冷，風先火次。魂靈去矣，身體挻直，無所復知。"唐湛然述《止觀輔行傳弘決》卷四之二："言風刀者，人命欲盡，必為業力散風所解，如解轜囊使息風不續，如解溝瀆使血脈不流，如解機關使筋節不應，如解火炬使暖氣滅盡，如解壞器使骨肉分離。"兩段文字中的"火滅身冷""如解火炬使暖氣滅盡"就指"寒急"，"風去氣絕""如解轜囊使息風不續"即是"失聲"。唐菩提流志譯《大寶積經》卷一二〇："若有眾生以淨信心，遠離殺害及於偷盜，持諸飲食上妙資具衣服財寶而行捨施，勤誠散花，禮拜佛塔，壽命盡時，身無疾苦垢膩臭穢，念所習業曾不忘失；面如金色，鼻不陷曲，心不驚惱，喉不閉塞，亦不喘息；不為風刀之所解截，聲不嘶破，寢膳安寧。"這段文字又可證，佛教認為犯殺害、偷盜等罪惡的人臨死時有"喉閉塞""聲嘶破"（即失聲）的狀況。依此而言，此處當校正為"失聲"。

[46] 謗方等經，具五逆罪，破壞僧祇，污比丘尼，斷諸善根，如此罪人，具眾罪者，身滿阿鼻獄，四支復滿十八鬲中。此阿鼻獄，但燒此獄種種眾生。（引《觀佛三昧海經》；冊一，7/250/3）

按："此獄種種眾生"，《珠林》各本同；後秦佛陀跋陀羅譯《觀佛三昧海經》卷五原作"如此獄種眾生"，《經律異相》卷五〇、《諸經要集》卷十八引以及梁武帝集《慈悲道場懺法》卷四、唐善導集記《轉經行道願往生淨土法事讚》卷上引《地獄經》同。佛經中所言"獄種"，猶言"地獄種子"，指造諸惡逆、斷諸善根而會入地獄之人。作"如此獄種眾生"可通，《珠林》衍一"種"字，遂使意思難解。

[47] 乃遣泰為水官監作使，將二千餘人，運沙裨岸，晝夜勤苦。（引《冥祥記》；冊一，7/256/5）

《校注》："'使'字，《太平廣記》引作'吏'。"

按："監作使"未聞。唐法琳《辯正論》卷七、《太平廣記》卷一〇九"趙泰"引《幽冥（明）錄》記載同一事作"吏"。據張愛民《新發現的三國曹魏石刻——〈正始五年石門關題記〉略談》（《書法》2011年第6期）所記，魏晉之際設有官職"監作吏"，在山西發現的三國時期的摩崖石刻上，就出現監作吏督將千余人興建通道的記載。古代小說中所記的冥間官曹，往往比照人間官府來描述，"監作吏"這一官名理應本於此，文中作為"水官監作吏"的趙泰，行使的也正是帶二千餘人修補河道的職責，與山西摩崖石刻所記相合。故此處宜改從"監作吏"。

[48] 主者語泰：卿是長者子，以保罪過而來在此？（引《冥祥記》；冊一，7/257/10）

按："保"是"何"之誤，《珠林》各本及《太平廣記》卷三七七"趙泰"引《冥祥記》皆作"何"，當據改。

[49] 見平地有井一口，深三四丈，埠無隙際。衡心念言！此井自然。井邊有人謂曰：不自然者，何得成井。（引《冥祥記》；冊一，7/259/5）

按："念言"有"想、思索"義，用以表示施事者的心理活動（參方一新《漢魏六朝俗語詞雜釋》，《中國語文》1992 年第 1 期），"心念言"猶如"心裏想"，如《珠林》卷三五引《賢愚經》："有一獵師剃除鬚髮。身著袈裟，內佩弓箭，行見師子而心念言：可殺取皮，以用上王，足得脫貧。值師子睡，獵師便以毒箭射傷師子。"又卷八十："太子慈心，水中有山，以堰斷水，褰衣而度。即心念言：水當澆灌，殺諸人畜。即還顧謂水言：復流如故。若有欲來至我所者，皆當令度。"故"衡心念言"後用感嘆號甚為不妥，當改為冒號。

[50] 趙石長和者，趙國高人也。（引《冥祥記》；冊一，7/259/9）

《校注》："'高'字下，《太平廣記》引有'邑'字。"

按：此處當以作"高邑"為是。史載三國魏太和六年（232），封常山郡為趙國，高邑縣是其所轄縣之一；至東晉咸和二年（327），又改趙國為趙郡。文末說"法山者，咸和時人也"，支法山是在年輕未出家時聽石長和講述入冥之事的，石長和生活的時代應略早於支法山，其時高邑縣正屬於前趙（304—329）的範圍，所以文中纔有"趙石長和者，趙國高邑人也"的記述。

[51] 始忽為冥官所追，至大官府。使者以智感見己，謂感曰：今有一官闕，故枉君任之。（引《冥報記》；冊一，7/262/4）

按："己"當是"王"之形誤字。一則文中必應交代使者帶柳智感去見的物件；二則緊接的下文有"王使勘之籍"一句，可證所見者和對柳智感說話的都是冥王。《冥報記》卷下正作"王"。

[52] 曹有五判官連坐，感為第六。其廳事是長官人坐。三間各有牀，案務甚繁擁。（引《冥報記》；冊一，7/262/6）

按：方詩銘輯校的《冥報記》卷下與此相同，將"案務"連讀（78頁）；汪紹楹點校的《太平廣記》卷二九八"案"連上為句（2369頁）。汪說為佳。冥間官府同世上官府一樣，於廳堂內設有坐牀几案，在唐人小說中屢有記載，《玄怪錄》卷三"齊饒州"載韋會入冥府，"乘通而入，直北正殿九間，堂中一間捲簾，設牀案，有紫衣人南面坐者"。又同卷"吳全素"記冥間官府"其正衙有大殿，當中設牀几，一人衣緋而坐"。《太平廣記》卷三〇一"仇嘉福"引《廣異記》："嘉福不獲已，隨入廟門，便見翠幕雲黯，陳設甚備。當前有牀，貴人當案而坐，以竹倚牀坐嘉福。"《冥報記》卷下："廳上西間有一官人坐，形容肥黑，廳東間有一僧坐，與官人相當，面向北，各有牀褥几案。"又："廳事上有牀坐几案如官府者，而無人。"《珠林》卷七六引《冥祥〔報〕記》："於時府君大衙未散，操遂私行曹司，皆有几案牀席，甚大精好。"並是其例。"務"單用也可表示"公務"，如《三國志·吳志·呂蒙傳》："蒙曰：'在軍中常苦多務，恐不容復讀書。'"唐崔璞《蒙恩除替將還京洛偶敘所懷因成六韻》詩："務繁多簿籍，才短乏恩威。"《唐文拾遺》卷四○崔致遠《前婺州金華縣尉李涵攝天長縣尉》牒："夫縣尉之設也，其官雖卑，其務甚重，動則推詳滯獄，靜則慰撫疲甿，是以佐僚能憚其直聲，宰尹亦懷其畏色。"范仲淹《范文正集》卷八："某今職在校讎，務甚清素，前編後簡，海聚雲積。"另外，後文接著有"群吏將文書簿帳來，取智感署，置於案上"，也說明此處的"案"是指几案，而非文案。

〔53〕智感省讀，其如人間者，於是為判句文。（引《冥報記》；冊一，7/262/8）

按："為判句文"一句，《太平廣記》卷二九八"柳智感"引《冥報錄》同，然語意不順。《冥報記》卷下原作"判勾之"（勾與句為異體字），可從。"文"為"之"字之形誤字。志怪小說中記陰間判案，是判官在文案中用紅筆將已有了斷的人名或事件勾掉，如《珠林》卷五二引《冥祥記》敘袁廓被冥間追去任主簿，因其固辭，主人遂"就案上取一卷文書，句點之"，將其放回。《冥報記》卷下記張法義死後入冥間，"錄事署發文書，令送付判官。判官召主典取法義案，案簿甚多，盈一牀，主典對法義前披檢之。其簿多先朱勾畢，有未勾者，典則錄之……始錄一條，即見巖穴中僧來，判官起迎，問僧何事。僧曰：'張法義是貧道弟子，其罪並懺悔滅除，天曹案中已勾畢。今枉追來，不合死。'主典曰：'經懺悔者，此案亦勾了。至如張目罵父，雖蒙懺悔，事未勾了。'"故此處的"勾"也就是"判"之意，"之"指代冥吏送審文書中的事項。

[54] 感從之，竟不敢食。日別吏送智感歸家，蘇而方曉。（引《冥報記》；冊一，7/262/9）

按："日別"是中古時習語，意為"每日"（參董志翹《敦煌文書詞語考釋》，載《中古文獻語言論集》93～95頁）。從文中看，冥吏每日迎送，應是在這首次迎送之後了，"日別"於此不通。《冥報記》卷下、《太平廣記》卷二九八"柳智感"引《冥報錄》"日別"都作"日暮"，當據改。此言冥間日暮正是人間方曉時，人間日暝正是冥間旦明時，因而得出了"幽顯晝夜相反"的結論。

# 《法苑珠林校注》卷八商議

[55] 一日遠采果漿，誤不時還。至日已中，四人失食懷恨，可為凶咒。（引《五仙人經》；冊一，8/276/9）

《校注》："'誤'字原作'寐'，據《高麗藏》本改。"

按：《大正藏》本、《中華藏》本作"誤"，《大正藏》本校："宋、元、明、宮作'寐'。"（53/335b/29）《中華藏》本校："磧、南、徑、清作'寐'。"（71/297b/5）"誤不時還"一句，《生經》卷一《佛說五仙人經》原作"懈廢眠寐，不以時還"，《經律異相》卷十一引同，校云："'寐'，宋、元、明、宮作'寐'。"（53/55c/25）此處原作"寐"正是"懈廢眠寐"的節縮，改為"誤"反而意義欠明。中古漢語中，"眠寐"或"寐眠"有睡眠之義，如南朝宋求那跋陀羅譯《過去現在因果經》卷一："於時摩耶夫人，於眠寐之際，見菩薩乘六牙白象騰虛而來，從右脅入，影現於外，如處琉璃。夫人體安快樂，如服甘露，顧見自身，如日月照，心大歡喜，踴躍無量。見此相已，豁然而覺，生稀有心。"《太平廣記》卷六"東方朔"引《洞冥記》："兒潮衣竟，暫息冥都崇臺，一寐眠，王公咦兒以丹栗霞漿，兒食之既多，飽悶幾死，乃飲玄天黃露半合，即醒。"因為"眠寐""寐眠"是睡著了，所以下文有"覺""醒"與之對應。單用"寤"也有睡眠義，說詳拙著《中古小說校釋集稿》（261～263頁）。

[56] 甘蔗之苗裔。釋無勝淨王才德純備，故曰淨飯王。（引《佛所行讚經》；冊一，8/285/1）

《校注》："'才'字原作'財'，據《高麗藏》本改。"

按：《大正藏》本作"才"，《大正藏》本校："宋、元、明、宮作'財'。"（53/337c/20）《中華藏》本作"財"，校："'財得'，磧、南、徑、清作'財德'；麗作'才德'。"（71/300b/18）北涼曇無讖譯《佛所行讚經》卷一《生品》原文為五字一句，作："甘蔗之苗裔，釋迦無勝王，淨財德純備，故名曰淨飯。"南朝梁僧祐《釋迦譜》卷一引同。此處文字有遺漏和顛倒，標點大誤，當據原書校正。據中國佛教文化研究所《俗語佛源》（135頁）的解釋，"淨財"是指來路正當，用於供養佛、法、僧這三寶的錢財。《珠林》的"淨財"，即是指錢財來路正當，無非分不義之財，和下文的"德純備"呼應。《高麗藏》本作"才"，大失原意。

[57] 時有五百大賊，劫取宮物，路由菩薩廬邊。（引《十二遊經》；冊一，8/285/2）

按：東晉迦留陀伽譯《十二遊經》以及南朝梁僧祐《釋迦譜》卷一、南宋志磐《佛祖統紀》卷一引《十二遊經》，"宮物"皆作"官物"。"官物"是指官府的財物，當據改。

[58] 大瞿曇言：是道人若其志誠，天神當使血化為人。（引《十二遊經》；冊一，8/285/6）

按：東晉迦留陀伽譯《十二遊經》以及南朝梁僧祐《釋迦譜》卷一、南宋志磐《佛祖統紀》卷一引《十二遊經》，

"志誠"俱作"至誠"。"至誠"意為極其真誠,如三國吳支謙譯《撰集百緣經》卷四:"以其至誠,感天宮殿,皆悉震動。"北魏慧覺等譯《賢愚經》卷一:"王尋立誓:'若我至誠,心無悔恨者,我今身體,還復如故。'作是語已,即時平復。""至誠"語意重於"志誠",在此義佳,當據改。

[59] 時甘蔗王有第二妃,絕妙端正,生於四子:一名炬面,二名金色,三名家家象眾,四名別成。(引《菩薩本行經》;冊一,8/288/1)

按:甘蔗王之子未聞有"家家象眾"者,《大正藏》本、《中華藏》本、《高麗藏》本無"家家"。隋闍那崛多譯《佛本行經》卷五、北宋道誠集《釋氏要覽》卷上、南宋志磐撰《佛祖統紀》卷一等並作"象眾"。當據改。疑抄者兩次把"象"誤寫作"家",卻未明示應刪除,轉抄者不明其由,遂將"家家"錄入正文。

# 《法苑珠林校注》卷九商議

[60] 四十六、臍深厚狀如盤蛇，團圓右轉。（引《勝天王經》；冊一，9/322/2）

《校注》："'臍'字原作'齊'，據《高麗藏》本、《磧砂藏》本、《南藏》本、《嘉興藏》本改。"

按：古時"齊"可通"臍"，清朱駿聲《說文通訓定聲·履部》："齊，假借為臍。"《左傳·莊公六年》："亡鄧國者，必此人也。若不早圖，後君噬齊，其及圖之乎？"杜預注："若齧腹齊，喻不可及也。"舊題秦越人撰《難經·二十八難》："沖脈者，起於氣沖，並足陽明之經，夾齊上行，至胸中而散也。"夾齊上行，即夾臍上行。《晉書·齊武閔王冏傳》："初，冏之盛也，有一婦人詣大司馬府求寄產。吏詰之，婦人曰：'我截齊便去耳。'識者聞而惡之。"《宋書·五行志五》："晉中興初，有女子，其陰在腹，當齊下。"皆是其例。既然"齊"可通"臍"，表示人之肚臍，則此處無煩改易。《珠林》卷六九引《修行道地經》："至二十七日生陰臍乳頤頸形相。"《校注》："'臍'字原作'齊'，據《高麗藏》本改。"（冊五，2050/5）此處也無須校改。

[61] 如來之膝平正無節，蹲跼如鹿大人相者，乃往古世奉受經典，不違失故。（引《佛說寶女經》；冊

一，9/323/4）

《校注》：“‘踢’字原作‘腸’，據《高麗藏》本改。”

按：《大正藏》本作“踢”，校：“宋、元、明作‘腸’。”（53/348b/4）《中華藏》本作“腸”，校：“‘蹲腸’，麗作‘蹲踢’。”（71/320b/17）西晉竺法護譯《寶女所問經》卷四原作“蹲腸”。唐菩提流志譯《大寶積經》卷一〇〇：“其身如金山，一孔一毛生，右旋而上向，其喻如龍象。膊髀鹿蹲腸，踝平鉤鎖骨，足平輪相現，千輻具分明。”慧琳《一切經音義》卷十五釋《大寶積經》云：“蹲腸，上常兗反。《說文》：足腓腸也。從足，專聲。又《說文》專字從叀寸，或作腨，俗也。”腓腸即小腿肚子，因小腿肚肉中像有腸的樣子（或曰因小腿肚圓肥如腸），故稱為腓腸，也叫作“蹲腸”。他如三國吳支謙譯《佛說義足經》卷下《兜勒梵志經》：“真人鹿蹲腸，少食行等心。”東晉僧伽提婆譯《中阿含經》卷十一：“復次，大人鹿蹲腸猶如鹿王，是謂大人大人之相。”北魏賈思勰《齊民要術》卷九“作脟奧糟苞”：“用散茅為束，附之相連，必致令裹大如靴雍，小如人腳蹲腸。”皆其用例。原作“蹲腸”無誤，該句是說如來之小腿如鹿腿一樣，無小腿肚也。

［62］四遠人民百千萬億，皆集來看。圍中有七重金鼓、銀鼓、鍮、石、銅、鐵等鼓，各有七枚。（引《因果經》；冊一，9/336/12）

按：“鍮石”為一物，中間不應斷開。慧琳《一切經音義》卷八九釋《高僧傳》：“鍮石，上透侯反。《埤蒼》云：鍮石，似金者。《考聲》亦云：鍮石似金，西國以銅鐵雜藥合為之。或作鉒，音同上。《古今正字》義同。從金從偷省聲也。"《太平御覽》卷八一三引三國魏鍾會《芻蕘論》:"莠生似禾,鍮石像金。"可見,"鍮石"是一種接近於金屬的天然礦石或合金。誠然,"鍮石"也可單稱作"鍮",但此處並稱的金、銀、銅、鐵都是金屬,若把"石"看作一物與之並列,殊覺不類。"鍮石"在古代常和金、銀並稱,有時也加上銅、鐵,如《魏書·西域傳》:"波斯國……土地平正,出金、銀、鍮石、珊瑚、琥珀、車渠、馬腦。"《西京雜記》卷二:"後得貳師天馬,帝以玟瑰石為鞍,鏤以金、銀、鍮石。"梁宗懍《荆楚歲時記》:"七月七日,是夕人家婦女結采率,穿七孔針,或以金、銀、鍮石為針。"《大唐西域記》卷四:"磔迦國……宜粳稻,多宿麥,出金、銀、鍮石、銅、鐵。"末一例與《珠林》一樣,也是金、銀、鍮石、銅、鐵五者並稱,從位次看,"鍮石"的質地應是次於金、銀,而優於銅鐵。另外,"鍮石"前的頓號也宜改為逗號。

# 《法苑珠林校注》卷十一商議

[63] 縱使周公之制禮作樂，孔子之述《易》刪《詩》。予、賜之言語，商、偃之文學。爰及左元放、葛仙子、河上公、莊周之等，並區區於方內，何足道哉！（冊一，11/403/9）

《校注》："'區區'二字原作'驅二'，據《高麗藏》本改。"

按："並區區"，《大正藏》本作"並區區"，校："'區區'，宋、元、明、宮作'驅二'。"（53/370b/16）《中華藏》本作"區區二"，校："磧、普、南、徑、清作'並區二'；麗作'並區區'。"（71/394c/17）《珠林》卷一〇〇《傳記篇·述意部》作"並驅驅"。《廣弘明集》卷四隋彥琮《通極論》作"並驅之"，《大正藏》本校："'之'，宋、元、宮作'驅'；明作'馳'。"（52/114b/28）《中華藏》本校："'之'，資、磧、普、南、清作'驅'；徑作'馳'。"（62/977a/13）此處原作"驅二"，當是"驅驅"後一字用重叠符號被誤認所致。或本作"之"，亦當是重叠符號；作"馳"，疑是"驅二""驅之"不通而擅改。"驅驅"同"區區"，亦有"盡力奔忙"義，如南朝宋求那跋陀羅譯《杂阿含經》卷五：“差摩比丘語陀娑比丘言：‘何煩令汝驅驅往反，汝取杖來，我自扶杖，詣彼上座，願授以杖。’”《敦煌變文集·妙法莲華經講經文》：“如此富貴多般，早是累生修種，何得於此終日驅驅，求甚事意？”

# 《法苑珠林校注》卷十三商議

[64] 遂以馬車迎沙門僧會入宮，以香湯洗像，慚悔殷重。廣修功德於建安寺，隱痛漸愈也。（引《高僧傳》；冊二，13/454/4）

按："建安寺"，《大正藏》本、《中華藏》本作"建鄴寺"，《大正藏》本校："'鄴'，宋、元、明作'安'，宮作'業'。"（53/383b/25）《中華藏》本校："磧、普、南、徑、清作'建安寺'。"（71/394b/6）《集神州三寶感通錄》卷中作"建初寺"。據《高僧傳》卷一"康僧會"載，康僧會吳赤烏十年（247）到達建鄴，孫權為其建造建初寺。孫皓即政後，因褻瀆金像，遂至舉身大腫，陰處尤痛，用香湯洗浴金像，燒香懺悔陳罪，方纔痛間。文中云："皓見慈願廣普，益增善意，即就會受五戒，旬日疾瘳。乃於會所住，更加修飾。宣示宗室，莫不必奉。""廣修功德"即指此。故此處當以"建初寺"為是。

[65] 東晉成帝咸和年中，丹陽尹高悝往還市闕，每張侯橋浦有異光現。乃使尋之，獲金像一軀，西域古製，足跌並闕。"（冊二，13/455/6）

《校注》："'足'字，《高麗藏》本作'光'。"

按：《大正藏》本校："'光'，宋、元、明、宮作'足'。"（53/383c/26）《中華藏》本校："'光趺'，磧、普、南、徑、清作'足趺'。"（71/394c/17）《太平御覽》卷六五七引《晉書》、《高僧傳》卷第十三"釋慧達"、《梁書·諸夷傳·扶南國》、《南史·夷貊傳上·扶南國》、隋費長房《歷代三寶紀》卷三、《集神州三寶感通錄》卷中、《廣弘明集》卷十五、唐法琳《辯正論》卷三並作"光趺"。"足趺""光趺"都指佛像的底座，然他書記丹陽尹高悝獲金像事，皆作"光趺"，宜據校正，以復原本。改作"足趺"者，蓋抄者不明"光趺"也指佛像底座所為。

［66］歲餘，臨海縣漁人張係世於海上見銅蓮華趺，丹光遊泛。乃馳舟接取，具送上臺。（冊二，13/455/7）

《校注》："'係'字，《高麗藏》本作'孫'。"

按："張係世"，《大正藏》本、《中華藏》本作"張孫世"。《大正藏》本校："'孫'，宋、元、明作'係'。"（53/384a/1）《中華藏》本校："磧、普、南、徑、清作'張係世'。"（71/394c/22）《太平御覽》卷六五七引《晉書》、《高僧傳》卷第十三"釋慧達"、《梁書·諸夷傳·扶南國》、《南史·夷貊傳上·扶南國》、隋費長房《歷代三寶紀》卷三並作"張係世"。當以"張係世"為是。《大正藏》本《集神州三寶感通錄》卷中作"侯"，與作"孫"一樣，為"係"之形誤字。唐法琳《辨正論》卷三作"繼"，乃是人名中誤用了通假字。《爾雅·釋詁上》："係，繼也。"郝懿行《爾雅義疏》："係，亦通作繼。"是"係"與"繼"古代得以通借。

［67］東晉孝武寧康三年四月八日，襄陽檀溪寺沙

門釋道安，盛德昭彰，擅聲宇內，於郭西精舍鑄造丈八金銅無量壽佛……其像夜出，西遊萬山，遺示一跡，印文入石。（冊二，13/457/6）

　　按："萬山"當用專名號。《水經注》卷二八"沔水中"注"又東過襄陽縣北"云："沔水又東徑萬山北，山上有《鄒恢碑》，魯宗之所立也。山下潭中，有《杜元凱碑》……又北徑檀溪，謂之檀溪水。水側有沙門釋道安寺，即溪之名，以表寺目也。"唐李吉甫《元和郡縣圖志》卷二一"襄州襄陽縣"："萬山，一名漢皋山，在縣西十一里。與南陽郡鄧縣分界處……檀溪在縣西南。"所記與此處相符，"萬山"確乎為一山之專名也。

# 《法苑珠林校注》卷十四商議

[68] 齊徐州刺史王仲德於彭城宋王寺造丈八金像，相好嚴華，江右之妙製也。（冊二，14/474/10）

按："齊"，《大正藏》本、《中華藏》本、《高麗藏》本作"宋"，唐釋道宣《集神州三寶感通錄》卷中也作"宋"。據《宋書·武帝紀下》載，永初三年（422），王仲德由冀州刺史轉為徐州刺史；又《宋書·文帝紀》載，王仲德於元嘉十五年（438）在徐州刺史任上去世，則"齊"當作"宋"無疑。《高僧傳》卷十三"釋法悅"："悅嘗聞彭城宋王寺有丈八金像，乃宋車騎徐州刺史王仲德所造，光相之工，江左稱最。"正記作"宋"。

[69] 北境兵起，或貽僧。像輒流汗，滴其多少，則難之小大，逆可知矣，郡人常以候之。（冊二，14/474/10）

按："或貽僧"，唐釋道宣《集神州三寶感通錄》卷中作"或貽僧禍"，當據補"禍"字。"或貽僧禍"指有時使僧人受害，語意更足。

[70] 問其獲緣，云：昔廢二教，遂藏於澧水羅仁渦中。有人岸行，聞渦中有聲，亦放光明。向村老說，

便趣水求。渦中純沙，水出光明，便就發掘，乃獲前像。時尚在周村家藏隱，互相供養。閉在閒堂，放光自照。今在村中。（冊二，14/487/11）

　　按：校注者於"周村"用地名號，大誤，當點斷作"時尚在周，村家藏隱"。《周書·武帝上》建德三年（574）："初斷佛、道二教，經像悉毀，罷沙門、道士，並令還民。並禁諸淫祀，禮典所不載者，盡除之。"文中"昔廢二教"即指周武帝禁斷佛、道二教之事。"時尚在周"乃是渦中獲像時仍處於北周，因廢佛事，故祇能將佛像隱藏於農家暗中供奉。"村家"即村中人家、農家，如唐張籍《猛虎行》詩："谷中近窟有山村，長向村家取黃犢。五陵年少不敢射，空來林下看行跡。"《太平廣記》卷八四引《錄異記》："李業舉進士，因下第，過陝虢山路，值暴雷雨，投村舍避之。鄰里甚遠，村家祇有一小童看舍，業牽驢拴於簷下。"即是其例。

# 《法苑珠林校注》卷十五商議

[71] 兒死便往無量壽國，見父兄及己三人，池中已有芙蓉大華，後當化生。其中唯母獨無，不勝此苦，乃心故歸啟報。（引《冥祥記》；15/520/5）

按：“乃心”在此不是通常的動詞“思念、懷念”義，而是用作名詞，義為“心、心願”。辭書不載，略陳數例於後。三國嵇康《管蔡論》：“而管、蔡服教，不達聖權，卒遇大變，不能自通。忠於乃心，思在王室，遂乃抗言率眾，欲除國患，冀存天子，甘心毀旦。”“忠於乃心”即忠實於自己的心。《太平御覽》卷二四〇引王羲之《臨護軍教》：“今所任，要在於公役均平。其差大史忠謹在公者，覆行諸營，家至人告，暢吾乃心。”“暢吾乃心”即傳達我的心願。南朝宋張演《續觀世音應驗記·序》：“竊懷記拾，久而未就。食［曾］見傅氏所錄，有契乃心。耶［即］撰所聞，繼其篇末，傳諸同好云。”“有契乃心”即正投合我的心願。唐玄嶷《甄正論》卷上：“而迷滯過深，不無小惑，再黷高聽，有愧迺心。”迺同乃字，“有愧迺心”即有愧於心。《太平廣記》卷三〇七“凌華”引《集異記》：“牒奉處分：以華昔日曾宰劇縣，甚著能績，後有缺行，敗其成功，謫官圜扉，伺其修省。既迷所履，太乖乃心。”“太乖乃心”即大大違背我的心願。敦煌文獻斯三二九《書儀鏡・與親家翁母書》："未議祗敘，無慰乃心；時嗣德音，是所望也。""無慰乃心"即不能寬慰我心。故此處"不勝此苦乃心"當為一句，意思是不堪此事折磨我心。

[72] 以梁天監八年五月三日於小莊嚴寺營鑄，本量佛身四萬斤銅，鎔寫已竭，尚未至胸，百姓送銅，不可稱計，投諸爐冶隨鑄，而模內不滿，猶自如先。（引《梁高僧傳》；冊二，15/522/4）

按："隨鑄"當屬下句，與"模內不滿"相連成意，謂模內本應隨鑄隨滿，而今卻出人意料。南宋戴侗《六書故・地理一》："鑄，冶金寫之範中以為器也。"統言之，"冶"和"鑄"無別，皆指鑄造器物；析言之，"冶"指鎔煉金屬，"鑄"指澆鑄，是把鎔化的金屬瀉入模中。下文云："於是飛囊［鞴］銷鎔，一鑄便滿。"即是"鎔""鑄"分敘。《太平御覽》卷六五七引《梁書》："武帝捨宅造寺，未成，於小莊嚴寺造無量壽像，長一丈八尺，及鑄而銅不足，帝又給功德銅三千斤。臺內送銅未至像處，已見銅車到爐所，於是就冶，一灌便足。"顯然所記與此處為同一事，比對"一灌便足""一鑄便滿"，益知"鑄"在此是將鎔化的金屬注入模中。中華書局本《高僧傳》（493頁）標點誤與此同。

[73] 又馳啟聞，敕給功德銅三千斤。臺內始就量送，而像處已見羊車傳詔，載銅爐側。於是飛囊銷融一鑄便滿。（引《梁高僧傳》；冊二，15/522/5）

校注："'囊'字，《高僧傳》作'鞴'。"

按："囊"，《大正藏》本作"囊"，校："明、宮作

'排'。"（53/400c/25）《中華藏》本作"囊"，校："《磧》作
'排'。"（71/431b/13）《廣韻·怪韻》："鞴，韋囊吹火。
囊，上同。"《集韻·怪韻》："鞴，吹火韋囊也。或作韛、
橐。"《後漢書·杜詩傳》："造作水排，鑄為農器，用力少，
見功多，百姓便之。"李賢注："排音蒲拜反。冶鑄者為排以
吹炭，今激水以鼓之也。'排'當作'囊'，古字通用也。"
可見，"鞴""囊""橐""韛""排"諸字相通，皆可指用以
鼓風吹火的皮囊。抄者不明於此，遂誤以"囊"或"橐"為
"囊"。

# 《法苑珠林校注》卷十六商議

[74] 澄講安覆，疑難鋒起。安挫銳解紛，行有餘力。時人語曰：漆道人，驚四鄰。（引《梁高僧傳》；冊二，16/544/8）

按：校注本於"漆道人"下用人名號，未當。《高僧傳》卷五"釋道安"言其"形貌甚陋""形貌不稱"，並云："澄講，安每覆述，眾未之愜，咸言'須待後次，當難殺崑崙子。'"依《晉書·后妃傳下·孝武文李太后傳》："時后為宮人，在織坊中，形長而色黑，宮人皆謂之崑崙。"《舊唐書·南蠻西南蠻·林邑》："自林邑以南，皆卷髮黑身，通號為'崑崙'。""崑崙"同"崑崙"可指膚黑者。稱道安為"崑崙子"，當是因其膚黑之故。而當時的人傳言稱其為"漆道人"，即是承此而言。宋釋靈操《釋氏蒙求》卷上："道安性行高明而形貌陋黑，時人語曰：漆道人，驚四鄰。""漆"是"黑"義，"漆道人"猶言"黑醜和尚"，故不當用專名號。中華書局本《高僧傳》（178頁）於"漆道人"下用人名號，亦誤。

[75] 時維那直殿，夜見此僧從窗隙出入，遽以白安。安驚起禮訊，問其來意，答云：相為而來。（引《梁高僧傳》；冊二，16/546/2）

按：《〈法苑珠林校注〉商補》（《古籍整理研究學刊》2008 年第 3 期）云："訊"當連下讀，構成"訊問"同義連文，義為詢問，此處及中華書局整理本《高僧傳》皆誤。此說未當。"禮訊"成詞，猶施禮問候。如《高僧傳》卷三"曇摩密多"："密多道聲素著，化洽連邦，至京甫爾，傾都禮訊。自宋文哀皇后及皇太子、公主，莫不設齋桂宮，請戒椒掖，參候之使，旬日相望。"《續高僧傳》卷十二"釋靈幹"："忽聞人喚云：'靈幹，汝來此耶！'尋聲就之，乃慧遠法師也。禮訊問曰：'此為何所？'"又卷二五"釋圓通"："通具述意故，乃令安置。將通巡房禮訊，見兩房僧各坐寶帳，交絡眾飾，映奪日光。"《宋高僧傳》卷三十"釋齊己"："有禪客自德山來，述其理趣，己不覺神遊寥廓之場。乃躬往禮訊，既發解悟，都亡朕跡矣。"原標點不誤。

[76] 慧玉後南渡樊郢，住江陵靈收寺。（引《冥祥記》；冊二，16/547/4）

按："靈收寺"未聞。《集神州三寶感通錄》卷中作"江陵靈牧寺尼慧玉"，"靈牧寺"他處亦未見。梁釋寶唱《比丘尼傳》卷二有"江陵牛牧寺慧玉尼傳"，所記與此處大同，其中言："南至荊楚，仍住江陵牛牧精舍。"《資治通鑑》卷一一六《晉紀》三十八"安皇帝義熙八年十月"："毅夜投牛牧佛寺。"胡三省注："牛牧寺在江陵城北二十里。"此處當作"牛牧寺"。疑"靈"為"牛"的方音相近訛字，"收"為"牧"的形體相似誤字。

[77] 值風雨晦冥，咸危懼假寐，忽夢見三道人來告云：若誠信堅正，自然安隱。有建安殿下感患未瘳，若能治剡縣僧護所造石像得成就者，必獲平豫。冥理非虛，

宜相開發也。（引《梁高僧傳》；冊二，16/548/3）

《校注》："'誠'字原作'識'，據《高麗藏》本改。"

按：《大正藏》本、《中華藏》本作"誠"，《大正藏》本校："宋、元、明、宮作'識'。"（53/407c/9）《中華藏》本校："磧、南、徑、清作'識'。"（71/444c/1）《高僧傳》原書卷十三"釋僧護"作"識"。此處原作"識"不誤。"識信"謂有見識而相信，義猶"信奉"，辭書未收此詞，試舉三例證之。《抱朴子内篇·勤求》："苟心所不信，雖令赤松、王喬言提其耳，亦當同以為妖訛。然時頗有識信者，復患於不能勤求明師。"《經律異相》卷四一引《興起行經》："護喜歡喜白佛言：'此火鬉者是我少小親友，然其不識信三尊，願世尊開化。'"《廣弘明集》卷二七唐道宣《統略淨住子淨行法門序》："又圖而贊之，廣於寺壁，庶使愚智齊曉，識信牢強。"識信牢強，即牢固信奉。《珠林》"若識信堅正，自然安隱"兩句意思是，如果堅定地信奉佛法，自然會安穩無恙。這是三個道人安慰感到危懼的陸咸。

# 《法苑珠林校注》卷十七商議

[78] 晉欒苟，不知何許人也。少奉法，嘗作福富平令，先從征盧循，值小失利，舫遭火垂盡。(引《冥祥記》；冊二，17/560/5)

按：《太平廣記》卷一一○"欒苟"引《冥祥記》、南朝齊陸杲《繫觀世音應驗記》"欒苟"記此事皆無"福"字。"作富平令"文意更通暢。"福"字為抄者聯想常語"作福"而衍，當刪。

[79] 須臾覺失囚，人馬絡繹，四出尋捕，焚草踐林，無不至遍。唯傳所隱一畝許地，終無至者，遂得免還。(引《冥祥記》；冊二，17/562/11)

按："踐林"，《太平廣記》卷一一○"竇傳"引《冥祥記》同，而南朝宋傅亮《觀世音應驗記》作"殘林"。從詞義看，"踐林"與"焚草"相對，詞義偏輕。從用例看，他處再未見用"踐林"之例，而"殘林"則屢見，如《淮南子·說林訓》："金勝木者，非以一刃殘林也；土勝水者，非以一塿塞江也。"又《說山訓》："楚王亡其猨，而林木為之殘；宋君亡其珠，池中魚為之殫。"高誘注："猨捷躁，依木而處，故殘林以求之。"《三國志·吳志·陸遜傳》裴松之

52

注："臣松之以為，此無異殘林覆巢而全其遺鷇，曲惠小仁，何補大虐？"以上"殘林"皆指毀壞樹林，用於此文意甚相合，而高誘注《淮南子》所云殘林以求猨，事與此文類似，尤可助證。

[80] 魏天平年中，定州募士孫敬德造觀音像，自加禮敬……今謂《高王觀世音經》。（引《唐高僧傳》；冊二，17/565/6）

《校注》："此段出《集神州三寶感通錄》卷下。作《唐高僧傳》誤。"

按：孫敬德事，《續高僧傳》卷二九"釋僧明"和《集神州三寶感通錄》卷中都有記載，然文字與此多有差異。檢視記載此事各書，從此段開頭至末尾"具諸傳錄，故不備載"止，文字唯與唐道宣《釋迦方誌》卷下幾乎全同，疑《釋迦方誌》卷下為源文字。

[81] 後為劫賊所引，不勝拷楚，妄承其死，將加斬決。（引《唐高僧傳》；冊二，17/565/6）

按："承其死"之"死"，《珠林》各本及唐道宣《釋迦方誌》卷下同。《續高僧傳》卷二九"釋僧明"原作"罪"。《大正藏》本《珠林》卷十四引《齊志》及《旌異》等記、唐道宣《集神州三寶感通錄》卷中和《大唐內典錄》卷十引《齊書》、唐智昇《開元釋教錄》卷十八和唐圓照《貞元新定釋教目錄》卷二八引《齊書》及《辯正論》《內典錄》等皆作"罪"。"承其死"不辭，"承其罪"可通，當改從"罪"。

[82] 有司執縛向市，且行且誦，臨刑滿千，刀斫自折，以為二段，皮肉不傷。（引《唐高僧傳》；冊二，

17/565/7)

按："二段"，《中華藏》本、《磧砂藏》本、《北藏》本同，《大正藏》本、《高麗藏》本、《清藏》本作"三段"。考《續高僧傳》卷二九"釋僧明"原作"三段"，《大正藏》本《珠林》卷十四引《齊志》及《旌異》等記、唐道宣《集神州三寶感通錄》卷中和《大唐內典錄》卷十引《齊書》、唐道宣《釋迦方誌》卷下、唐智昇《開元釋教錄》卷十八和唐圓照《貞元新定釋教目錄》卷二八引《齊書》及《辯正論》《內典錄》等、《太平廣記》卷一一一"孫敬德"引《冥祥記（?）》等記孫敬德事均作"三段"。諸書一致，唯《珠林》各版本出現歧異，當據改為"三段"。

[83] 三換其刀，終折如故。視像項上有刀三迹。以狀奏聞丞相高歡，表請免死，敕寫其經，廣布於世。今謂《高王觀世音經》。（引《唐高僧傳》；冊二，17/565/8)

按："視像項上有刀三迹"一句的位置，《珠林》各本及唐道宣《釋迦方誌》卷下同此處；而《續高僧傳》卷二九"釋僧明"、《大正藏》本《珠林》卷十四引《齊志》及《旌異》等記、唐道宣《集神州三寶感通錄》卷中和《大唐內典錄》卷十引《齊書》、唐智昇《開元釋教錄》卷十八和唐圓照《貞元新定釋教目錄》卷二八引《齊書》及《辯正論》《內典錄》等，這句所記之事皆在孫敬德被免死放回家之後發生，也即在"今謂《高王觀世音經》"之後；《太平廣記》卷一一一"孫敬德"引《冥祥記（?）》，此句所記之事則在"表請免死"和"敕寫其經"之間。由此觀之，此句所記錯簡已久，比較而言，《續高僧傳》等應更合情理。

[84] 欲於魯郡立精舍，而材不足。與沙彌明琛往上谷乞麻。一載將還，行空澤中，忽遇野火。車在下風，恐無得免。（引《唐高僧傳》；冊二，17/565/12）

按：如此斷句，"一載"易誤解成通常的"一年"義。今謂"一載"當屬上句，"將還"是帶回去之意。"一載"指裝載一次的數量，具體無定量，用車裝猶言"一車"，如《齊民要術》卷三"種葵"："一畝得葵三載，合收米九十車。車准二十斛，為米一千八百石。"又卷五"種槐、柳、楸、梓、梧、柞"："百樹得柴一載，合柴六百四十八載。載直錢一百文，柴合收錢六萬四千八百文。"用船裝猶言"一船"，如唐趙蕤《長短經》卷五："秦西有巴蜀，大船積粟，起於汶山，浮江而下，至楚三千餘里，舫舟載卒，一載五千人，日行三百里，里數雖多，然不費牛馬之力，不至十日，而拒扞關矣。""一載五千人"相當於說"一船五千人"。南朝齊陸杲《繫觀世音應驗記》"釋法力道人"記此事作："與沙彌明琛往上谷，乞得一車麻。載行空澤，遂遇野火。"可證此處"一載"宜釋作"一車"。

# 《法苑珠林校注》卷十八商議

[85] 此月十五日大集白馬寺南門立三壇……明帝設行殿在寺門道西，置佛舍利及經。（引《漢法本內傳》；冊二，18/589/1）

按：最後兩句，唐道宣《廣弘明集》卷一、《珠林》卷五五引《法本內傳》（冊四，1650/1）作："帝御行殿在寺南門，佛舍利經像置於道西。"唐道宣《集古今佛道論衡》卷一引《漢法本內傳》作："帝時御行殿在寺南門，以佛舍利經像置於道西。"是知此處末兩句當校點為："明帝設行殿在寺南門，道西置佛舍利及經。""道西"非明帝設行殿之所，乃置佛舍利及經之地。

[86] 晉董吉者，於潛人也。奉法三世，至吉尤精進……吉年八十七亡。（引《冥祥記》；冊二，18/590/11）

《校注》："《太平廣記》卷一三引，作出《冥祥記》。"

按："《太平廣記》卷一三"是"《太平廣記》卷一一二"粘連之誤。

[87] 居一年而得病，恍惚驚悸，竟體剝爛，狀若火瘡。有細白蟲，日去升餘。燥痛煩毒，晝夜號叫。（引《冥祥記》；冊二，18/595/11）

按：燥痛之“燥”，《大正藏》本、《中華藏》本、《高麗藏》本作“磢”，《太平廣記》卷一一六“尼智通”引《冥祥記》作“憯”。作“憯”或“磢”是。慧琳《一切經音義》卷四二釋《大佛頂經》：“憯心，上測錦反。《說文》云：憯，毒也，從心參聲，經作磢，俗字也。”“磢”為“憯”之俗字。“憯”字又寫作“懆”（參秦公輯《碑別字新編》286頁），“燥”當是“懆”之誤。“憯痛”今指悲憯痛苦，中古時則多指皮肉之痛，如《抱朴子外篇·用刑》：“是以灸刺憯痛而不可止者，以痊病也；刑法凶醜而不可罷者，以救弊也。”《異苑》卷八：“神怒，還使剝皮，皮已著肉，瘡毀憯痛，旬日乃差。”《廣弘明集》卷二七南齊蕭子良《淨住子淨行法·三界內苦門第十四》：“若謂酣酒以為樂者，則應適意遣憂，長無惱患。何故神昏心悶，骨節憯痛？”《漢語大詞典》失載此義。

[88] 以齊武平三年從并向鄴，行達艾州失道。尋徑入山，暮宿岩下，室似人居，迥無所見。（引《梁[唐]高僧傳》；冊二，18/596/5）

《校注》：“‘徑’字原作‘逕’，據《唐高僧傳》改。”

按：慧琳《一切經音義》卷十三釋《大寶積經》：“諸‘徑’，經定反，或作逕。”《集韻》去聲徑韻：“徑、逕，吉定切。《說文》：步道。一曰：直也。亦從辵。”《龍龕手鑒·辵部》：“逕，古定反，路也。或作徑。”“逕”與“徑”為異體字關係，古書中習見，不須改。

[89] 陳太建初，恭年弱冠，請於父母，願得五萬錢往楊州市易。父母從之。恭船載物而下……（引

《冥報記》；冊二，18/598/6）

按：嚴恭從父母處得錢五萬，帶到揚州買物來賣，此時正處於往揚州的途中，故"載物而下"於理不合。《冥報記》卷上、唐慧詳《弘贊法華傳》卷十、唐僧詳《法華傳記》卷八作"載錢而下"，當據改。

[90] 恭父受之，記是本錢，而皆小濕。（引《冥報記》；冊二，18/598/10）

按："小濕"，《冥報記》卷上、唐慧詳《弘贊法華傳》卷十、唐僧詳《法華傳記》卷八均作"水濕"。此處重在說明被水浸濕過，而非濕的程度，故當以"水濕"為是。"小"乃"水"之形近誤字。

[91] 隋開皇初，有揚州僧，忘其本名……古人遺言：多惡不如少善。於今取驗。悔往而返。（引《唐高僧傳》；冊二，18/599/11）

《校注》："出《集神州三寶感通錄》卷下。又見《太平廣記》卷一二一引，作出《法苑珠林》。"

按：此注有誤。本段見於《太平廣記》卷一一一"東山沙彌"引《珠林》。

[92] 彼從南來，至歧州訪得，具問所由。沙彌言：幼誦觀音，別衣別所，燒香呪願，然後乃誦。斯法不怠，更無他術。（引《唐高僧傳》；冊二，18/600/1）

按："幼"，《大正藏》本、《中華藏》本作"初"，《大正藏》本校："宋、元、明、宮作'幼'。"（53/419c/27）《中華藏》本校："'初誦'，磧、南、徑、清作'幼誦'。"（71/

472a/6）考東山沙彌事習見於唐代佛典中，道宣《集神州三寶感通録》卷下和《大唐內典録》卷十、僧詳《法華傳記》卷五、湛然《止觀輔行傳弘決》卷八等均作"初"。"初"義為"從前"，勝於作"幼"。

［93］於禪居寺大齋，日將散，謂岑曰：往兜率天聽《般若》去。（引《唐高僧傳》；冊二，18/601/1）

按："日將散"意難解。"日"當屬上句，"大齋日"指舉行較大規模誦經祈福活動的日子，"將散"指活動結束人眾將散去。

［94］汰送出三重門外。別記，來入房中，踞牀忽後還暗。（引《唐高僧傳》；冊二，18/601/3）

按："忽後"，《續高僧傳》卷十六"釋慧意"原作"忽然"，《珠林》各本亦作"忽然"。疑此處是抄者改"忽然"為意義相同的"忽復"，後來傳抄時誤為形近的"忽後"。

［95］神將僧入一院，遙見一人在火中號呼，不能言，形變不復可識，而血肉焦臭，令人傷心，此是也。師不欲歷觀耶？僧愁愍求出。（引《冥報記》；冊二，18/602/10）

按：文中後面幾句文意不暢。中華書局標點本《冥報記》據唐惠詳《弘贊法華傳》卷十所引，校點作："而血肉焦臭，令人傷心，神曰：'此是也，師不復欲歷觀耶？'"（18頁）文從句順，當據補"神曰"兩字。

［96］殿中丞相李玄獎、大理丞采宣明等皆為臨說之。（引《冥報記》；冊二，18/604/1）

按："李玄獎"，當作"里玄獎"。岑仲勉在《唐唐臨

〈冥報記〉之復原》一文中已指出《珠林》"訛里為李"之非
（《岑仲勉史學論文集》757 頁）。

　　[97] 喬卿同僚數人並同餘令陳說，天下士人多共
知之。（引《冥報拾遺》；冊二，18/609/12）

　　按："並同"之"同"是"向"之誤字，當據各本《珠
林》改正。

# 《法苑珠林校注》卷十九商議

[98] 義熙末陽新縣虎暴甚盛，縣有大社樹，下有築神廟，左右民居以百數，遭虎死者，夕必一兩。（引《冥祥記》；冊二，19/632/9）

按："民居"，《高僧傳》卷六、《太平御覽》卷六五六和《珠林》卷八九引皆作"居民"。"民居"指住戶，"居民"是居住的人，"居民"纔與後文"夕必一兩"相合，當據改。

[99] 向曉有虎負人而至，投樹之北。見安如喜如跳，伏安前，安為說法授戒，虎踞地不動，有頃而去。（引《冥祥記》；冊二，19/632/10）

按："如喜如跳"未聞。《高僧傳》卷六和《珠林》卷八九引作"見安如喜如驚，跳伏安前"，知此處脫一"驚"字，致使標點也誤，當補。《太平御覽》卷六五六引《高僧傳》作"見安如喜驚，條攖安前"，也有"驚"字。

# 《法苑珠林校注》卷二十一商議

[100] 四、起慢心自高凌彼，不省己實，不調自心，是為慢業。(引《華嚴經》；冊二，21/682/7)

《校注》："'凌'字原作'陵'，據《高麗藏》本、《磧砂藏》本、《南藏》本、《嘉興藏》本改。"

按："凌"，東晉佛馱跋陀羅譯《大方廣佛華嚴經》卷四二原作"降"，《諸經要集》卷九引作"陵"。原書之"降"，頗疑為"陵"的形近誤字。南朝陳月婆首那譯《勝天王般若波羅蜜經》卷二："云何名障善法？不恭敬佛、法、僧、淨戒；不敬同學；老少幼小，自高降彼。"而唐玄奘譯《大般若波羅蜜多經》卷五六八作："云何名為障善之法？謂不恭敬佛、法、僧寶及清淨戒；不敬同學；老少幼小，自高凌彼。"兩相比較，前例中的"降"也應是"陵"之形誤。"凌"與"陵"都有"凌駕於上"之義，考慮到有"自高降彼"之誤，加之同為道世彙編的《諸經要集》引作"陵"，則此處之"陵"無須改易。唐慧苑述《續華嚴經略疏刊定記》卷五："八為自高陵彼者，說一切眾生蘊處界平等無異。"所用也是"自高陵彼"。

[101] 小復前行，見一女人自身負銅鑊，楮鑊著水，以火然沸，脫衣入鑊，肉熟離骨，沸吹骨出在外，

風吹尋還成人，自取肉食。（引《賢愚經》；冊二，21/686/11）

《校注》："'楮'字原作'枝'，據《高麗藏》本、《磧砂藏》本、《南藏》本、《嘉興藏》本改。"

按：《賢愚經》卷四原作"搘"，此處作"枝"也可通，不煩改。中古時期表示"支撐"義時，"枝"與"楮（搘）"可通用，如《抱朴子內篇·對俗》："江淮間居人為兒時，以龜枝牀，至後老死，家人移牀，而龜故生。"《北史·裴政李諤等傳論》："大夏之構，非一木之枝；帝王之功，非一士之略。"唐李復言《續玄怪錄》卷三"張庚"："於是潛取枝牀石，徐開門突出，望席而擊，正中臺盤。"即是其例。

# 《法苑珠林校注》卷二十二商議

[102] 兄報之曰：五戒十善，供養三寶，以道化親，乃為孝耳……卿今所樂，苦惱之偽，豈知苦辛。其弟含恚，掉頭不信。（引《雜譬喻經》；冊二，22/709/5）

按："掉頭"為"搖頭"之義，似乎合於文意。然《大正藏》本、《中華藏》本、《高麗藏》本"掉"作"頓"；後漢支婁迦讖譯《雜譬喻經》、《諸經要集》卷四引，"掉"皆作"俾"。慧琳《一切經音義》卷十九釋《無盡意菩薩經》："頓面，普米反。《說文》：傾頭也。經文從人作'俾'，非也。"西晉竺法護譯《普曜經》卷六："女聞魔言，即詣佛樹，住菩薩前，綺言作姿三十有二……二十九、俾頭閉目如不視瞻。"玄應《一切經音義》卷十二釋云："俾頭，普米反。《說文》：傾頭也。《蒼頡篇》：頭不正也。"《珠林》卷八三引《佛說馬有八態譬人經》："人亦有弊惡八態……六態者，聞說經不肯聽，頓頭斜視耳語，如馬傍行斜走時。"《大正藏》本《珠林》"頓頭"作"俾頭"。可見，"俾"是"頓"的俗體，"頓（俾）頭"意為"歪著頭"。疑此處本是"俾"字，抄者不明俗體，擅改為"掉"。

[103] 欲如渴人，飲於鹹水，愈增其渴。欲如段

肉，眾鳥競逐。欲如魚戰，貪味至死，其患甚大。（引《雜寶藏經》；冊二，22/717/4）

按："魚戰"，《珠林》各本同，於文難解。北魏吉迦夜、曇曜譯《雜寶藏經》卷八《佛弟難陀為佛所逼出家得道緣》及梁僧祐《釋迦譜》卷二引《雜寶藏經》均作"魚獸"，當從。後秦鳩摩羅什譯《大莊嚴論經》卷二："如魚吞鉤餌，如蜜塗利刀，亦如網羅繳，魚獸貪其味，不見後苦患。"又譯《成實論》卷六《壞苦品》："又於樂受中得少味，故獲無量過。猶如魚獸，所味至寡，其患甚多。故應觀苦。"兩處所言魚獸貪味多患，事與此近。

［104］儀同蘭陵蕭思話婦劉氏疾病，恒見鬼來呼，可駭畏。時迎嚴說法。（引《高僧傳》；冊二，22/719/10）

按："可駭畏"意未詳。《高僧傳》卷三原作"恒見鬼來，吁可駭畏"，中華書局本校注："《弘教》本、金陵本'可'作'呵'。"（102 頁）今謂，兩處原當作"恒見鬼來，呼呵駭畏"。"呼呵"猶言吒喝，指大聲喊叫、喝令。如《太平廣記》卷四四〇"李知微"引《河東記》："食頃，諸小人各率部位，呼呵引從，入於古槐之下。"又倒序作"呵呼"，如《山海經·南山經》："有鳥焉，其狀如鳩，其音若呵。"晉郭璞注："如人相呵呼聲。"《太平廣記》卷一五七"李敏求"引《河東記》："良久，望見一城壁，即趨就之，復見人物甚眾，呵呼往來，車馬繁鬧。"《河東記》中"呼呵""呵呼"並用，且後一例即用於描寫人眾喧鬧。此處從下文"劉氏便見群鬼迸散"看，"呼呵駭畏"是說鬼來得多，互相喊叫、喝令，讓人害怕。《高僧傳》之"吁"應即"呼"之形誤字。

　　[105] 至年十一，有外國禪師疆良耶舍者，來入蜀。輝請諮所見，耶舍者以輝禪既有分，欲勸化令出家。時輝將嫁，已有定日，法育未展，聞說其家，潛迎還寺。（引《冥祥記》；冊二，22/722/10）

　　按：梁寶唱《比丘尼傳》卷四有《成都長樂寺曇暉尼傳》，彼"曇暉"即是此"曇輝"，其文云："元嘉九年，有外國禪師疆良耶舍入蜀大弘禪觀。暉年十一，啟母求請禪師，欲諮禪法，母從之。耶舍一見，歎此人有分，令其修習，囑法育尼使相左右。母已許嫁於暉之姑子，出門有曰：不展余計。育尼密迎還寺。"後文又云曇暉"從法育尼出家，年始十三矣"。故"法育"為尼姑法名，依例當用人名號。

# 《法苑珠林校注》卷二十三商議

[106] 若復有人形貌端整，言音風吐，常存廣利，仁慈博愛，語不傷物。而復有人而狀矬醜，所言險暴，唯知自利，不計念彼。（冊二，23/738/4）

按："而狀"，《珠林》各本同，此處與上文"形貌"相對，當是"面狀"之形誤，《諸經要集》卷七正作"面狀矬醜"。"面狀"指人的面貌或形狀，未見辭書收錄，略舉數例於下。《墨子·明鬼下》："昔者鄭穆公當晝日中處乎廟，有神入門而左，鳥身，素服三絕，面狀正方。鄭穆公見之，乃恐懼奔。"《論衡·骨相篇》："及韓信為滕公所鑒，免於鈇質，亦以面狀有異。面狀肥佼，亦一相也。"《太平御覽》卷三八二引《孔叢子》："君不聞晏子乎，長不滿六尺，面狀醜惡，齊王上下莫不崇焉。"北魏慧覺等譯《賢愚經·摩訶斯那優婆夷品》："我女醜惡，世所未有，勿令外人睹見面狀，常牢門戶，幽閉在內。"《廣弘明集》卷二七南齊蕭子良《淨住子淨行法·善友勸獎門》："若見形貌端正，吐言廣利。又有面狀矬陋，所言險暴。此苦可捨，勸令忍辱。"最後一例與《珠林》內容相似而文字稍略，尤可參校。

[107] 竺長舒者，其先西域人也。世有資貨為富人。竺居晉，元康中，內徙洛陽。（引《冥祥記》；冊

二，23/744/11)

　　按：此段當點校為："竺長舒者，其先西域人也。世有資貨，為富人居。竺晉元康中，內徙洛陽。"南朝宋傅亮《觀世音應驗記》也記載此事，中華書局本《觀世音應驗記（三種）》（2 頁）和江蘇古籍出版社本《〈觀世音應驗記三種〉譯注》（3 頁）都作："世有資貨為富人。居晉元康中，內徙洛陽。"筆者曾在《〈觀世音應驗記三種〉疑難詞句試釋》（《古漢語研究》2009 年第 1 期）一文中指出，"居晉元康中"不辭，"為富人居"當為一句。"為居"猶言"過日子、生活"，"為富人居"就是過富人的生活，與之近似的說法有"有富人居"，《珠林》卷五十四（無出處）："晉抵世常，至晉太康中，有富人居。時禁晉人作沙門，常奉法不懼憲綱，潛於宅中立精舍，供養沙門。"這段文字又見於《珠林》卷二十八引南朝齊王琰《冥祥記》，首句作"晉抵世常，中山人也，家道殷富。""有富人居"指家道殷富，有富人的生活。又有"為貴人居"，《太平御覽》卷七二三引張太素《齊書》："綜降魏，之才走至呂梁，為魏所獲，既羈旅，以醫自業。又諧隱滑稽無方，王公貴人爭饋之，為貴人居矣。""為貴人居"指過貴人的生活。其後，楊琳在《〈觀世音應驗記三種譯注〉獻疑》一文中同意筆者的斷句，祇是認為"人居"指人所居住的地方或人家，"為富人居"是說"為富有人家"［《漢語史學報》（第八輯），上海教育出版社 2009 年版，292～293 頁］。而闞緒良《〈觀世音應驗記三種譯注〉劄記》一文中對這一說法持不同意見。他認為范、楊兩家注意到《珠林》"有富人居"，別無其他例證，孤證難以說明問題；孫、董兩家的斷句正確，"居"是表時間的"在"義

[《漢語史學報》（第十一輯），上海教育出版社 2011 年版，299 頁]。陶智也贊同其說（見《〈觀世音應驗記三種〉譯注校釋商補》，《嘉興學院學報》2013 年第 1 期）。我們認為闞說尚難以成為定論，因為其文中主要論證"居"有表示空間的"在"義，至於"居"表時間，也不過祇舉了《世說新語·德行》"居在正始中"一例孤證，而且還不是"居"後單獨直接帶時間的，這反而不如"為富人居""有富人居""為貴人居"三例（注意不是孤證）相互印證有說服力。唐以後亦見"富人居"的說法，如：宋洪邁《夷堅甲志》卷二"玉津三道士"："既試，弟中選。兄復歸宿，驗其方，無一不酬。不數年，買田數萬畝，為富人居。一日坐廡下，外報三道士來謁。既見，一人起致詞曰：'昔年玉津之會，君憶之否……'"中華書局校點本《夷堅志》將"居一日"連讀（15 頁），與前文"不數年"時不相合。明孫繼皋《宗伯集》卷七："數貽書戒諸子：慎毋買田宅為富人居，貧者士之常也。其簡儉如此。"清丁治棠《仕隱齋涉筆》卷七："午後乃坐三人轎，應各大戶請，戶酹錢或千或四六百不等，無三兩百者，日得若干錢。不數年，累數萬金，遂買屋置產，作富人居。"清陸長春《香飲樓賓談·湘潭狐》："姜始出金買田宅，置妾媵，為富人居。"下面一例尤其可以作為補充的佐證，《史記·司馬相如列傳》："卓王孫不得已，分予文君僮百人，錢百萬，及其嫁時衣被財物。文君乃與相如歸成都，買田宅，為富人。居久之，蜀人楊得意為狗監，侍上。"後世引用多有以"為富人居"為一句者，如《文選》卷四十五揚雄《解嘲》："司馬長卿竊貲於卓氏，東方朔割炙於細君。"李善注引《史記》作："文君夜亡奔相如，卓王孫不得已，

分予文君僮百人，錢百萬，為富人居。"《太平御覽》卷四七一引《史記》也止於"文君乃與相如歸成都，買田宅，為富人居。"《冊府元龜》卷九五五引《史記》作"文君乃與相如歸成都，買田宅，為富人居。後至孝文園令。"李善等人的斷句即使有誤，也說明了唐時確實有"為富人居"的說法，所以纔有如此摘錄。

# 《法苑珠林校注》卷二十四商議

[108] 元魏時有中天竺沙門勒那，魏云實意，是西國人，不知氏族。徧通三藏，妙入總持。以魏永平之初，來遊東夏。（引《唐高僧傳》；冊二，24/778/8）

按："實意"，《續高僧傳》卷一"菩提流支"附"勒那摩提"原作"寶意"，隋費長房《歷代三寶紀》卷九，唐代道宣《大唐內典錄》卷四，惠詳《弘贊法華傳》卷二、僧詳《法華傳記》卷一、智昇《開元釋教錄》卷六、圓照《貞元新定釋教目錄》卷九、法藏《華嚴經傳記》卷一和卷二、靖邁《古今譯經圖紀》卷四、南宋法雲《翻譯名義集》卷一等所記勒那摩提事同。當據改。又，此段勒那事，在《續高僧傳》卷一中，"徧通三藏，妙入總持。以魏永平之初，來遊東夏"四句乃敘寫菩提流支事跡的文字，唐代惠詳《弘贊法華傳》卷二、僧詳《法華傳記》卷一、神清撰與慧寶注《北山錄》卷六、智昇《開元釋教錄》卷六、圓照《貞元新定釋教目錄》卷九所記菩提流支事亦如此；而勒那摩提則是"以正始五年初屆洛邑"。為避免事跡張冠李戴，校注時於此當有所揭示。

[109] 又有一僧，懷忿加毀，罵云：伽叔，汝何所知。當夜有神打而幾死。（引《唐高僧傳》；冊二，

24/779/6）

　　按：《校注》於"伽叔"下用專名號，蓋以之為人名，未得其實。《大正藏》本、《中華藏》本、《高麗藏》本作"伽斗"，可從。《續高僧傳》卷二五"釋明解"附"宋尚禮"："貞觀中，洺州宋尚禮者，薄學有神明，好為譎詭詩賦。罷縣還貧無食，好乞貸，至鄴戒德寺貸粟，數與不還。又從重貸，不與之。因發憤造《慳伽斗賦》，可有十紙許，加飾莊嚴慳態時俗，常誦以為口實。"唐大覺《四分律鈔批》卷十三末"訃請設則篇"："有云：摩呵羅，此翻伽斗也。老年出家曰伽底死，慳癡曰斗（未詳）。賓云。摩呵羅者，此翻無知，或言老年也。"可見，"伽斗"是僧家的罵詈語，意指慳吝、老年無知等［參李明龍《〈續高僧傳〉文化語詞劄記》，《南昌航空大學學報》（社會科學版）2012年第1期］。施於此處頗為切當。

# 《法苑珠林校注》卷二十五商議

[110] 世尊方欲知身子智慧多少者，以須彌為硯，以四大海水為墨，以四天下竹木為筆，滿四天下人為書師，欲寫身子智慧者，猶不能盡，況凡夫五通而能測量耶！（引《分別功德論》；冊二，25/787/2）

第二個"以"《校注》注："'以'字原作'子'，據《高麗藏》本改。"

按：《大正藏》本校："'以'，宮作'子'。"（53/469a/23）《中華藏》本校："'以'，磧、普、南、徑、清作'子'。"（71/572c/5）《分別功德論》卷四原作"以須彌為硯子"。《高麗藏》本作"以"不可取。"硯子"就是"硯"，如《太平御覽》卷五三引《隋圖經》："歷陵縣西十里有石子岡，寶山也，而高大，有塚如硯子，世謂之研子塚，是趙簡子塚也。"又卷一七八引《郡國志》："魏硯子臺，云是張儀塚，似硯也。"原文中兩個"以"各管轄兩句，增一"以"字反而不諧。

又："墨"字，《分別功德論》卷四原作"書水"。《藝文類聚》卷七三引後漢秦嘉妻與嘉書："分奉金錯碗一枚，可以盛書水；琉璃碗一枚，可以服藥酒。"清朱琰《陶說》卷五云此金錯碗"即後之所謂硯滴也",也即"書水"是指"磨墨時用的水滴"。"書水"也稱為"書滴",如舊題葛洪撰《西京雜記》卷一:"以酒為書滴,取其不冰;以玉為硯,亦取其不冰。"又卷六:"其餘器物皆朽爛不可別,唯玉蟾蜍一枚,大如拳,腹空,容五合水,光潤如新,王取以盛書滴。"雖然東晉瞿曇僧伽提婆譯《增壹阿含經》卷三六有"以四大海水為墨"之語,但書水與墨汁畢竟有別,此處當改從原書。

[111] 其母素性不能良善,懷妊已來,恤矜苦厄,悲潤黎庶,等心護養。(引《賢愚經》;冊二,25/795/7)

《校注》:"'恤'字原作'悲',據《高麗藏》本改。"

按:《大正藏》本、《中華藏》本作"恤",《大正藏》本校:"宋、元、明、宮作'悲'。"(53/472a/3)《中華藏》本校:"'恤矜',磧、普、南、徑、清作'悲矜'。"(71/576c/11)。"恤矜"有哀憐、憐憫之義,如《孟子·告子下》東漢趙岐注:"敬老愛小,恤矜孤寡,[賓]客羈旅,勿忘忽也。"東漢王符《潛夫論》卷一:"遺賑貧窮,恤矜疾苦。""悲矜"也有此義。如《魏書·獻文六王傳·彭城王》:"詔曰:'弟勰所生母潘早齡謝世,顯號未加。勰禍與身具,痛隨形起,今因其展思,有足悲矜。可贈彭城國太妃,以慰存亡。'"《全唐文》卷九〇四海雲《大法師行記》:"求道精勤,聖凡未簡,而悲矜苦海,志存傳化。"《漢語大詞典》未收"悲矜"一詞。《賢愚經》卷十二《波婆離品》原作"悲矜",唐代新羅釋元曉《彌勒上生經宗要》引同,當據正。蓋"慈潤"之"慈"先誤作"悲",因上一句"悲"字與此重復,遂將"悲矜"改為同義詞"恤矜"。

# 《法苑珠林校注》卷二十六商議

　　[112] 主人涕泣曰：亡妻存日，常誦此經。釵亦是其處。（引《冥報記》；冊二，26/825/3）

　　按：《〈法苑珠林校注〉斠補》（《古籍整理研究學刊》2010 年第 4 期）認為“其處”頗費解，當為“其物”之訛。所言可備一說，但還存在另一種可能。《冥報記》卷中作：“主人涕泣曰：亡妻存日，常讀此經，釵亦是亡妻之物。妻因產死，遂失所在，不望使君乃示其處。”《弘贊法華傳》卷九、《法華傳記》卷七所記大同小異。甚疑“釵亦是其處”乃是“釵亦是亡妻之物。妻因產死，遂失所在，不望使君乃示其處”抄脫一行，遂誤成“釵亦是……其處”。

# 《法苑珠林校注》卷二十七商議

[113] 道榮起，見子喬雙械脫在腳外，而械痕猶在焉……子喬雖知必已，尚慮獄家疑其欲叛，乃解脫械，痕更著。經四五日而蒙釋放。（引《冥祥記》；冊二，27/843/4）

《校注》："'痕'字原作'雍'，據《太平廣記》引改。下同。"

按：《〈法苑珠林校注〉匡補》（《古籍整理研究學刊》2007 年第 2 期）云："'械痕'，《珠林》原本作'械雍'，《觀世音應驗記》亦同，大正藏作'癱'，是。所謂'械癱'者，即指腳上因帶鐐銬而產生的紅腫潰破處。僅《太平廣記》卷 111 引《法苑珠林》作'痕'，故不必改'痕'。"若改作"痕"，下文的"乃解脫械，痕更著"一句就很難解釋，但改作"械癱"，似也未洽。今謂，原作"雍"不誤，《磧砂藏》本、《北藏》本、《清藏》本、《四庫》本也作"雍"。《大正藏》本作"癱"，《中華藏》本、《高麗藏》本作"癰"（同癰），非是。北魏賈思勰《齊民要術》卷九"作腥奧糟苞"："用散茅為束，附之相連，必致令裹大如靴雍，小如人腳踹腸。""靴雍"即靴筒。《集韻》平聲鍾韻："鞰，靴勒。"

又："襪，襪勒。"兩字分別指靴筒、襪筒。《釋名·釋衣服》："鞻韆，靴之缺前壅者，胡中所名也。""壅"也是靴筒。諸字都以"雍"為聲而有包裹腳脖子之義。故此處的"械雍"當指械筒，即腳鐐套住兩腳脖子的部分，與"靴雍"指靴筒道理一樣。至於彭子喬為何能夠脫械更著，我們對當時鎖械的形制尚未完全明了，但罪犯自行脫械，而後又自行戴上，古書中卻有記載，如《晉書·良吏列傳·范晷》："縣堂為野火所及，榮脫械救火，事畢，還自著械。"《異苑》卷六："一小兒通云：'庾湘東來。'須臾便至，兩腳著械，既至，脫械置地而坐……有頃，協兒遽之來，紹聞屐聲，極有懼色，乃謂協曰：'生氣見陵，不復得住，與卿三年別耳。'因貫械而起，出戶便滅。"南朝齊陸杲《繫觀世音應驗記》記載了彭子喬此事，文作"見其雙械脫在腳後，械雍猶尚著腳"，中華書局本《觀世音應驗記（三種）》校："'雍'疑當為'癰'。"（44頁）江蘇古籍出版社本《〈觀世音應驗記三種〉譯注》改"雍"為"癰"，校曰："'癰'寫本作'雍'，《法苑珠林》亦作'雍'，《太平廣記》作'痕'，據文意改。"（142～144頁）以上兩說皆未妥。

[114] 時欣亦誦八菩薩名，滿三萬徧，晝鎖解落，視之如雄，不異其事。臺中內外具皆聞見，不久俱免。（引《冥報拾遺》；冊二，27/844/11）

按："視之如雄，不異其事"，《太平廣記》卷一一二"董雄"引《冥報拾遺》作"視之如雄無異"，《冥報記》卷中記董雄事作"視之，鎖狀比雄不為異也"。今謂此處"不異"當連上句，"其事"屬下句。"如……不異"是當時慣用句式，猶言"同……沒有差別"，《珠林》卷九四引《毘尼母經》："上廁有二處：一者起止處，二者用水處。用水處坐起褰衣，一切如起止處無異。"《太平廣記》卷八六"趙燕奴"引《錄異記》："乾德初，年僅六十，腰腹數圍，面目如常人無異。"又卷四七二"郗世了"引《靈鬼志》："既破出之，軀行動如常軀無異。"即是其例。中華書局本《冥報拾遺》（105頁）點斷不誤。

[115] 尼眾歸依，初不引顧，每謂眾曰：女為戒垢，聖典常言。佛度出家，損減正法，尚以聞名汙心，況復面對無染。且道貴清顯，不參非濫；俗重遠嫌，君子攸奉。余雖不逮，請遵其度。（引《唐高僧傳》；冊二，27/845/5）

按："損滅正法"，當從《續高僧傳》卷二九"釋道積"作"損減正法"，"滅"是"減"的形近誤字。北魏般若流支譯《正法念處經》卷二六："護世天王向帝釋說：若閻浮提人不順法行，不孝父母，不敬沙門、婆羅門、耆舊長宿，增長魔眾，減損正法。"又卷二七："若閻浮提人，行於非法，作此惡時，四種魔使，心生歡喜，白魔王言：'損減正法，增長魔軍，甚可慶悅。'魔王聞之，問使者言：'云何世間增長我法，減損正法。'"宋法賢譯《佛說妙吉祥最勝根本大教經》卷中："復次殺設咄嚕最勝法，持明者依法相應，必獲成就，但在志誠，無復疑惑。如有破滅三寶，損減正法，五逆殺害，如是惡人，可用此法，而以調伏。"以上是"損減正法"或"減損正法"為語之例，"損滅正法"於義過重。

[116] 仍於寫經之室，鑿壁通外，加一竹筒，令寫經人，每欲出息，輕含竹筒，吐氣壁外。（引《冥報記》；冊二，27/850/3）

按："輕"，《冥報記》卷上、唐僧詳集《法華傳記》卷八並作"輒"。"輒"與前面的"每"相呼應，於義為長，當據改。《太平廣記》卷一〇九"尼法信"引作"徑"，則是"輕"之形誤。

# 《法苑珠林校注》卷二十八商議

[117] 昔有長者，名曰善施。家有未出嫁女，在家向火，暖氣入身，遂便有娠。父母驚怪，請其由狀。其女實對，不知所以。（引《分別功德經》；冊二，28/859/4）

《校注》："'遂便有娠'原作'遂使有軀'，據《高麗藏》本改。"

按：《大正藏》本、《中華藏》本作"娠"，《大正藏》本校："宋、元、明、宮作'軀'。"（53/489b/29）《中華藏》校："磧、普、南、徑、清作'軀'。"（71/614c/23）《分別功德論》卷五、《經律異相》卷四五引《分別功德經》皆作"遂便有軀"，當從。"軀"謂婦女所懷的胎兒，《珠林》卷五二引《佛說長者子懊惱三處經》："爾時舍衛城有大富長者，財寶無數。家無親子，恐終後沒官，夫婦禱祀，歸命三寶，精勤不懈，便得懷軀。"懷軀，即懷孕。《脈經》卷九："婦人經月下，但為微少。師脈之，反言有軀，其後審然，其脈何類？何以別之？"《經律異相》卷三一引《奈女經》："我昔嘗於金柱殿中晝臥，忽有物來摩我上者，我時恍惚，夢與通情，忽然而寤。見有大薑長三丈餘，從我上去，即覺有軀。"

上兩例"有軀",都指有身孕。

又:"請其由狀"之"請",《中華藏》本作"詰",校:"磧、普、南、徑、清作'請'。"(71/614c/23)《大正藏》本、《高麗藏》本作"詰",《分別功德論》卷五、《經律異相》卷四五引《分別功德經》皆作"詰",當據改。

[118] 見法興入門,域大欣笑。往迎作禮,捉法興手,舉著頭上曰:好菩薩,從天人中來。(引《冥祥記》;冊二,28/867/4)

《校注》:"'著'字原作'箸',據《磧砂藏》本、《南藏》本、《嘉興藏》本改。"

按:《廣韻》去聲御韻:"著,處也。箸,上同。"《集韻》入聲藥韻:"箸,著:被服也。一曰置也。或從艸。"可知在表達"放置"義時,"著"與"箸"為異體字關係,此處不用校改。

[119] 時安風聲搖逸,道俗崇向。其側眾也,皆來請謁。興建福會,多有通感。(引《唐高僧傳》;冊二,28/873/4)

按:"崇向",《大正藏》本、《中華藏》本、《高麗藏》本作"榮荷",《續高僧傳》卷二七"釋普安"原也作"榮荷"。當據改。"榮荷"是蒙受恩惠之意,如《宋書·王僧達傳》:"且臣本在驅馳,非希崇顯,輕智小號,足以自安。願垂鑒恕,特賜申獎,則內外榮荷,存沒銘分。"《梁書·王僧辯傳》:"大齊仁義之風,曲被鄰國,恤災救難,申此大猷。皇家枝戚,莫不榮荷;江東冠冕,俱知憑賴。"《全唐文》卷七二一謝楚《為同州顏中丞謝上表》:"臣以不腆之姿,繼序官業，誠比德非肖，陳力異能。而代受國恩，若未失墜，臣不勝感涕榮荷之至。”“道俗榮荷”即指如前所舉普安憑藉《華嚴經》之力，為出家之人與世俗之人免厄消災。“榮”，或作“禜”，如《敦煌變文集·維摩詰經講經文》：“令知幻質之非堅，遺悟禜花之不久。”“禜”之形體與“榮”稍遠而與“崇”極似；“荷”之下部又與“向”相近，遂有此誤。

[120] 到開皇中，来至江都，令通晉王。門人以其形質尪陋，言笑輕舉，並不為通。日到門首，喻遣不去。（引《唐高僧傳》；冊二，28/875/1）

《校注》：“‘到’字原作‘別’，據《唐高僧傳》改。”

按：《四庫》本作“立”，《珠林》其餘各本作“別”。原書《續高僧傳》卷二五“釋法安”存有異文，《大正藏》本作“別”，校：“宋、元、明、宮作‘到’。”（50/651c/29）《中華藏》本作“別”，校：“資、磧、普、南、徑、清作‘到’。”（61/960c/20）“日別”為中古時習語，乃“每日”之義（參董志翹《唐五代詞語考釋》，《古漢語研究》2000年第1期）。《續高僧傳》中常用，如卷十九“釋慧超”：“經停一年，儼然不散，日別常有供禮，香花無絕。”又卷二四“釋曇選”：“選亦依行受粥而食，日別如此。”又卷二七“鮑子明”：“明又以箕盛土，當風揚之後覆，梟感逆黨，並被誅剪長夏門外，日別幾千，遠應斯舉。”“日別門首”即每天到門口，意自可通。改“別”為“到”、為“立”，皆因不明“日別”詞義。

[121] 隋蔣州大歸善寺釋慧侃，姓湯，晉陵曲阿人也。靈通幽顯，世莫識之。而翹敬尊像，事同真佛。

每見立像，不敢輒坐，勸人造像，唯作坐者。道行遇厄，沒命救之。後往嶺南，歸心真諦，專釋禪法，大有深悟。（引《唐高僧傳》；冊二，28/876/1）

按：《續高僧傳》卷二五“釋慧偘”此段原作：“釋慧偘，姓湯，晉陵典河人也。少受學於和闍梨。和靈通幽顯，世莫識其淺深。而翹敬尊像，事同真佛。每見立像，不敢前坐，勸人造像，惟作坐者。道行遇諸因〔困〕厄，無不救濟……臨終在鄴，人問其所獲，云得善根成熟耳。偘奉其神化，積有年稔，眾知靈異，初不廣之。後往嶺南，歸心真諦，因授禪法專精，不久大有深悟。”從中可見，原書“偘奉其神化”之前後為和闍梨與釋慧偘兩人的事跡。與此對應，《珠林》中“靈通幽顯，世莫識之……道行遇厄，沒命救之”乃是和闍梨之行狀；“後往嶺南”之後纔是慧偘之事跡。《珠林》摘錄原書時，省去“少受學於和闍梨和”以及“偘奉其神化”等關鍵字句，遂使前後混為一談，極易造成兩人事跡張冠李戴。整理者於此處宜加以說明。

[122] 有頃，四郎車騎畢至，驚嗟良久，即令左右追捕其賊，顛僕迷惑，卻來本所。四郎命人決杖數十，其賊脛膊皆爛。已而別去。四郎指一大樹：兄還之日，於此相呼也。（引《冥報記》；冊二，28/881/1）

按：“顛僕迷惑，卻來本所”是針對賊而言的，而非四郎所為，故“其賊”當屬下句，“追捕”後用句號。又，“已而別去”是說不久將要別離，並非完成時態，故其後句號當改為逗號。

[123] 海人與山客辨其方物……釣魚為鮮，不足

充餔。（引《孫綽子》；冊二，28/885/1）

《校注》："《太平御覽》卷三七引。"

按：《校注》"卷三七"當作"卷三七七"。《太平御覽》卷七二、三七七、八三四、九五二引《孫綽子》皆有此文。卷七二略引，僅有三句。

# 《法苑珠林校注》卷三十一商議

[124] 此室中鬼常噉食人，自相與語言：止唼彼一人……（引《舊雜譬喻經》；冊二，31/978/1）

《校注》："'止'字原作'正'，據《高麗藏》本改。"

按：原作"正"可通。"正唼彼一人"是說正該吃掉那一個人，下文"一人畏我，餘四人惡，不可犯之"已把理由說清。《舊雜譬喻經》卷下作"正當"，也可證之。

[125] 一人畏我，餘四人惡，不可犯放之。（引《舊雜譬喻經》；冊二，31/978/1）

《校注》："'犯'字原脫，據《高麗藏》本補。"

按：補"犯"字後，"犯放"仍不辭。今謂"犯"非奪文，當是"犯"和"放"形體相近，抄者因此聯想而誤解句意，遂將原文的"犯"錯寫成了"放"字。

[126] 眾生病非一，投於甘露藥。趣使入道險，不令入邪徑。（引《菩薩處胎經》，冊二，31/979/2）

按："道險"，《中華藏》本同，校："麗作'道除'。"（72/678a/4）《大正藏》本作"道除"，校："'除'，宋、元、明作'險'；'道除'，宮作'險道'。"（53/524b/5）後秦竺佛念《菩薩處胎經》卷六作"道撿"。當以"道撿"為是。

慧琳《一切經音義》卷九引玄應釋《放光般若經》："道撿，謂以道撿心，故言道撿。《大品經》云'若入聲聞正位'是也。《蒼頡篇》：撿，法度，亦攝也。"同為竺佛念譯《最勝問菩薩十住除垢斷結》卷八："復次菩薩復入空定遊虛空界，一一分別空界眾生，或以言教，或以神足，或以光相，或以苦行，而教化之，趣使眾生得入道撿。"也用"入道撿"之語。是知各本中"險"為"撿"之訛字，"除"又為"險"之誤，"險道"則是"道險"之誤倒。

[127] 大賢鼓琴如故，鬼乃去。於市取死人頭來，還語大賢曰：寧可行小熟啖。因以死人頭投大賢前。（引《搜神記》；冊二，31/987/4）

按："還"當屬上句。"來還"是一詞，義為"返回"。《漢書·西域傳下》："王聞漢兵且至，北走匈奴求救，匈奴未為發兵。王來還，與貴人蘇猶議欲降漢，恐不見信。"《晉書·五行志中》："景初初，童謠曰：'阿公阿公駕馬車，不意阿公東渡河，阿公來還當奈何！'"《珠林》卷八引《菩薩本行經》："彼諸弟子，乞食來還，見彼王仙，被射命終，復見有血兩滴在地。即下彼籠，將王置地，集聚柴木，焚燒王屍，收骨為塔。"又卷四四引《雜譬喻經》："噉人王逢見其來，念曰：此得無異人乎！從死得生，而故來還。"皆其例也。

[128] 應唯持一口大刀，臥至三更中，聞有扣合者。應遙問：誰。答云：部郡相聞。（引《搜神記》；冊二，31/987/9）

按："聞"，《中華藏》本、《高麗藏》本同，《大正藏》

本、《磧砂藏》本、《北藏》本、《清藏》本、《四庫》本均作
"間"，兩字是異體關係，但文意不順。今本《搜神記》卷十
八及《太平御覽》卷八八五、《太平廣記》卷四三九"湯應"
引並作"聞"，意甚相合，當據改。

[129] 建安中，東郡界家有怪者，無數盆器自發訇
訇作聲，若有人焉。（引《搜神記》；冊二，31/988/2）

按："無數"，《珠林》各本作"無故"，今本《搜神記》
卷十八及《太平廣記》卷四四二"吳興田父"引同，當據
改。此處表意，不在於強調自發聲音的盆器之多，而是突出
盆器自發聲音的不可究明。

[130] 建安中，東郡界家有怪者……如是數歲，甚
疾惡之。乃多作美食覆蓋，著一室中藏戶閒。伺之，果
復重來，發聲如前。（引《搜神記》；冊二，31/988/3）

按："藏戶閒"者不是美食，而是這家的人，故"藏戶
閒伺之"當為一句。"閒"有"後面"義（參蔡鏡浩《魏晉
南北朝詞語例釋》164頁），"戶閒"即門後。從下文可知，
人藏於門後，一是為了不易被發現，二是為了怪物入室後能
及時關上門。

[131] 後有一師過其家，語二兒云：君尊候有大
邪氣。兒以白父，父大怒。（引《搜神記》；冊二，31/
989/1）

按："尊候"，《中華藏》本、《磧砂藏》本、《北藏》本、
《清藏》本同，《大正藏》本、《高麗藏》本、《四庫》本作
"尊侯"。今本《搜神記》卷十八及《太平廣記》卷四四二
"吳興田父"引作"尊侯"，汪紹楹校注《搜神記》（221

頁）、黃滌明《搜神記全譯》（496頁）依據《珠林》校改，其說可商。漢魏六朝時，"尊侯"可用於稱人之父，如《世說新語・言語》："中朝有小兒，父病，行乞藥。主人問病，曰：'患瘧也。'主人曰：'尊侯明德君子，何以病瘧？'答曰：'來病君子，所以為瘧耳！'"《梁書・孝行傳・吉翂》載翂欲代父死，廷尉卿蔡法度語之曰："主上知尊侯無罪，行當釋亮……奚以此妙年，苦求湯鑊？"《顏氏家訓・風操》："嘗有甲設燕席，請乙為賓；而且於公庭見乙之子，問之曰：'尊侯早晚顧宅？'乙子稱其父已往。時以為笑。"此處"君尊侯"猶言"您的父親大人"，當是原文。

[132] 晉永初中，張春為武昌太守。時人嫁女，未及升車，忽便失性，出外毆擊人乘，云不樂嫁。（引《幽明錄》；冊二，31/990/7）

按："永初"是南朝宋第一個年號，為宋武帝劉裕所使用。《異苑》卷八作"高祖永初中"、《太平御覽》卷九三二引《幽明錄》作"宋高祖永初中"、《太平廣記》卷四六八"武昌民"引《廣古今五行記》作"宋高帝永初中"。可見此處不該稱"晉"。

[133] 數日眾鬼群至，醜惡不可稱論。松羅牀障，塵石飛揚，累晨不息。（引《異苑》，冊二，31/991/3）

按："松羅"，《大正藏》本作"拉攞"，校："'拉'，宋、元、明、宮作'松'；'攞'，明作'羅'；宮作'欏'。"（53/527a/4）《中華藏》本校："資、磧作'松攞'；南、徑、清作'松羅'。"（72/682a/2）《異苑》卷六作"松羅"，《太平廣記》卷三二四"梁清"引《異苑》作"拉攞"。"松羅牀障"難解，"松羅"明顯是受到前文婢子之名"松羅"的影響。作"拉攞"是。《世說新語·任誕》有一例，可以互證，文曰："或謂和嶠曰：'卿何以坐視元裒敗而不救？'和曰：'元裒如北夏門，拉攞自欲壞，非一木所能支。'"清陸以湉《冷廬雜識》卷一釋云："'拉攞'猶言摧裂也。"《漢語大詞典》釋為"崩塌"（3594 頁）。當代著名學者余嘉錫、江藍生、方一新、蔣宗許、張萬起、吳金華等都曾解釋過《世說新語》中的"拉攞"，但分歧較大，限於本書體例，不再一一列述。筆者以為，"拉攞"應是指推、拉等動作，而非指崩裂、倒塌、毀壞等結果。"拉攞自欲壞"中的"自"當取"就、即"義（參江藍生《魏晉南北朝小說詞語彙釋》289～290 頁），句意為：一推拉就會毀壞。此處的"拉攞牀障"意思是推拉牀和屏障。

[134] 鬼有叔操喪，哭泣笤弔，不異世人。鬼傳教，曾乞松羅一函書題云：故孔修之死罪。白箋以弔其叔喪，敍致哀情，甚有詮次。（引《異苑》；冊二，31/991/8）

按："傳教"是指傳達指令的使者或送信人（參江藍生《魏晉南北朝小說詞語彙釋》19～20 頁），因此，小說中稱冥間的這一類人為"鬼傳教"，其後自然不應斷開。

又："一函書"後當用逗號，"題"在此處是指書信結尾時寫信人的自稱，《南史·孝義傳上·師覺授》："於路忽見一人持書一函，題曰：'至孝師君苫前。'俄而不見。"可資比對。

[135] 謝元嘉八年病終，王之墓在會稽，假瘞建康東崗。既窆及虞，輿靈入屋憑几，忽於空中擲地，

便有嗔聲曰：何不作挽歌，令我寂寂上道耶！（引《異苑》；冊二，31/992/1）

按："及"，《大正藏》本、《中華藏》本作"反"，《大正藏》本校："宋、元、明、宮作'及'。"（53/527a/24）《中華藏》本校："資、磧、南、徑、清作'及'。"（71/682b/3）此段與古代的喪葬習俗有關。依當時葬禮，死人入土後，親屬返回到殯所進行安慰亡魂的祭禮，稱為"虞"。《釋名·釋喪制》："既葬，還祭於殯宮曰虞。謂虞樂安神，使還此也。"唐賈公彥《儀禮·既夕禮》疏："云虞，安也者。主人孝子，葬之時，送形而往，迎魂而返，恐魂神不安，故設三虞以安之。"故"及虞"當作"反虞"。文中是說埋葬謝氏後，又返回殯所舉行祭祀，迎回的死者魂靈進入屋中靠在几案上，謝氏的魂靈忽然從空中跳到地上。

[136] 宋元嘉初，富陽人姓王，於窮瀆中作蟹斷。旦往視之，見一材長二尺許，在斷中而斷裂開，蟹出都盡。（引《述異記》；冊二，31/993/1）

《校注》："'材'字下，《太平御覽》引有'頭'字。"

按：《太平廣記》卷三二三"富陽人"引《述異記》也作"材頭"。"材頭"即短木頭，如東晉佛陀跋陀羅共法顯譯《摩訶僧祇律》卷二九："時有一摩訶羅比丘，見地斷材頭，作是念：此好可作缽。比丘食訖還去……王憶摩訶羅語，諸比丘故當須缽，即喚巧師旋作木缽。"下文有"顧見向材頭變成一物"一句，與之相應，此處宜補"頭"字。

# 《法苑珠林校注》卷三十二商議

[137] 夫聖人之用，弘通無礙。致感多方，不可作一途求，不可以一理推。故麤以麤應。細以細應。麤細隨機，理固然矣。所以放大光明，現諸神變者，此應十方諸大菩薩將紹尊位者耳。若處俗接麤……（冊三，32/995/5）

按：此段文字源於後秦姚興《通聖人放大光明普照十方》（《廣弘明集》卷十八），原文作："聖人之教，玄通無涯。致感多方，不可作一途求，不可以一理推。故應麤以麤，應細以細（應），理固然矣。所以放大光明，現諸神變者，此應十方諸大菩薩將紹尊位者耳。若處俗接麤……"兩相比較，文字幾乎全同，宜按《校注》體例指明出處。

又："弘通"，《珠林》各本作"玄通"，姚興原文同，當據正。"玄通"是與天相通之意，後漢安世高譯《阿難問事佛吉凶經》即言"佛之玄通，無細不知"，《漢語大詞典》"玄通"下也舉《珠林》此例為書證（872頁）。

[138] 丈夫，我今此舍如功德天，富力自在，眾寶莊嚴。我今以身及與奴婢，奉上丈夫，可備灑掃。（引《觀佛三昧經》；冊三，32/1000/7）

按："富力"，《經律異相》卷五同，當據東晉佛陀跋陀羅譯《佛說觀佛三昧海經》卷八原文作"福力"。"富力"在宋代以前未見其他用例，更未見"富力自在"的例子。而"福力"漢魏六朝時已習見，本指神賜的福佑之力，如《列仙傳》卷上："幼伯子者，周蘇氏客也……世世來誠佑，蘇氏子孫得其福力也。"東漢應劭《風俗通義·怪神》："凡人病自愈者，因言得其福力，號曰賢士。"佛教傳入中國後，也用"福力"指修福的功力，如東晉僧伽提婆譯《增壹阿含經》卷三十一："世間所有力，遊在天人中，福力最為勝，由福成佛道。"南朝宋求那跋陀羅譯《雜阿含經》卷十一："汝為何等福力故，從彼眾多種異道沙門、婆羅門、遮羅迦出家所聽其說法？"後世"福力自在"也見用例，如宋日稱譯《父子合集經》卷二十："爾時曼達多王豈異人乎？勿作異觀，我身是也。由恃威德，福力自在，貪無厭故，而取終歿。是故大王應捨豪富憍慢自在，安住淨心，莫生放逸。"日本了惠道光編錄《黑谷上人語燈錄》卷三："彌勒是諸佛長子，當來導師，乃至常精進，一切眾生不請之友，何時何處其不弘通？乃至天龍八部，福力自在，領世間者，常能守護教法流通也。"以上兩例"福力自在"和此處一樣，都是指神靈的福佑之力隨願而有。

[139] 世尊化作醜陋人，執持應器，盛滿中食，漸向醜人。形狀類己，心懷喜悅：今此人者，真是我伴。尋求共語，同器而食。食已時，彼化人忽然端正。（引《撰集百緣經》；冊三，32/1002/4）

按："食已"，《撰集百緣經》卷十"醜陋比丘緣"原作"既食之已"，此處"食已"是節引，當為一句，"時"屬下句。

[140] 公曰：一魚不周座席，得兩為佳。放乃復餌釣之，須臾引出，皆三尺餘，生鮮可愛。公便目前膾之，周賜座席……（引《搜神記》；冊三，32/1008/2）

按：《大正藏》本校：“‘目’，宋作‘日’。”（53/531a/19）《中華藏》本校：“資、磧作‘日’。”（71/697b/3）《後漢書·方術列傳·左慈》“公便目前”作“公使目前”。《〈法苑珠林校注〉商補》（《古籍整理研究學刊》2008 年第 3 期）云：“公便目前膾之”中“目前”費解，“目”當為“自”，“公便自前膾之”意思是說“曹公於是親自當眾做魚膾”，《搜神記》“左慈”條不誤，正作“自”。其實，吳金華《〈搜神記〉校補》（《文教資料》1995 年第 3 期）早已指出《搜神記》“左慈”條之誤，認為“公便自前膾之”不合事理，曹操主持宴會，不可能親自前去烹調鱸膾，原文應是“公使目前膾之”。其說牢不可破。“目前”為一詞，本為“眼前”義，如《三國志·吳書·三嗣主傳》裴松之注引《江表傳》：“覆問黃門，具首伏。即於目前加髡鞭，斥付外署。”在動詞前作狀語，則有“在眼前、當面”之義，如葛洪《肘後備急方》卷七“治卒蜈蚣蜘蛛所螫方”引劉禹錫《傳信方》：“張相素重薦，因出家資五百千，並薦家財又數百千，募能療者。忽一人應召云可治，張相初甚不信，欲驗其方，遂令目前合藥。其人云不惜方，當療人性命耳。”

[141] 鱉兄弟四人，閉戶衛之，掘堂上作大坑瀉水，其鱉入水中遊戲。一二日間，恒延頸出亦望，伺戶小開，便輪轉自躍，入於深淵，遂不復還。（引《搜

神記》；冊三，32/1009/5)

按："亦"字不通，今本《搜神記》卷十四、《晉書·五行志》、《宋書·五行志》、《太平廣記》卷四七一引《廣古今五行記》、《文獻通考》卷三○八並作"外"，當據改。

[142] 當中興之間，又有女子，其陰在腹肚，居在揚州，亦性好婬色。故京房《易》曰：妖人生子，陰在首，則天下大亂。若在腹，則天下有事。若在背，則天下無後。(引《搜神記》；冊三，32/1010/6)

《校注》："'中興之間'，《搜神記》作'大興初'。"

按：《宋書·五行志五》有兩處記女子陰在腹事，並引京房同一段話，祇是時代有異，一為"元帝太興初"，一為"晉中興初"。從文字吻合度看，此處與"元帝太興初"條更近，當以"太興初"為是。《搜神記》卷七、《晉書·五行志下》也作"太興初"。《校注》所引"大興初"同"太興初"。另，"中興之間"的"中興"用專名號，未當。南朝齊和帝蕭寶融曾用年號"中興"，但於此不合。此"中興"是晉朝偏安時期的隱晦說法。

又："曰妖"，《大正藏》本校："宋、元、明、宮作'妖曰'。"(53/531c/17)《中華藏》本、《磧砂藏》本、《北藏》本、《清藏》本作"妖曰"。《搜神記》卷七、《晉書·五行志下》、《宋書·五行志五》皆作"京房《易妖》曰"，當據乙改。《易妖》，又名《易妖占》，是京房易學系列著作之一。

[143] 漢宣帝黃龍元年，未央殿輅軨廄中，雌雞化為雄雞……《五行志》以為王氏之應也。(引《搜神記》；冊三，32/1011/1)

《校注》：“出《搜神記》卷七。”

按：當出今本《搜神記》卷六，作“卷七”誤。

[144] 吳時將軍朱桓得一婢，每夜臥後，頭輒飛去……桓以為巨怪，畏不敢畜，乃放遣之。既而詳之，乃知大怪也。（引《搜神記》；冊三，32/1015/5）

按：“大怪”，《大正藏》本、《中華藏》本作“天怪”，《大正藏》本校：“‘天’，宋、元、明、宮作‘大’。”（53/532c/26）《中華藏》本校：“資、磧、南、徑、清作‘大怪’。”（71/699c/20）今本《搜神記》卷十二及《太平御覽》卷八八八引作“天性”。此處言朱桓以為婢頭能飛非常奇怪，後來了解詳情，方知是與生俱來的，故當以“天性”為是；若作“大怪”“天怪”，與前文“巨怪”意思重迭，且語意不暢。蓋“天性”先誤作“天恠（怪）”，而後又誤為“大怪”。《珠林》卷三一引《幽明錄》：“時人嫁女，未及升車，忽便失性，出外毆擊人乘，云不樂嫁。”其中的“失性”，《異苑》卷八、《太平廣記》卷四六八“武昌民”引《廣古今五行記》皆誤作“失怪”，此即“性”易誤為“怪”之例。

[145] 昔者高陽氏有同產而為夫婦。帝放之於崆峒之野，相抱而死。神鳥以不死草覆之，七年，男女同體而生。二頭四足四手，是為蒙雙氏。（引《搜神記》；冊三，32/1015/7）

《校注》：“下‘四’字原脫，據《高麗藏》本補。”

按：下一“四”字，《大正藏》本校：“宋、元、明、宮無。”（53/533a/1）《中華藏》本校：“資、磧、南、徑、清無。”（71/700a/3）今本《搜神記》卷十四“四足四手”作

"四手足"，宋楊延齡《楊公筆錄》引此事同，《太平御覽》卷八八八引作"四足手"。"四足手"即是"四足四手"之省略。《藝文類聚》卷十七引《幽明錄》："後能半面笑，兩足手口各捉一筆，俱書，辭意皆美。"（"兩足手口"，《太平廣記》卷二七六"賈弼"引《幽明錄》引作"兩手足及口中"）《太平廣記》卷八六"趙燕奴"引《錄異記》："數月而產燕奴，眉目耳鼻口一一皆具，自項已下，其身如斷瓠。亦有肩脾，兩手足各長數寸，無肘臂腕掌，於圓肉上各生六指，纔寸餘，爪甲亦具。"這裏的"兩足手""兩手足"指"兩手兩足"，與"四足手"指"四足四手"同。"四"字無須補。

［146］魏時尋陽縣北山中蠻人有術，能使人化作虎，毛色介身，悉如真虎。（引《續搜神記》；冊三，32/1015/8）

《校注》："'介身'，《搜神後記》作'爪牙'。"

按："毛色"和"爪牙"最能表現虎的特徵，"介身"當是"爪牙"的形誤，應改。《太平廣記》卷二八四引《冥祥記》作"爪身"，也不妥，一則因為"身"與"毛色"意重，二則因為未見"爪"與"身"連用之例。

［147］秦時南方有落頭民……又嘗有覆以銅盤者，頭不得進，遂死。（引《搜神記》；冊三，32/1015/12）

《校注》："出《搜神記》卷十三。"

按：《校注》有誤，事見今本《搜神記》卷十二。

［148］周尋復知，乃以醇酒飲之，令熟醉，使人解其衣服及身體，事事詳視，了無異。（引《續搜神記》；冊三，32/1016/1）

按：衣服可解，而身體不可解，文中標點有誤，"及身體"當屬下句。"及身體事事詳視，了無異"可譯為：等到身體處處仔細察看後，完全無異常。《太平廣記》卷二八四引《冥祥記》"及"作"乃"，形近而訛。

[149] 相與守之，啼泣，無可奈何。意欲求去，永不可留。視之積日，轉解自投出戶外而去駛。逐之不及，遂便入水。（引《續搜神記》；冊三，32/1016/7）

《校注》："'投'字原作'捉'，'而'字原作'其'，據《高麗藏》本改。"

按：《大正藏》本校："'投'，宋、元、明、宮作'捉'；'而'，宋、元、明、宮作'其'。"（53/533a/23）《中華藏》本校："'投出戶外而去'，資、磧、南、徑、清作'捉出戶外其去'。"（71/700b/4）"轉解自投出戶外而去駛"連成一句不可解，當校點為："轉解，自投出戶外。其去駛，逐之不及，遂便入水。"試疏解於下："轉"是時間副詞，有"漸漸"之義，可參蔡鏡浩《魏晉南北朝詞語例釋》（443頁）；"解"同"懈"，為"鬆懈"之義；校"捉"為"投"甚是，"自投出戶外"意即自己跳躍出門外（參拙著《中古小說校釋集稿》47頁）；"其去駛"中，"其"是第三人稱代詞，南北朝時期已出現作主語的用法（參王力《漢語史稿》313頁）；"駛"為"迅疾"義（參郭在貽《訓詁叢稿》293～294頁）。

[150] 英聞梁嫁，白日來歸，乘馬將數人至於庭前，呼曰：阿梁，卿忘我耶！子集驚怪，張弓射之，應箭而倒，即變為桃人。（引《洛陽寺記傳》；冊三，32/1016/11）

按："驚怪"，《洛陽伽藍記》卷四"開善寺"、《太平廣記》卷三七一引《洛陽伽藍記》、稗海本《搜神記》卷一均作"驚怖"。"驚怖"兼含驚異和恐懼兩義，長於"驚怪"。蓋抄寫者把"怖"誤認成"怪"的異體字"恠"，因而致誤。

[151] 穎夢中問曰：子為誰？對曰：吾本趙人，今屬汪芒氏之神。（引《搜神記》；冊三，32/1027/6）

《校注》："'為'字下原衍'是'字，據《搜神記》刪。"

按：由於佛經中大量使用四字語句，受此影響，中古漢語中同義單音詞連用的情況激增，判斷詞"為"和"是"也常常連用，主要出現在疑問句中。下面即是"為是誰"的用例。北魏慧覺等譯《賢愚經·摩訶斯那優婆夷品》："優波斯那聞此語已，仰視空中，不見其形，如盲眼人。於夜黑暗，都無所見，即問言曰：'汝為是誰，不見其形，而但有聲？'"北魏吉伽夜等譯《雜寶藏經·長者夫婦造作浮圖生天緣》："婦言：'汝為是誰，勸諫於我？'答言：'我是汝夫，以作僧坊塔寺因緣，得生三十三天。見汝精勤，修治塔寺，故來汝所。'"姚秦鳩摩羅什譯《妙法蓮華經》卷七"妙莊嚴王本事品"："時父見子神力如是，心大歡喜，得未曾有。合掌向子言：'汝等師為是誰？誰之弟子？'"據此，本文的"是"字不可草率刪去。

[152] 宋瑯琊諸葛覆，宋永嘉年為九真太守。家累悉在揚都，唯將長子元崇送職。覆於郡病亡，元崇年始十九，送喪欲還。（引《冤魂志》；冊三，32/1028/10）

按："送職"，《珠林》各本同。《太平廣記》卷一二七

"諸葛元崇"引《還冤記》作"赴職";敦煌本《還冤記》
(題《冥報記》)、唐宗密述《圓覺經大疏釋義鈔》卷九下引
《冤魂記》作"述職"。當以"述職"為是。"赴職"義同,
"送職"為形誤。"述職"有"就職"義,如《晉書‧良吏
傳‧鄧攸》:"史臣曰……鄧攸贏糧以述職。"傳文中云:"時
吳郡闕守,人多欲之,帝以授攸。攸載米之郡,俸祿無所
受,唯飲吳水而已。"即是其事。《魏書‧崔楷傳》:"初,楷
將之州,人咸勸留家口,單身述職。楷曰:'貪人之祿,憂
人之事,如一身獨往,朝廷謂吾有進退之計,將士又誰肯為
人固志也?'遂闔家赴州。"《梁書‧謝朓傳》:"隆昌元年,
復為侍中,領新安王師。未拜,固求外出。仍為征虜將軍、
吳興太守,受召便述職。"並是其例。

[153] 從眠驚寤,怪夢所由。與人共說,初無信
者。尋入重夢,及諸巫覡,咸陳前說。(引《唐高僧
傳》;冊三,32/1031/3)

按:"入",《大正藏》本、《中華藏》本作"又",《大正
藏》本校:"宋、元、明、宮作'入'。"(53/537a/29)《中
華藏》本校:"資、磧、南、徑、清作'入'。"(71/706b/
2)《續高僧傳》卷二十九"釋智興"、唐釋志鴻《四分律搜
玄錄》引《續高僧傳》等都作"又",當據改。"又重"猶今
之"重又",《珠林》卷十四:"及後太宗昇遐,方知兆見。
至六月內洟又重出,合州同懼,不知何禍。"卷二七引《冥
報拾遺》:"其夜監察御史張守一宿直,命吏開鎖。以火燭
之,見鎖不開而相離,甚怪。又重鎖,紙封書上而去。"即
是其例。

# 《法苑珠林校注》卷三十三商議

[154] 昔佛弟難陀乃往昔維衛佛時人，一洗眾僧之福功德，自追生在釋種。身佩五六之相，神容晃昱金色。（引《雜譬喻經》；冊三，33/1053/10）

按：據隋《佛本行集經》卷五七"難陀因緣品下"，難陀前身是槃頭摩低城內一種姓婆羅門子，因營造溫室供佛及眾僧洗浴，心生歡喜，命終之後，"得生於釋種之家，身有金色，具足三十大丈夫相"，此即所謂"一洗眾僧之福"。《方言》卷十二："追，隨也。"《離騷》："背繩墨以追曲兮，競周容以為度。"王逸注："追，猶隨也。"洪興祖補注："追，古隨字。"是知追與隨同義。"功德自追"即福報自然隨之而至。因之，此段當標點為："昔佛弟難陀乃往昔維衛佛時人，一洗眾僧之福，功德自追，生在釋種，身佩五六之相，神容晃昱金色。"

[155] 乘前之福，與佛同世，研精進場，便得六通。（引《雜譬喻經》；冊三，33/1053/11）

按："進場"，後漢支婁迦讖譯《雜譬喻經》原文、《諸經要集》卷八引、《珠林》各本均作"道場"，當據改。"研精道場"即在修道的場所專心致志。

[156] 誓以身命守護殿閣。寺居狐兔，顧影為儔。

啜菽飲水，載歷寒暑。雖耆年暮齒，而心力逾壯。（引《唐高僧傳》；冊三，33/1061/1）

《校注》："'載歷'原作'再離'，據《唐高僧傳》改。"

按："載歷"，《大正藏》本、《中華藏》本《續高僧傳》卷二九"釋住力"作"再離"，《大正藏》本校云："'再'，宋、元、明、宮作'載'。"（50/695b/4）《中華藏》本校："'再'，資、磧、普、南、徑、清作'載'。"（61/1050a/4）實則"再離寒暑"與"載離寒暑""載歷寒暑"字異而義同，不須更改。《詩經·小雅·小明》："明明上天，照臨下土。我征徂西，至於艽野。二月初吉，載離寒暑。"鄭玄箋："乃以二月朔日始行，至今則更夏暑冬寒矣。"孔穎達疏："以二月初朔之吉日始行，至於今則離歷其冬寒夏暑矣。""載離寒暑"即指經歷寒冬酷暑。"離"字，鄭箋用"更"（經歷）釋之，孔疏用同義連用的"離歷"與之對應，其意即是"經歷"。故"載歷寒暑"乃是用同義的"歷"替換了"載離寒暑"中的"離"。句中之"載"為語助詞，無實義，古書中常與"再"互相通借，如《詩經·秦風·小戎》："言念君子，載寢載興。"馬瑞辰《毛詩傳箋通釋》："再、載，古通用。"三國曹植《應詔》詩中即沿襲用作"再寢再興"。又《衛風·氓》："既見復關，載笑載言。"三國楊泉《鹽賦》中即沿襲用作"再笑再言"。因之，"載離寒暑"後世又常寫作"再離寒暑"，如《魏書·尉元傳》："臣受命出疆，再離寒暑，進無鄧艾一舉之功，退無羊祜保境之略，雖淮岱獲振，而民情未安。"又《蕭寶夤傳》："詔曰：'蕭衍送死，連兵再離寒暑。卿忠規內挺，孝誠外亮，必欲鞭屍吳墓，戮衍江陰，故授卿以總統之任，仗卿以克捷之規，宜其勉歟？'"《文選》卷三八梁任昉《為范尚書讓吏部封侯第一表》："閉門荒郊，再離寒暑。兼以東皋數畝，控帶朝夕。"《新唐書·韓瑗傳》："況被遷以來，再離寒暑，其責塞矣。"皆其例也。

[157] 泥塗褫落，周匝火燒，口誦不輟，手行治葺。賊徒雪泣，見者哀歎。往往革心，相佐修補。（引《唐高僧傳》；冊三，33/1061/2）

《校注》："'雪'字，《唐高僧傳》作'雷'。"

按："雷"，《大正藏》本、《中華藏》本《續高僧傳》卷二九"釋住力"作"雪"，《大正藏》本校："'雪'，宋、元、明作'雷'。"（50/695b/6）《中華藏》本校："'雪'，資、磧、普、南、徑、清作'雷'。"（61/1050a/6）《續高僧傳》中已是"雪泣""雷泣"兩存。"雷泣"未聞。"雪泣"是擦拭眼淚，古書中習見，如《呂氏春秋·觀表》："吳起止於岸門，止車而休，望西河，泣數行而下。其僕謂之曰：'竊觀公之志，視舍天下若舍屣，今去西河而泣，何也？'吳起雪泣而應之曰：'子弗識也。'"高誘注："雪，拭也。"《全唐文》卷三九三獨孤及《為吏部李侍郎祭李中丞文》："天子興悼，臺臣雪泣，情鍾我輩，哀可既乎？"又卷四三七李陽冰《上李大夫論古篆書》："每一念至，未嘗不廢食雪泣。攬筆長歎焉。"《新唐書·韓瑗傳》："王后之廢，瑗雪泣言曰：'皇后乃陛下在藩時先帝所娶，今無罪輒廢，非社稷計。'"此處"雷"當是"雪"的形近誤字，不可取。

[158] 遣此人執筆，口授為書，謂之曰：汝雖合死，今方便放汝歸家，宜為我持此書至坊州，訪我家

通人。兼白我娘……（引《冥報拾遺》；冊三，33/1070/3）

按：後兩句當標點為"訪我家，通人兼白我娘"，意思是：探訪我家，告知州人，同時告訴我母親。下文中，"懷智今為太山録事參軍，幸蒙安泰"即是同時向州人和母親報平安，其餘為向母親交代家事。

# 《法苑珠林校注》卷三十四商議

[159] 第九念身者，謂專精念身，髮、毛、爪、齒、皮、肉、筋、骨、膽、肝、肺、心、脾、腎、大腸、小腸、白膜、膀胱、屎、尿、百葉……何者是身？地種、水種、火種、風種是也。（引《增一阿含經》；冊三，34/1073/8）

《校注》："'白膜'二字原作'匈直'，據《增一阿含經》改。"

按：《〈法苑珠林〉校注拾零》（《鄭州大學學報》2009年第4期）云："'白膜'疑為'三膲'之訛。'三膲'為古人所謂的人體六府之一。""三膲"與"白膜""匈直"形體不近，且無版本依據，此説似未允當。白膜，《大正藏》本、《中華藏》本作"白直"，《大正藏》本校："'白'，宋、元、明、宮作'匈'。"（53/549b/3）《中華藏》本校："'白'，資、磧、南作'匀'；徑作'匈'；清作'匀'。"（71/736b/2）再檢東晉僧伽提婆譯《增壹阿含經》卷九"广演品"原文，《大正藏》本、《中華藏》本作"白脂"，《大正藏》本校："宋、元、明作'白膜'；宮作'白直'。"（2/556c/2）《中華藏》本校："資、磧、普、南、徑、清作'膜'。"（32/

13c/7）今謂，《校注》據原書校改作“白膜”，甚是。“勻”是“白”的行草體，被誤認為“匂”或“勻”；“膜”先錯為“腫”，因腫指肥腸，與前文意重，字不相合，遂又省減為“直”。關於“三焦（膲）”，歷代眾說紛紜，或認為是無形之氣，或認為是有形之物。宋吳曾《能改齋漫录》卷十八：“其盜坐棄市，令密使人決腹視之。有白膜總於臍，臍若芙蕖狀，披之蓋數十重。豈一歲一膜耶？”清昭槤《嘯亭杂录》卷八：“腎賦形有二，故膀胱三焦分為其腑，即命門之關鍵也。或有被磔刑者，見其膀胱後別有白膜，包裹精液，此即三焦之謂也。”清唐宗海《血証論》卷一“陰陽水火氣血論”：“三焦，古作膲，即人身上下內外相聯之油膜也……按兩腎中一條油膜，為命門，即是三焦之原，上連肝氣胆氣，及胸膈，而上入心，為包絡，下連小腸大腸，前連膀胱。下焦夾室，即血室氣海也，循腔子為肉皮，透肉出外，為包裹周身之白膜，皆是三焦所司。白膜為腠理，三焦氣行腠理，故有寒熱之證。”從中可見“白膜”處於腹腔內，被認為是“三焦（膲）”有形的體現，可得與大腸、小腸、膀胱等並舉。

　　［160］時日少風，而船去如箭。薩薄主語眾人言：船去太疾，可捨帆。如言捨下。船去轉便，不可得止。（引《雜譬喻經》；冊三，34/1081/7）

　　按：“便”，《大正藏》本、《中華藏》本作“駛”，《大正藏》本校：“宋、元、明、宮作‘便’。”（53/551c/5）《中華藏》本校：“資、磧、南、徑、清作‘便’。”（71/739c/11）比丘道略集《雜譬喻經》原作“駛”。當據改為“駛”。慧琳《一切經音義》卷十八釋《大乘大集地藏十輪經》：“駛流，上師事反。《韻英》云：急速也。《考聲》云：竹疾也，速也。《古今正字》從馬，史聲。有從夬作駃，音決，非也，乖經義。"駛"為疾速義，於此意暢。《經律異相》卷四三引作"駃"，是"駛"的俗寫；比丘道略集、後秦鳩摩羅什譯《眾經撰雜譬喻》卷下"船去轉便"句作"船去輒疾"，"疾"與"駛"同義。

# 《法苑珠林校注》卷三十五商議

[161] 說此語時，天地大動，無雲而雨。諸天觀見雨華供養。（引《賢愚經》；冊三，35/1104/2）

按：《賢愚經》卷十三《堅誓獅子品》原作："諸天惋惕，即以天眼下觀世間，見於獵師殺菩薩師子，於虛空中雨諸天花，供養其屍。"然則"諸天觀見"的對象是獵師殺師子，而非"雨華供養"，兩句之間當逗開。

[162] 同素誦《法華》，唯憑誠此業，又存念觀音。有頃，見一光如螢光，追之不及，遂得出穴。（引《梁高僧傳》；冊三，35/1133/3）

按："螢光"，《高僧傳》卷十二原作"螢火"，當據改。《珠林》卷六五引《冥祥記》載此事也作"螢火"。《南史·宋宗室及諸王下》："時主夕臥，見流光相隨，狀若螢火，遂入巾箱化為雙珠，圓青可愛。"《太平廣記》卷一一四"陳秀遠"引《冥祥記》："時夕結陰，室無燈燭。有頃見枕邊如螢火者，囧然明照，流飛而去。"是知"螢火"也可指螢火蟲發的光。

# 《法苑珠林校注》卷三十六商議

[163] 琛之素不信法，心起忿慢。沙門曰：當加祗信，勿用為怒。相去二十步，忽不復見。琛之經七日便病，時氣危頓殆死。（引《冥祥記》；冊三，36/1141/4）

按："時氣"當連上句。《漢書·鮑宣傳》："（民）七亡尚可，又有七死……歲惡饑餓，六死也；時氣疾疫，七死也。"舊題陶潛《搜神後記》卷四："襄陽李除，中時氣死。其婦守屍。至於［夜］三更，崛然起坐，搏婦臂上金釧甚遽。"《高僧傳》卷八"釋僧遠"："嘗一時行青園，聞里中得時氣病者，憫而造之。"江藍生《魏晉南北朝小說詞語彙釋》云："'時氣病'即時疫，猶今語傳染病。文獻中又稱之為'時氣、時疾、時患、時病'等等。"（176頁）所謂"病時氣"即患傳染病之意。魯迅輯《古小說鉤沉·冥祥記》（《魯迅輯錄古籍叢編（第一卷）》386頁）標點正確。

[164] 子懋弟南海王子罕，字靈華。其母樂容華寢疾，子罕晝夜禮拜。於時以竹為燈續。其燈照曜，訖夜極明。此續經宿，枝葉茂盛。母病尋愈。（引吳均《春秋》；冊三，36/1153/8）

《校注》："'續'字，《高麗藏》本作'纘'。"

按："字靈華"，《珠林》各本同。《南齊書・武十七王傳・南海王子罕》《南史・齊武帝諸子傳・南海王子罕》並作"字雲華"，且兩傳所記武十七王皆以"子×"為名，以"雲×"為字。當據改。

又："續"，《大正藏》本、《中華藏》本作"纘"，《大正藏》本校："宋、元、明、宮作'續'。"（53/572b/12）《中華藏》本校："資、磧、南、徑、清作'續'。"（71/779a/21）《南史・齊武帝諸子傳・南海王子罕》作"纘"。《漢語大詞典》"纘"下釋《南史》之例為："通'欑'，叢聚。"（5753 頁）所釋應是。作"續"文意不順。

[165] 沙門支法存在廣州有八尺氍毺，又有沉香八尺板牀。太元中王漢為州，大兒劭求二物不得，乃殺而藉焉。（引《異苑》；冊三，36/1162/2）

按："太元中"，《太平御覽》卷九八二引《異苑》同，《異苑》卷六作"太原"；"王漢"，《異苑》作"王琰（舊注：一作談）"、《珠林》卷七七引《冤魂記》作"王談"、《太平御覽》卷七〇六和卷七〇八引《異苑》作"王淡"、《太平廣記》卷一一九"支法存"引《還冤記》作"王譚"。考《晉書・王嶠傳》："子淡嗣，歷位右衛將軍、侍中、中護軍、尚書、廣州刺史。"此王淡隸屬太原晉陽王氏家族，曾任廣州刺史，應即《異苑》中所記的廣州刺史。馮漢鏞《支法存生平及其佚方與成就》（《中華醫史雜誌》1981 年第 4 期）也曾考證，支法存卒於晉永和中期，即 350 年左右，為廣州刺史王淡所害。據此，此處"太元中王漢"當作"太原王淡"為是。談、漢皆"淡"之形誤，譚又是"談"之或體，至於作"王琰"者，大概是與《冥祥記》作者南齊時的太原人王琰相混了。

[166] 聚窟洲在西海中，上多真仙靈館宮第。北門有大樹，與楓木相似，而芳香聞數百里，名為反魂樹。（引《十洲記》；冊三，36/1164/9）

按：據《十洲記》原書，"靈館"當作"靈官"，"北門"當作"比門"。上文當校點作："聚窟洲在西海中，上多真仙靈官，宮第比門。有大樹與楓木相似……""靈官"指仙官，"宮第比門"是說仙官們居住的宅第一家挨著一家。

[167] 吳景帝世，烏程民有得痼病，及差，能以響言……聲之所往，隨其所向，遠者不過十數里。右此四驗出《梁高僧傳》。（冊三，36/1178/5）

《校注》："此段出處待考。"

按：此處共五驗，前四驗皆見於《梁高僧傳》，此驗則見於《晉書·五行志中》《宋書·五行志二》，云出《梁高僧傳》為誤注。《珠林》各本將此驗併入前一驗，以應四驗之數，也誤。

又："痼病"，《大正藏》本同，校："'痼'，宋、元、明、宮作'固'。"（53/577c/15）《中華藏》本作"固病"，校："麗作'痼疾'。"（71/787a/8）（按：綫裝書局影印本《高麗藏》本作"痼病"。）《晉書·五行志中》《宋書·五行志二》作"困病"。"困病"指重病，辭書未載，略舉數例如下。西晉法護譯《修行道地經》卷一："又如田家，犁不失時，風雨復節，多收五穀，藏著篅中，意甚歡喜。如困病得愈，得畢償債。中心踴躍，亦復如是。"又卷五："衰老將至，心遂迷惑，匆得困病，命垂向盡。"後秦佛陀耶舍共竺佛念譯《長阿含經》卷七："迦葉，我有親族知識，遇患困病，我往問言，諸沙門、婆羅門各懷異見。"北魏慧覺等譯《賢愚經》卷七"梨耆彌七子品"："即召諸臣而問之言：'前敕種稻，為成熟不？今日急須，用治困病。'"前文云"時王夫人欻得篤疾"，則"困病"即"篤疾"。《太平御覽》卷五七七引《幽明錄》："劉琮善琴，忽得困病，許遜曰'近蔣家女鬼相錄在山石間，專使彈琴作樂，恐欲致災也。'琮曰：'吾常夢見女子將吾宴戲，恐必不免。'"也作"困疾"，如《經律異相》卷三七引《居士物故為婦鼻中蟲經》："時清信士卒得困疾，醫藥不治，婦大悲苦。""痼病"指積久難治的病，重在指病的時間長，與下一句"及差"意不甚合；"困病"則重在指病的程度深，故病癒而有"響言"的特異功能。蓋"困"誤為"固"，因義不相涉而又加偏旁為"痼"也。

[168] 明旦又來，有善色，謂奴曰：今當為汝白也。(引《冥報(拾遺)記》；冊三，36/1179/3)

按："善色"，當據《冥報記》卷下及《太平廣記》卷三二八"梁甲"引、《法華傳記》卷八改作"喜色"。

# 《法苑珠林校注》卷三十七商議

[169] 若塔僧物，賊來急時不得藏棄，佛物，應莊嚴佛像，僧座具應敷，安置種種飲食，令賊見相。（引《僧祇律》；冊三，37/1189/10）

《校注》："'棄'字原作'舉'，據《高麗藏》本改。"

按：《大正藏》本作"棄"，校："宋、元、明、宮作'舉'。"（53/580b/23）《中華藏》本作"藏弄"，校："資、磧、南、徑、清作'藏舉'；麗作'藏棄'。"（71/797c/1）原作"舉"無誤，《高麗藏》本作"棄"，實為"弄"誤為"棄"的異體"弃"所致。《集韻·語韻》："弄，藏也。或作去。"故"藏弄（去）"為同義並列複合詞，意指"收藏"。《漢書·陳遵傳》："性善書，與人尺牘，主皆藏去以為榮。"顏師古注："去亦藏也。音丘呂反，又音舉。"是知"去（弄）"有"舉"音，所以"藏弄（去）"又寫作"藏舉"，東晉僧伽提婆譯《增壹阿含經》卷九"慚愧品"："世有二人。無有厭足而取命終。云何為二人。所謂得財物恒藏舉之。"唐代道士張萬福編錄《洞法服科戒文》："法服須勤洗濯，燒香清淨，箱簏藏舉，勿使污穢，常置淨室。"《續高僧傳》卷十八"釋靜端"："周滅法時，乃竭力藏舉諸經像等百有餘所，終始護持，冀後法開，用為承緒。"《珠林》卷七四引

《寶梁經》："又營事比丘數得僧物，慳惜藏舉，或非時與僧，或復難與，或困苦與，或少與，或不與，或有與者，或不與者。"慧琳《一切經音義》卷十一釋《大寶積經》："藏舉，上昨郎反，下薑圄反，有經本或作弆，墟圄反，亦音舉也。"此即古文獻中"藏舉"和"藏弆"並用之證。《珠林》卷六四引《雜寶藏經》："昔有王子兄弟二人，被驅出國。到曠路中，糧食都盡。弟即殺婦，分肉與其兄嫂。嫂便食之。兄得此肉，藏舉不敢食之。"《〈法苑珠林校注〉商校》（《鄭州大學學報（哲學社會科學版）》2016 年第 6 期）云"藏舉"費解，"舉"當為"弆"，未得其實。

# 《法苑珠林校注》卷三十八商議

[170] 及旦看之，獲舍利一枚，殊大於粒，光明鮮潔。更細尋視，又獲七粒。總置盤木，一枚獨轉，遶餘七粒，各放光明，炫耀人目。（冊三，38/1213/8）

按："盤木"，《大正藏》本、《中華藏》本、《高麗藏》本作"盤水"。唐道宣《集神州三寶感通錄》卷上也作"盤水"。"盤木"指枝幹盤曲的樹木，於此難解，當作"盤水"。"盤水"即盤中之水。相傳舍利需要清水行之，方得發光。《梁書·諸夷傳·扶南國》："是日，以金鉢盛水泛舍利，其最小者隱鉢不出，高祖禮數十拜，舍利乃於鉢內放光，旋回久之，乃當鉢中而止。"《集神州三寶感通錄》卷上："又以清水行之，舍利揚光散彩，洞燭一殿。"又引《漢法本內傳》："時外國沙門居寺，乃齎金盤盛水，以貯舍利，五色光明，騰焰不息。帝歎曰：非夫神效。安得爾乎！"此並是置舍利於水中而舍利放光之例。

[171] 京師慈恩寺僧慧滿在塔行道，忽見綺井覆海下一雙眼睛，光明殊大。（冊三，38/1214/3）

《校注》："'睛'字原作'精'，據《高麗藏》本、《磧砂藏》本、《南藏》本、《嘉興藏》本改。"

按：《大正藏》本校："'睛'，宋、元、明、宮作'精'。"（53/586c/26）《中華藏》本校："'眼睛'，資、磧、南、徑、清作'眼精'。"（71/810b/3）（查上海古籍出版社1991年影印《磧砂藏》本，作"眼精"，《校注》所據未詳）《說文·目部》："睛，目童子精也。"段玉裁注："精謂精光也，俗作睛。"故"睛"為"精"之後起俗字。中古文獻中，"眼睛"雖是主要詞形，而寫作"眼精"者也不乏其例，如《經律異相》卷十引《六度集經·普明王經》："佛言：'上德賢者，可開一眼相覷？'如斯至三，答曰：'吾之眼精，耀射難當。'"《太平御覽》卷七五〇引《俗說》："顧虎頭為人畫扇，作阮籍、嵇康，都不點眼精，送還扇主曰：'點眼精便欲能語。'"《珠林》卷五一引《唐高僧傳》："又眼精已赤，叫呼無常。"唐唐臨《冥報記》卷中："忽於前院草中見一檀木浮圖蓋，下有一鍮石佛像，製作異於中國，面形似胡，其眼精以銀為之，中黑精光淨如自然者。"據此，此處"眼精"不煩改作"眼睛"。又，《珠林》卷七八引《冥祥記》："道生問：何罪？答云：失意逃叛。道生曰：此罪可忿。即下馬以佩刀刳其眼睛吞之。"《校注》："'睛'字原作'精'，據《高麗藏》本改。"（2296/7）此處校改也屬多餘。

又：此段下文："有大鳥飛來，啄睛噉舌，入大火坑，燒烙困苦。"《校注》："'啄睛'二字原作'喙精'，據《高麗藏》本改。"（1215/1）同樣不必改"精"為"睛"。隋張佛果《妙好寶車經》："或有鐵嘴鳥，飛來著兩肩，低頭啄人舌，舉頭啄眼精。"末兩句即"啄睛噉舌"之意，字也作"精"。

[172] 通召道俗同視，亦皆懔然喪膽，更不敢重

視。（冊三，38/1214/4）

　　按：《大正藏》本、《中華藏》本、《高麗藏》本"亦"
後多一"然"字，作："通召道俗同視亦然，皆慴然喪膽，
更不敢重視。"依此，句意為：慧滿先見眼睛，尚不敢定，
故召道俗同視，眾人皆見是實，遂感慴然。多"然"字於義
為勝，當據補。

# 《法苑珠林校注》卷三十九商議

[173] 魏平等寺，廣平武穆王懷捨宅所立也……唯尚書令司州牧樂平王爾朱世隆鎮京師，商旅四通，盜賊不作。（冊三，39/1244/8）

按：此段出《洛陽伽藍記》卷二"平等寺"。《校注》失檢，未注出處。

[174] 魏太山丹嶺寺釋僧照，未詳氏族……今終南諸山亦有斯事，不可具述。（冊三，39/1250/7）

按：《校注》未注出處。此段出自《續高僧傳》卷二五"釋僧照"。

[175] 竊生念時，前僧便失，懊惱之甚。返回三日，方達谷口。乃於避世堡立精舍以之。精舍見存，其僧不知所終。（冊三，39/1253/8）

按："立精舍以之"，語句殘缺；《大正藏》本"以之"屬下句，也不順暢。唐道宣《集神州三寶感通録》卷下作"立精舍以候之"，當據補"候"。

[176] 般舟、方等二院，莊嚴最勝。夏別常有千人，四周廊廡，咸一萬間。（冊三，39/1257/11）

按："咸"，《大正藏》本、《中華藏》本作"減"，《大正藏》本校："宋、元、明、宮作'咸'。"（53/598b/3）《中華藏》本校："諸本作'咸'。"（71/834a/11）唐道宣《律相感通傳》作"減"。此處作"咸"不暢，當校改為"減"。蔡鏡浩《魏晉南北朝詞語例釋》釋魏晉南北朝時的"減"云："猶不足、不滿，而非減少之義，常用在數量詞之前表約數。"（166頁）唐代也有此用法，如《大唐西域記》卷六"藍摩國"："城東南有甎窣堵波，高減百尺。"又卷十"憍薩羅國"："崇敬佛法，仁慈深遠。伽藍百餘所，僧徒減萬人，並皆習學大乘法教。"《續高僧傳》卷二"釋彥琮"："初投信都僧邊法師，因試令誦《須大拏經》，減七千言，一日便了。"故"減一萬間"猶近一萬間。

［177］又問：彌天釋氏，宇內式瞻，云乘赤驢，荊襄朝夕而見，未審如何……後人不練，遂妄擬之。（冊三，39/1258/1）

《校注》："出《道宣律師感通錄》。"

按：此一小段見於《道宣律師感通錄》，但上一段段首云"依《道宣律師感應記》"，《道宣律師感通錄》中卻未見。實則此處兩段文字不用分開，出自道宣另一書《律相感通傳》，《校注》失檢。

# 《法苑珠林校注》卷四十商議

[178] 聞華有聲，怪尋之，得一舍利，白如真珠，焰照梁棟。敬之，擎以箱案，懸於屋壁……有人寄宿不知，褻慢之。（冊三，40/1271/8）

《校注》：“‘褻慢’二字原作‘汙慢’，據《高麗藏》本改。”

按：《大正藏》本、《中華藏》本作“褻慢”，《大正藏》本校：“宋、元、明、宮作‘汙慢’。”（53/601b/16）《中華藏》校：“資、磧、普、南、徑、清作‘汙慢’。”（71/843c/5）原作“汙慢”，當是“汙慢”。汙字同污，“污（汙）慢”有“輕慢不敬”義，與《漢語大詞典》（3121頁）所列諸義有別。如《搜神記》卷一三：“太行之東，有醴泉，其形如井，本體是石也。欲取飲者，皆洗心志，跪而挹之，則泉出如飛，多少足用。若或污慢，則泉止焉。”《珠林》卷六三引“污慢”作“汙慢”。道藏中屢見用例，茲舉數例如下。《洞真太上太素玉籙》：“子服石景金陽符者，尤禁污慢惡行，當修身念道，齋靜精專為先。”《太上中道妙法蓮花經》卷三：“或有眾生污慢三寶，或有眾生常行偷盜、人間暗毒，或有眾生殺生害命，或有眾生行種種不善之法，即當捨邪歸正。”《太上大道玉清經》卷一：“第六戒者，不得汙慢靜壇，單衣裸露。"汙慢"義順，無須校改。

[179] 後出欲禮，忽而失之。尋覓備至，半日還。時臨川王鎮江陵，迎而行之，雜光間出。（冊三，40/1272/3）

按："時"，唐道宣《集神州三寶感通錄》卷上作"得"。當據改。"得"應連上為句，與前面的四字句相諧。"還得"猶"復得"，三國吳支謙譯《撰集百緣經》卷八："於是波斯匿王還得寶珠，甚懷歡喜，不問偷臣所作罪咎。"南朝宋求那跋陀羅譯《央掘魔羅經》卷一："久失寶藏今還得，塵穢壞眼今明淨。"唐玄奘譯《大般若波羅蜜多經》卷三三五："譬如有人，先未曾有末尼珠寶，後時遇得，深自欣慶，珍玩無厭。欻爾亡遺，生大苦惱，常懷慨歎：惜哉，何日還得所失末尼寶珠！"即其例也。

[180] 嵩州閒居寺……右此十七州寺起塔，出打剎物及正庫物造。"（引《隋文帝立佛舍利塔》；冊三，40/1273/9）

《校注》："'閒居寺'，《高麗藏》本作'嵩嶽寺'。"

按：《廣弘明集》卷十七作"嵩州嵩嶽寺"，但下有小字注"閒居寺"。《全唐文》卷二六三李邕《嵩嶽寺碑》："嵩嶽寺者，後魏孝明帝之離宮也。正光元年，榜閒居寺……隋開皇五年，隸僧三百人，仁壽一載，改題嵩嶽寺，又度僧一百五十人。"歐陽修《集古錄跋尾》卷六："右《嵩嶽寺碑》，唐淄州刺史李邕撰，胡英書。英之書世所重也。其文云：'寺，後魏孝明帝之離宮，初名閒居寺，仁壽二年改為嵩嶽寺也。'"由兩段記載可知，"閒居寺"於隋仁壽元年（601）

或二年（602）更名為"嵩嶽寺"，具體日期不詳。據《隋文帝立佛舍利塔》末尾，此詔書是豫章王暕於仁壽元年六月十三日傳達，此時寺名似應未改（疑更名是在元年和二年相交的時段，否則不會有"一載"和"二年"的異文），當作"閒居寺"。同卷隋王邵《舍利感應記》中也作"閒居寺"。作"嵩嶽寺"者，應是後來據新名回改。

[181] 皇帝見一異僧，被褐色覆膊，以語左右曰：勿驚動他。置之爾去。已重數之，果不須現。（引隋王邵《舍利感應記》；冊三，40/1276/4）

《校注》："'色'字，《廣弘明集》引，作'盤'。"

按："被褐色覆膊"，唐道宣《集神州三寶感通錄》卷上作"披褐色覆膊"，同樣是道宣編撰的《廣弘明集》卷十七卻作"曷盤覆髆"。"曷盤覆髆"意不可解；"被褐色覆髆"語句雖通，但何以會有"曷盤覆髆"的異文，也是問題。頗疑"曷盤覆髆"本當作"涅盤覆髆"，指此異僧穿著涅盤僧衣和覆髆（膊）衣。《廣弘明集》卷十七所記較《珠林》為詳，據彼處記載，此異僧出現於隋文帝建塔迎接舍利的佛事活動中。考唐玄奘《大唐西域記》卷二："沙門法服唯有三衣及僧却崎、泥縛些那。三衣裁製部執不同，或緣有寬狹、或葉有小大。僧却崎覆左肩，掩兩腋，左開右合，長裁過腰。泥縛些那既無帶襻，其將服也，集衣為褶，束帶以縚。褶則諸部各異，色乃黃赤不同。"由此可知，佛教僧人參加法事活動時，祇穿戴"三衣"，或是"三衣"之外再加上僧却崎、泥縛些那。慧琳《一切經音義》卷八二釋《大唐西域記》："僧却崎……梵語，唐云掩腋衣。"又："泥嚩些那……梵語，僧方裙也，古譯曰涅盤僧也。"元代德輝編修《勑修百丈清規》卷五："偏衫，古僧衣律制祇有僧祇支（此云覆膞衣，亦名掩腋衣）。"清代通理述《楞嚴經指掌疏》卷五："涅盤僧，具云泥縛些那，此翻內衣。唐言裙，即下裳也。"可見，僧卻崎、掩腋衣、僧祇支、覆膞衣異名而同物；泥縛些那又稱作"涅盤僧"。唐義淨《南海寄歸傳》卷二："且如神州祇支偏袒，覆膞方裙，禪褲袍襦，咸乖本制。"可能因為"覆膞方裙"（即"涅盤覆膞"）"乖本制"的緣故，所以出席隋文帝組織的佛事活動的僧人應是祇穿常規的"三衣"，這纔使得他在三百余僧人中發現此異僧。涅盤僧衣和覆膞衣雖是內著的服飾，但於三衣（總稱為袈裟）外仍可見到。余明涇在《敦煌莫高窟北朝時期的佛陀造像袈裟穿著方式的分析》〔《東華大學學報（社會科學版）》2013年第1期〕中分析莫高窟北周時期的洞窟第439窟西壁龕內北側的伽葉像時就說到："此尊伽葉像身著僧祇支與覆肩衣縫合而成的偏衫，外披右袒式袈裟……其袈裟的下端露出裙的痕跡，可以判斷其下裝為涅盤僧。"最後再推測一下文字致誤的情況："涅"或因左邊的"氵"書寫時偏於下方而與"土"糾合，於是誤成了"曷"，這就是《廣弘明集》"曷盤覆髆"的來歷；"曷"字於句中不可為解，抄者遂從字形聯想到"褐"，並以己意將"曷盤覆髆"增改為可解釋的"被褐色覆膞"，所以有了《珠林》和《集神州三寶感通錄》的此句異文。

　　[182] 二貴人及晉王昭、豫章王暕蒙賜硯，敕令審視之，各於硯內得舍利一。（引隋王邵《舍利感應記》；冊三，40/1276/7）

　　《校注》："'硯'字原作'蜆'，據《高麗藏》本改。下同。"

按：《大正藏》本、《中華藏》本作"硯"，《大正藏》本校："宋、元、明、宮作'蜆'。"（53/602c/10）《中華藏》本校："資、磧、普、南、徑、清作'蜆'。"（72/845b/22）《廣弘明集》卷十七作"蜆"。"蜆"是小蛤的一種，介殼呈圓形或心臟形，殼內的肉可食用。一次食用的蜆至少應有數十枚，且食用時須得剝開外殼吃裏面的肉，所以隋文帝纔會"敕令審視之"，也果真在蜆內得到了舍利子。若是作"硯"，"硯內得舍利"也無須"審視之"了。此處作"蜆"自可通，《高麗藏》本作"硯"不應採用。

[183] 華州思覺寺立塔，初陰雪。將欲下舍利，日光晃朗，五色氣光，高數十丈，照覆塔上，屬天降寶華。（引隋王邵《舍利感應記》；冊三，40/1277/2）

按：《廣弘明集》卷十七記載此事更詳，其文作："華州於思覺寺起塔，天時陰雪。舍利將下，日便朗照，有五色光氣，去地數丈，狀若相輪，正覆塔上。數十里外遙望之，則正赤，上屬天。舍利下訖，雲霧復起，瑞雪飛散如天華，著人衣久之而不濕。"由此知此處為刪減《廣弘明集》文而來，其中有兩處需要訂正：一是"數十丈"當作"數丈"，《集神州三寶感通錄》卷上也作"數丈"；二是後兩句當改點斷為："照覆塔，上屬天。降寶華。"

[184] 鄭州定覺寺立塔之日，感得神光如流星。入寺設供，二十萬人食不盡。（引隋王邵《舍利感應記》；冊三，40/1279/1）

《校注》："'十'字原作'千'，據《高麗藏》本改。"

按：《大正藏》本、《中華藏》本作"十"，《大正藏》本

校:"宋、元、宮作'千'。"(53/603a/12)《中華藏》本校:
"'二十萬',資、磧、普、南、徑、清作'二千萬'。"(72/
846a/11)《廣弘明集》卷十七記此事作:"舍利將至,寺東
有光,如大流星,入至佛堂前而沒……寺僧設二千人齋供,
然而萬餘人食之不盡。"《集神州三寶感通錄》卷上作:"鄭
州定覺寺立塔,感光如流星入寺。設二千人供,萬餘人食不
盡。"故知此處"千"字本不誤,整段應點斷為:"鄭州定覺
寺立塔之日,感得神光如流星入寺。設供二千,萬人食
不盡。"

[185] 隨州智門寺立塔,掘基得神龜,甘露降,
黑蜂遶龜有符文。(引隋王邵《舍利感應記》;冊三,
40/1279/2)

按:據《廣弘明集》卷十七更詳的記載,"黑蜂遶"的
對象是塔基,不是龜;"有符文"的所指不是黑蜂,而是前
文提到的神龜。故"龜有符文"前當用句號。

# 《法苑珠林校注》卷四十一商議

[186] 其餘比丘，如是各各引於方喻，比格其利，皆悉多彼。（引《賢愚經》；冊三，41/1292/8）

按："比格"，《珠林》各本同，然他書未見相同用例。北魏慧覺等譯《賢愚經》卷十二"波婆離品"原作"比挍"。慧琳《一切經音義》卷五二引玄應釋《增壹阿含經》："較之古文作㩁，同古學反。《廣雅》：較，明也，見也，謂較然易見也。經中有作挍，比挍也。""比挍"即"比較"，施於此意順，當據改。《珠林》卷八七引《稀有校量功德經》："是經微妙不可思議，明甚深義，功德廣大，難可校量。"《校注》："'校'字原作'格'，據《高麗藏》本改。"（2500/10）《大正藏》本作"挍"，同較、校。此"挍（校）"誤為"格"之又一例。

# 《法苑珠林校注》卷四十二商議

　　[187] 及行中食，此僧飯於高座，飯畢，提缽出堂，顧謂充曰：何俟徒勞精進。因擲缽空中，陵空而去。（冊三，42/1325/8）

　　《校注》："'俟'字原作'侯'，據《高麗藏》本改。"

　　按："何俟徒勞精進"一句，《大正藏》本、《中華藏》本作"何俟勞精進"，《大正藏》本校："俟，宋、元、明、宮作'侯徒'。"（53/616b/1）《中華藏》本校："'何俟勞'，諸本作'何侯徒勞'。"（71/871c/14）《珠林》卷十九（誤作出《梁高僧傳》）記何充此事，作"何徒勞精進耶"，唐道宣《集神州三寶感通錄》卷下作"何俟勞精進耶"。若作"何俟"，此處應是句首疑問副詞，相當於"何用等到……"，句意似不通暢。正因此，《校注》於"何"下用專名號，但"何"指何充，句意仍然難解。今謂原作"何侯"不誤。"俟"與"侯"字形非常接近，古書中兩字往往互訛，例不贅舉（參曾良《〈法苑珠林〉考校略劄》，《敦煌文獻叢札》125頁）。中古時期好用"姓＋侯"稱人，情形有二：一是其人確實享有侯位，如《晉書·何曾傳》："初，司隸校尉傅玄著論稱曾及荀顗曰：'以文王之道事其親者，其潁昌何侯乎，其荀侯乎！古稱曾、閔，今日荀、何……'"此傳中云何曾進封潁昌鄉侯，咸熙初，改封郎陵侯。《晉書·荀顗傳》則言其賜爵關內侯，先後進爵萬歲亭侯、鄉侯，後封臨淮侯。《世說新語·尤悔》：“王渾後妻，琅邪顏氏女。王時為徐州刺史，交禮拜訖，王將答拜，觀者咸曰：‘王侯州將，新婦州民，恐無由答拜。’王乃止。”王渾，襲父爵京陵侯，見《晉書》本傳。二是用於對達官貴人的尊稱，其人並無侯位。如《晉書·桓彝傳》：“縱將敗，左右勸縱退軍。縱曰：‘吾受桓侯厚恩，本以死報。吾之不可負桓侯，猶桓侯之不負國也。’遂力戰而死。”《世說新語·文學》：“桓玄下都，羊孚時為兗州別駕，從京來詣門⋯⋯即用為記室參軍。孟昶為劉牢之主簿，詣門謝，見云：‘羊侯，羊侯，百口賴卿。’”據《晉書·何充傳》，何充“早歷顯官”，平定蘇峻之亂後，封都鄉侯。故此處稱他為“何侯”。

[188] 晉南陽滕普，累世敬信，妻吳郡全氏，尤能精苦⋯⋯普子含以蘇峻之功，封東興者也。（引《冥祥記》；冊三，42/1327/1）

按：“滕普”，《大正藏》本、《中華藏》本作“滕並”，《大正藏》本校：“‘並’，宋、元、明、宮作‘普’。”（53/616c/2）《中華藏》本校：“‘並’，諸本作‘普’。”（71/871c/3）唐道宣《集神州三寶感通錄》卷下記此事作：“東晉初，南陽滕並，舍之父也。”考《晉書·滕修傳》，滕修，南陽西鄂人。卒後，其子並上表，賜諡曰忠。並子含，討蘇峻有功，封夏陽縣開國侯。所記除封東興外，與上兩處相合。故知此處“滕普”，必是“滕並”，南陽西鄂人，父為滕修，其子滕含。

[189] 京師赴會二百餘人。其夕轉經戶外，集聽

盈階。將曉而西南上有雲氣勃然，俄有一物長將一匜，遶屍而去。同集咸覩云。（引《冥祥記》；冊三，42/1328/5）

　　按：一匜，《高僧傳》卷三"宋京師祇洹寺求那跋摩"作"一匹"，《珠林》卷二二和卷三六、唐智昇《開元釋教錄》卷五引《高僧傳》以及隋費長房《歷代三寶紀》卷十同，唐道宣《集神州三寶感通錄》卷下"長將一匜"作"長如匹許"。"一匜"為形誤，當改作"一匹"。"匹"自古以來即可作量詞，如西漢劉安《淮南子·天文訓》："有形則有聲，音之數五，以五乘八，五八四十，故四丈而為匹。匹者，中人之度也。一匹而為制。"《說文解字·匚部》："匹，四丈也。"但作為表示長度的量詞，"匹"在漢魏六朝時不僅僅用於紡織物，也用於其他，如《藝文類聚》卷九三引《韓詩外傳》："顏回望吳門馬，見一疋練，孔子曰：'馬也。'然則馬之光景，一疋長耳。故後人號馬為一疋。"疋，同"匹"。《魏書·天象志一》："東有白虹，長二丈許；西有白虹，長一匹；北有虹，長一丈餘。"又："十二月癸未，月暈太微，既而有白氣長一匹，廣二尺許，南至七星。"《魏書·靈徵志下》"鄉郡民李飛、太原民王顯前列稱：詣京南山采藥，到遊越谷南嶺下，見清碧石柱數百枚。被詔案檢，稱所見青碧柱，長者一匹，相接而上，或方一尺二寸，或方一尺，方楞悉就。"是其例也。

# 《法苑珠林校注》卷四十三商議

[190] 又言：此中上器食者，此當作王。（引《雜阿含經》；冊三，43/1341/4）

按："食"當據《雜阿含經》卷二三作"上食"，"上器上食"指最好的食器和最好的飯食。下文阿育言"上乘、上座、上器、上食當作王"，也可為證。

[191] 有一大力士，名曰跋陀申陀，聞修師摩終亡厭世，將無數眷屬，於佛法中出家學道，得阿羅漢。（引《雜阿含經》；冊三，43/1342/6）

按：依上標點，是把"厭世"理解為"去世"，但與"終亡"義重，而且與"出家學道"相應使用的"厭世"，都是"悲觀消極，厭棄人世"之意，如下文就有："商主之子見父死及失寶物，厭世出家，遊行諸國。"又後秦鳩摩羅什譯《大智度論》卷十一："此二人者，才智相比，德行互同；行則俱遊，住則同止；少長繾綣，結要終始。後俱厭世，出家學道，作梵志弟子。"故此處"厭世"的動作是由跋陀申陀發出的，其前應用逗號斷開。

[192] 時王嗔恚語諸臣曰：誰教王子作是事，與我興競？臣啟王言：誰敢與王興競？然王子聰慧，利

根增益功德，故作是事耳。（引《雜阿含經》；冊三，43/1346/6）

按："利"指敏銳，"根"指稟賦，"利根"常用以指能敏捷地悟解佛法，如東晉法顯譯《大般涅盤經》卷中："今此阿難，智慧深妙，聰明利根。我從昔來所說法藏，阿難皆悉憶持不忘。"《洛陽伽藍記》卷四"法雲寺"："摩羅聰慧利根，學窮釋氏，至中國即曉魏言隸書，凡聞見無不通解。"梁曼陀羅仙譯《寶雲經》卷三："菩薩生於中國，聰慧利根，有大智見。"故此，"利根"當屬上句。

# 《法苑珠林校注》卷四十四商議

[193] 大王當知，王之功德略有十種……九、善知差別，知所作思。十、不自縱任，不行放逸。（引《瑜伽論》；冊三，44/1353/1）

按："知所作思"，唐玄奘譯《瑜伽師地論》卷六一原作"知所作恩"，玄奘譯《王法正理論》同。當據改。《珠林》本卷另引《瑜伽論》："大王當知，王過有十……九、不知差別，忘所作恩。"其文與此處相對，字也作"恩"。

[194] 王聞是語，既大嗔恚，竟不究悉，信旁佞人，捉一賢臣，仰使剝脊取百兩肉。（引《百喻經》；冊三，44/1355/6）

按："既"是"即"之誤字，當據原書卷一改正。

[195] 王無好淫泆以自荒壞，無以恣意有所殘賊。當受忠臣剛直之諫。夫與人言，常以寬詳，無灼熱之語。（引《諫王經》；冊三，44/1357/12）

《校注》："'語'字原脱，據《高麗藏》本補。"

按：《大正藏》本校："'語'，宋、元、明、宮無。"（53/625b/4）《中華藏》本校："'語'，諸本無。"（72/892b/14）南朝宋沮渠京聲譯《佛說諫王經》原也無"語"

字，《高麗藏》本可疑。今謂，"無灼熱之"自可通。"灼熱"本有動詞"燒灼"義，如南朝梁蕭繹《金樓子》卷五："巨黿伏沙嶼間，其上生樹木如淵島。嘗有商人依其采薪及作食，黿被灼熱，便還海，於是死者數十人。"引申而有"欺凌、威逼"之義，也可以帶賓語，如《鶡冠子》卷上"道端"："夫小人之事其君也，務蔽其明，塞其聽，乘其威，以灼熱人，天下惡之，其崇日凶，故卒必敗，禍及族人。"《漢語大詞典》"灼熱"下④義釋為"猶煎迫"（4080頁），也祇舉此處"無灼熱之"為例。

[196] 夫為國王當行五事。何謂為五？一者、領理萬民，無有枉濫。二者、養育將士，隨時稟與。（引《法句喻經》；冊三，44/1360/1）

《校注》："'稟'字原作'稟'，據《高麗藏》本改。"

按：《大正藏》本校："'稟'，宋、元、明、宮作'稟'。"（53/626a/4）《中華藏》本校："'稟與'，諸本作'稟與'。"（71/893b/13）慧琳《一切經音義》卷五八釋《十誦律》："官稟，補錦反。《說文》：稟，賜也。《廣雅》：稟，與也。"《廣韻》上聲寑韻："稟，與也。"知"稟與"為同義連用，意為"給與"。原文可通，不煩改易。

[197] 期年，簡公祀於祖澤。燕之有祖澤，猶宋之有桑林，國之大祀也。男女觀子儀起於道左，荷朱杖擊公。公死於車上。（引《冤魂志》；冊三，44/1368/9）

按：莊子儀報復燕簡公事，始見於《墨子·明鬼下》，文曰："期年，燕將馳祖，燕之有祖，當齊之社稷，宋之有桑林，楚之有雲夢也，此男女之所屬而觀也。日中，燕簡公方將馳於祖途，莊子儀荷朱杖而擊之，殪之車上。"從中可見，男女遊觀的對象是祖澤之地，而非莊子儀所為。《太平廣記》卷一一九"燕臣莊子儀"引《還冤記》，"男女觀"作"男女觀之"，男女遊觀的物件也是祖澤之祀。故此句應點校為："燕之有祖澤，猶宋之有桑林，國之大祀也，男女觀之。子儀起於道左，荷朱杖擊公。"

# 《法苑珠林校注》卷四十六商議

[198] 梨奢，汝過去世於佛法中曾為比丘。毀破禁戒，內懷欺詐，外現善相，廣貪眷屬，弟子眾多，名聲四遠，莫不聞知。（引《大集經·濟龍品》；冊三，46/1395/4）

按："四遠"指四方遙遠的人，是無定代詞"莫"否定的範圍，其後不該點斷。句中"名聲"是受事主語，"四遠莫不聞知"構成的是一個主謂謂語句。

[199] 彼業因緣，於地獄中，經無量劫，大猛火中，或燒或煮，或飲洋銅，或吞鐵丸。從地獄出，墮畜生中。（引《大集經》；冊三，46/1396/5）

《校注》："'洋'字各本同，疑應作'煬'或'烊'。"

按：《校注》卷七四（冊五，2183/2）引此文也作"洋"，不必生疑。中古漢語中，"洋"可以表示"冶煉、熔化"義，如《珠林》卷六二引《正見經》："譬如冶家，洋石作鐵，鑄鐵為器。成器可還使作石乎？"洋石，指冶煉石頭。《神仙傳》卷九"尹軌"："其人即買錫與之。公度於爐中洋錫，以神藥一方寸匕投沸錫中，變成黃金。"《太平廣記》卷三九〇"李邈"引《酉陽雜俎》："初，旁掘數十丈，遇一石門，錮以鐵汁。累日洋糞沃之，方開。”洋糞，指加熱稀釋糞便。玄應《一切經音義》卷十六釋《大愛道比丘尼經》：“洋銅，以良反。謂煮之消爛洋洋然也……《字略》作煬，釋金也。”蔣禮鴻《敦煌變文字義通釋》“洋銅”下釋為“鎔化了的銅汁”，並云：“鎔化金屬的‘烊’字，唐人都寫作‘洋’，或寫作‘煬’，‘烊’雖是正字，恐怕還是比照‘洋’字而造的後起字。”（104頁）其說甚是。

[200] 漢時諸暨縣吏吳詳者，憚役委頓，將投竄深山。行至一溪，日欲暮，見年少女子来，衣甚端正。（引《續搜神記》；冊三，46/1408/10）

《校注》：“‘来’字原作‘采’，據《搜神後記》改。”

按：“衣甚端正”的敘寫可疑，原作“采”義更長。“采衣”，又寫作“彩衣”，常指婦女穿著有五色文彩的衣服。如《太平廣記》卷四〇“陶尹二君”引《傳奇》：“忽松下見一丈夫，古服儼雅；一女子，鬟髻彩衣。俱至。”又卷三二二“袁無忌”引《志怪録》：“後見一婦人，來在戶前，知忌等不眠，前卻戶外。時未曙月明，共窺之，彩衣白妝，頭上有花插及銀釵象牙梳。”又卷四四二“費秘”引《五行記》：“去家數里，遙望前路，有數十婦人，皆著紅紫欄衣，歌吟而來。秘竊怪田野何因有一群彩衣婦女，心異之。”此處“采衣”描畫女子的衣著，“甚端正”描寫女子的容貌。

[201] 二十八年三月，舉家悉得時病。空中語，擲瓦石，或是乾土。夏中病者皆著，而語擲之勢更猛。（引《述異記》；冊三，46/1410/4）

《校注》：“‘著’字，《太平廣記》引作‘差’。”

按：作"著"字無解。《異苑》卷六記此事作："二十八年三月，舉家悉得時病，既而漸差。"當校改為"差"。"著"有或體"着"，極易與"差"相混。

[202] 語訖如廁，須臾，見壁中有一物如卷席大，高五尺許，正白。便還，取刀斫之，中斷，便化為兩人。復橫斫之，又成四人。便奪取刀，反斫殺李。持刀至座上，斫殺其子弟。（引《續搜神記》；冊三，46/1412/3）

《校注》："'殺李'二字原倒，據《搜神後記》改。"

按："反斫殺李"，《珠林》各本作"反斫李殺"，唯《太平廣記》卷三二四"索頤"引《珠林》作"反斫索殺之"。今謂，當作"反斫李殺之"，意思即"反過來砍死了李頤"，其中"斫李"是行為，"殺之"是結果，古代漢語中在表達某一動作造成某一結果的時候，常用這種句式。下面就是幾個用"殺之"放在動賓結構後面補充結果的例子，如《韓非子·內儲說下》："鄭君已立太子矣，而有所愛美女，欲以其子為後，夫人恐，因用毒藥賊君殺之。""賊君殺之"即害死了鄭君。《藝文類聚》卷九六引《呂氏春秋》："荊有佽飛者，得寶劍，還涉江，有兩蛟夾繞其船。佽飛拔劍赴江，刺蛟殺之。荊王聞之，仕以執珪。""刺蛟殺之"即刺死了蛟。又卷三五引王隱《晉書》："郭遙望見，疑充，即鞭乳母殺之。""鞭乳母殺之"即用鞭打死了乳母。李劍國《新輯搜神後記》據《珠林》輯此句作"反斫李，殺之"（543頁），增補"之"字極是，但中間點斷則欠妥。

[203] 人語騎馬人云：汝走捉普光寺門，勿令此

人入寺，恐難捉得。（冊三，46/1413/10）

　　按："走捉"，當是"走投"之誤。"走投"有"奔向"義，如《太平廣記》卷一三三"毋乾昭"引《儆戒錄》："蜀人毋乾昭有莊在射洪縣，因往莊收刈，有鹿遭射逐之，驚忙走投乾昭。"又卷三三〇"王鑑"引《靈怪集》："因忽顛僕，既無氣矣。鑑大懼，走投別村而宿。"又卷四二七"稽胡"引《廣異記》："唐開元末，逐鹿深山。鹿急走投一室，室中有道士，朱衣憑案而坐。"《雲笈七籤》卷一一八："有村人無知，以賦稅所迫，徵促鞭箠，一夕走投觀中，齋三數錢神香。""投"，或寫作"挍""授"等，與"捉"形體極近，故古書中常常互訛。《校注》（冊三，1016/7）還有一例，不贅。

　　[204] 法眼既聞閻羅王使來，審知是鬼，即共相拒。鬼便大怒云：急截頭髮。卻一鬼捉刀即截法眼兩髻，附肉落地。（冊三，46/1414/1）

　　按：鬼所言"急截頭髮卻"當為一句。中古漢語中有"動＋賓＋補"的動結式表達法，如《太平御覽》卷五五九引《續搜神記》："其夜令夢云：'二人雖得走，民已誌之。一人面上有青誌如藿葉，一人斬其兩齒折。明府但案此尋覓也。'""斬其兩齒折"即斬折其兩齒，也即打斷其兩齒。《珠林》卷二一引《法句喻經》："老公於後自授屋椽，椽墮打頭破，即時命過。""打頭破"即打破頭。又卷七三引《冥報拾遺》："唐武德年中，隰州大寧人賀悅永興，為鄰人牛犯其稼稽，乃以繩勒牛舌斷。""勒牛舌斷"即勒斷牛舌。此處"急截頭髮卻"即趕快剪掉頭髮。下文有"以大鐵斧截卻舌根"，則是動詞"截"和結果"卻"連用。《世說新語·規箴》："夷甫晨起，見錢閡行，令婢：'舉卻阿堵物。'"《晉書·王衍傳》："衍晨起見錢，謂婢曰：'舉阿堵物却！'"兩書所記為同一事，用詞也相同，《世說新語》用"動＋補＋賓"句式，《晉書》用"動＋賓＋補"句式，與此處類似，可以助證。

# 《法苑珠林校注》卷四十七商議

[205] 苞嘗於路行，見六劫被録，苞為說法，勸念觀世音。群劫以臨危之際，念念懇切。俄而送吏飲酒共醉，劫解枷得免焉。(引《梁高僧傳》；冊三，47/1435/6)

《校注》："'共'字原作'洪'，據《高麗藏》本改。"

按：《大正藏》本校："'共'，宋、元、明、宫作'洪'。"(53/646a/12)《中華藏》本校："'共醉'，資、磧、普、南、徑、清作'洪醉'。"(71/933a/5)原作"洪醉"義長。"洪醉"指飲酒大醉，如劉宋佛陀什、竺道生等譯《彌沙塞部和醯五分律》卷八："有諸比丘，於酒肆中或白衣家飲酒大醉，或墮坑塹，或突壁物，或破衣鉢，傷壞身體。諸白衣見，譏呵言：'我等白衣尚有不飲酒者，沙門釋子，捨累求道，而皆洪醉，過於俗人。空著壞色割截之衣，無沙門行，破沙門法。'"《南史·后妃下·元帝徐妃》："妃性嗜酒，多洪醉，帝還房，必吐衣中。"又《陳慶之傳》："昔周伯仁度江唯三日醒，吾不以為少；鄭康成一飲三百杯，吾不以為多。然洪醉之後，有得有失。"正因為押送的差吏不是一般的醉，而是爛醉，所以犯人纔得以輕易解枷逃脫。《高僧傳》原書卷七"宋京師祇洹寺釋僧苞"作"洪醉"，中華書局本校注："《珠林》'洪'作'共'。"（272頁）該處異文不必列出。

[206] 齊梁州薛河寺釋僧遠，不知何許人。為性疏誕，不修細行，好逐流宕，歡醵為任。（引《唐高僧傳》；冊三，47/1435/8）

《校注》："'許'字原脫，據《高麗藏》本補。"

按：《大正藏》本校："'許'，宋、元、明、宮無。"（53/646a/14）《中華藏》本校："'許'，資、磧、普、南、徑、清無。"（71/933a/7）《續高僧傳》卷二五"釋僧遠"也無"許"字。僧傳中凡籍貫不明者，往往用"不知何人"表示，如《高僧傳》卷一："又有沙門帛延，不知何人。"又卷十一："釋僧周，不知何人。"《續高僧傳》卷一："釋曇顯，不知何人。"又卷二三："釋曇顯，不知何人。"其中"何人"，也常有異文"何許人"存在。《漢書·雋不疑傳》顏師古注："凡不知姓名及所從來者，皆曰何人。"《後漢書·來歙傳》："臣夜人定後，為何人所賊傷，中臣要害。"李賢注："何人謂不知何人也。"據此可見，"不知何人"與"不知何許人"一樣，皆可指不知所從來者。此處無須據《高麗藏》本補"許"字。

# 《法苑珠林校注》卷四十八商議

[207] 如彼天神說偈答言：“狂亂奸狡人，猶如乳母衣。何足加其言，且堪與汝語。”（引《雜阿含經》；冊三，48/1453/12）

按：“且堪”當據《雜阿含經》卷五十作“宜堪”。“宜堪”意為“適宜”，如南朝宋求那跋陀羅譯《過去現在因果經》卷二：“王聞其言，極大歡喜，即便遣人語摩訶那摩言：‘太子年長，欲為納妃，諸臣並言汝女淑令，宜堪此舉，今欲相屈。’”唐李通玄《新華嚴經論》卷二：“如是等眾，宜堪聞佛滅度之眾，除諸一乘菩薩入佛智等眾。”此處句意為：為非作歹的狡詐之人，如同乳母的衣服不易去除乳氣一樣，習氣難改，不值得與他們說話，但我適合和你言語交往。

[208] 閻羅王常先安德，以忠正語，為現五使者而問言……（引《閻羅正［王］五天使者經》；冊三，48/1454/10）

按：“安德”是“贍養德行”之意，於此欠通順；《閻羅王五天使者經》及《諸經要集》卷七引皆作“安徐”，“安徐”意為“安詳從容”，當據改。

[209] 第五閻王復問：子為人時，不見世間弊人

惡子，為吏所捕取，案罪所刑法加之，或斷手足，或削耳鼻，或燒其形，懸頭日炙，或屠割支解，種種毒痛不？（引《閻羅正［王］五天使者經》；冊三，48/1455/13）

按："案罪所刑法加之"句意不通，《閻羅王五天使者經》原書"罪所"後有"應"字，當據補。"案"通"按"，"案罪所應刑法加之"指按照罪行所適用的刑法執行。《大正藏》本《諸經要集》卷七引作"為吏所捕，取案官所，刑法加之"，其中"取"當屬上句，"官"是"罪"之誤；此處"應"字也無，蓋道世彙集《諸經要集》和《珠林》時，源本即已脫落"應"字。

# 《法苑珠林校注》卷四十九商議

[210] 舜父夜臥，夢見一鳳凰，自名為雞，口銜米以哺己。言雞為子孫，視之如鳳凰。黄帝《夢書》言之，此子孫當有貴者，舜占猶也。（引劉向《孝子傳》；册三，49/1487/3）

按："舜占猶也"，明陳耀文《天中記》卷五八、明董斯張《廣博物志》卷四四、清馬驌《繹史》卷十注引劉向《孝子傳》並作"舜占猶之"，於語法更順暢，可從。

[211] 郭巨，河内溫人，甚富。父没，分財二千萬為兩分，與兩弟，己獨取母供養。（引劉向《孝子傳》；册三，49/1487/5）

《校注》："'與兩'二字原闕，據《太平御覽》引劉向《孝子圖》補。"

按：此文不用增補，原本可通，標點為："父没，分財二千萬為兩，分弟，己獨取母供養。""兩"在此即是"兩份"之意。自漢代以來，"兩"常有用同"二"者，用以計數，不獨指成對的人或事物。《漢書·高帝紀上》："高祖醉，曰：'壯士行，何畏！'乃前，拔劍斬蛇。蛇分為兩，道開。"《周禮·小宰》："四曰聽稱責以傅別。"鄭玄注："傅別，謂券書也。聽訟責者，以券書決之。傅，傅著約束於文書。別，別為兩，兩家各得一也。"《文選》卷九潘嶽《射雉賦》："逸群之俊，擅場挾兩。"李善注："逸群俊異之雉，不但欲擅一場而已，又挾兩雌也。"《搜神記》卷一："因求銅盤貯水，以竹竿餌釣於盤中，須臾，引一鱸魚出。公大拊掌，會者皆驚。公曰：'一魚不周坐客，得兩為佳。'放乃復餌釣之。"《高僧傳》卷六"釋法安"："晉義熙中，新陽縣虎災，縣有大社樹，下築神廟，左右居民以百數，遭虎死者歲有一兩。"皆其例也。

〔212〕其女告官云：婦殺我母。官收繫之，栲掠治毒。孝婦不堪楚毒，自謀伏之。（引《搜神記》；冊三，49/1491/2）

《校注》："'謀伏'二字原作'服謀'，據《高麗藏》本、《磧砂藏》本、《南藏》本、《嘉興藏》本改。"

按："自謀伏之"，未見其例。"謀"當是"誣"字之誤，此當從《搜神記》原書卷十一作"自誣服之"。"自誣服"即自己承認被誣陷的罪名，往往是受害者不堪法吏拷打之所為，如《史記·李斯列傳》："趙高治斯，榜掠千餘，不勝痛，自誣服。"《搜神記》卷二十："廬陵太守太原龐企，字子及。自言其遠祖不知幾何世也，坐事繫獄，而非其罪，不堪拷掠，自誣服之。"《太平廣記》卷一〇七"趙安"引《報應記》："吏捕至門，涕泣禮經而去。為獄吏所掠，遂自誣服，罪將科斷。"《說苑·貴德》《漢書·於定國傳》記載東海孝婦事，並作"孝婦自誣服"，也可佐證。

# 《法苑珠林校注》卷五十商議

[213] 菩薩深惟：不取徒損，無益於貧民。可以布施，眾生獲濟，不亦善乎！（引《六度集經》；冊四，50/1512/4）

按："不取徒損"之"損"，《六度集經》原書卷三"理家本生"、唐道世《諸經集要》卷八引《六度集經》都作"捐"，當據改。"徒捐"即白白捨棄。唐五代時期的俗字中，框底誤封口者多見（參程惠新《〈敦煌變文校注〉評介》，《中國語文》1999 年第 6 期），蓋抄手書寫"捐"字封口，被誤認作"損"字。《六度集經》卷三"孔雀王木生"："捐佛至誠之戒，信鬼魅之欺，酒樂淫亂，或致破門之禍，或死入太山，其苦無數。"其中的"捐"字，《珠林》卷五四引也誤作"損"。

[214] 歲來歸，見其妻子，魚復迎之。如此有七十人。故吳中門戶並作神魚子英祠。（引《列仙傳》；冊四，50/1514/5）

按："如此有七十人"《珠林》各本如此，但前後語意銜接不順。《列仙傳》卷下"子英"原作"如此七十年"，與前文"歲來歸"相呼應，指這樣的情況延續了七十年，語意暢通。此處"人"當是"年"之誤。《太平御覽》卷九三六引《列仙傳》作"如此七年",雖奪"十"字,然尚作"年"。

[215] 彼是遠人,未可信仗,如何卒爾寵遇過厚,至於爵賞逾越舊臣。(引《百喻經》;冊四,50/1518/3)

按:仗,《珠林》各本作"伏",《諸經要集》卷八引同。當以"伏"為是。伏與服兩字通用,"信伏"即"信服",《百喻經》原書卷三作"服信",意思相同。

[216] 昔者菩薩身為九色鹿,具九種色,角白如雪。(引《九色鹿經》;冊四,50/1519/6)

《校注》:"'具'字,《高麗藏》本作'其毛'。"

按:《大正藏》本、《中華藏》本作"其毛",吳支謙譯《九色鹿經》原文及《經律異相》卷十一、《諸經要集》卷八、唐普光《俱舍論記》卷十八、唐法寶《俱舍論疏》卷十八引"具"並作"其毛"。當據改。下文有"其毛九種色,其角白如雪"的復述,也可助證。蓋抄本先脫"毛"字,後為順文意而改"其"為"具"。

[217] 常在恒水邊飲食水草。常與一鳥為知識。(引《九色鹿經》;冊四,50/1519/7)

按:鳥,當是"烏"之誤字,下文不誤。

[218] 溺人下地,遶鹿三匝,向鹿叩頭。乞為大天作奴,給其使令,採取水草。(引《九色鹿經》;冊四,50/1519/8)

《校注》:"'天'字,《高麗藏》本作'家'。"

按:"大天",《大正藏》本、《中華藏》本作"大家",《大正藏》本校:"'家',宋、元、明、宮作'天'。"(53/

666b/29)《中華藏》本校："諸本作'大天'。"（71/974c/10）《經律異相》卷十一、《諸經要集》卷八引《九色鹿經》作"大夫"。《六度集經》卷六"修凡鹿王本生"記載九色鹿王事："人活甚喜，遶鹿三匝，叩頭陳曰：'人道難遇，厥命惟重，大夫投危濟吾重命，恩踰二儀，終始弗忘，願為奴使供給所乏。'"溺水人也稱救命者為"大夫"而自稱"奴使"，知"大天"乃是"大夫"之形誤，因抄者不明"大夫"之特殊意義所致。在漢譯佛經中，"大夫"有"主人"之義，《漢語大詞典》未列此義。如後漢支婁迦讖譯《佛說遺日摩尼寶經》："去瞋恚之心，敬事十方天下人，如奴事大夫。"後漢安世高譯《佛說尸迦羅越六方禮經》："奴客婢使事大夫亦有五事：一者當早起勿令大夫呼；二者所當作自用心為之；三者當愛惜大夫物，不得棄捐乞匄人；四者大夫出入當送迎之；五者當稱譽大夫善，不得說其惡。"西晉竺法護譯《無極寶三昧經》卷上："菩薩事人，如奴事大夫，貴欲度之，不以勤苦。所以者何？知本無故。"文中言溺水之人被救後，視九色鹿為主人，請求做奴僕供其使喚。《大正藏》本吳支謙同經異譯的《九色鹿經》和《佛說九色鹿經》中"大夫"俱作"大家"，"大家"為魏晉南北朝時習語，也有"主人"之義，蓋譯經者表意相同而取語有別。《高麗藏》本或緣支謙譯經而改。

[219] 卷五〇引《諸經要集》："有人入林伐木，迷惑失心。時值大雨，日暮饑寒，惡蟲毒獸，欲侵害之……"《校注》："出《諸經要集》卷八《背恩緣》。"（冊四，50/1519/12）

按：《諸經要集》卷八引此文，也標注為出《諸經要集》。據理，道世不應在書中獨此一處自引，疑當為別一書。考《經律異相》卷十一引此文作《諸經中要事》，且全書共九引此書，當據正。蓋道世纂《諸經要集》時採錄《經律異相》出此筆誤，彙集《珠林》時又沿襲其誤。

［220］有虎食獸，骨掛其齒，困饑將終。雀王入口啄骨，日日若茲。（引《雀王經》；冊四，50/1520/12）

按："掛"，《大正藏》本、《中華藏》本作"刺"，《大正藏》本校："宋、元、明、宮作'掛'。"（53/667a/3）《中華藏》本校："諸本作'掛'。"（71/975b/2）《經律異相》卷十一、《諸經要集》卷八引《雀王經》作"拄"。當作"拄"。《六度集經》卷五《雀王經》作"柱"，字與"拄"通。"拄（柱、注）"有"接觸、抵住"義，引申而有"插入、刺入"義，如《異苑》卷五："昔有人乘馬山行，遙望岫裏有二老翁相對樗蒲，遂下馬造焉，以策注地而觀之。自謂俄頃，視其馬鞭，摧然已爛，顧瞻其馬，鞍骸枯朽。"注，《太平御覽》卷三五八引作"柱"，《藝文類聚》卷七四、《初學記》卷二二、《太平御覽》卷七五四並引作"拄"，三字相通。《珠林》卷七："夫論地獄幽酸，特為痛切……牛頭惡眼，獄卒凶牙，長叉柱肋，肝心碓搗，猛火逼身，肌膚淨盡。"又卷九七引《搜神記》："年少時，嘗得病，臨死，謂其母曰：我死當復生，埋我，以竹杖拄我瘞上。若杖拔，掘出我。及死埋之，柱如其言。七日往視之，杖果拔出。"此處"骨拄其齒"言獸骨刺入老虎的牙縫裏。《大正藏》本等作"刺"，則是"拄"的同義替換詞。

［221］雀覩其不可化，退速飛去。（引《雀王經》；冊四，50/1521/1）

按："退速飛去"之"退"，《六度集經》卷五《雀王經》以及《經律異相》卷十一、《諸經要集》卷八引《雀王經》均作"即"，當據改。

# 《法苑珠林校注》卷五十一商議

[222] 至於半夜，覺繩小寬，私心欣幸，精誠彌切。及曉，索繩都斷，既因得脫，逃逸奔山。（引《梁[唐]高僧傳》；冊四，51/1542/8）

按：索繩，《珠林》各本同。然前後文都僅言"繩"，獨此處突言"索繩"，可疑。《續高僧傳》卷二五"釋超達"原作"索然都斷"，《繫觀世音應驗記》記此事同。知原文當作"索然"。"索然"可形容離散的樣子，如《晉書‧羊祜傳》："至劉禪降服，諸營堡者索然俱散。"《續高僧傳》卷十一"釋普曠"："曠率其法屬，徑往爭之，立理既平，便又剺耳，道士望風，索然自散。"隋智顗《金光明經文句》卷三："未來之業，亦應如此，雖非現有，時到必然，今若懺悔，索然清淨。"宋釋知禮述《金光明經文句記》卷六："索然猶解散也。"

# 《法苑珠林校注》卷五十二商議

[223] 竊尋眷屬萍移，新故輪轉。去留難卜，聚會暫時。（冊四，52/1547/5）

《校注》：“‘萍’字原作‘洴’，據《高麗藏》本改。”

按：《大正藏》本校：“‘萍’，宋、元、明、宮作‘洴’。”（53/673b/8）《中華藏》本校：“‘萍’，諸本作‘洴’。”（72/13a/9）《廣韻》平聲青韻：“萍，水上浮萍。蓱，上同。”“蓱”與“萍”為異體字關係。“蓱”或省寫作“洴”，如唐碑《董夫人墓誌》：“蓬轉洴浮。”（參吳鋼輯、吳大敏編《唐碑俗字錄》44頁）故此處“洴”為“萍”之俗寫，不用改換。

[224] 父母妻子，因緣合居，譬如寄客，起則離散。愚迷縛著，計為己有。憂悲苦惱，不識本根。沈溺生死，未復休息。（引《法句喻經》；冊四，52/1550/12）

按：“未復”，《大正藏》本、《中華藏》本、《高麗藏》本作“未央”；《法句譬喻經》卷三原作“未央”，《諸經要集》卷七引《法句喻經》同。“未央”當是原文。後漢安世高譯《佛說佛印三昧經》：“其有聞三昧名，小有狐疑，不信大如毛髮者，其人壽終已，入十八泥犁中，燒煮終無有出時。然後得出，求道者未央作佛也。"三國吳康僧會譯《舊雜譬喻經》卷上："佛謂阿難：草中逃人，彌勒作佛時當得應真度脫；正坐博頰人，過千佛，當於最後佛得應真度脫；起舞人，未央得度也。"西晉竺法護譯《佛說阿惟越致遮經》卷上："今吾口說彼人罪福因緣所著，又以佛慧了了分別，其忍世界瑕穢之垢，未央可竟。"東晉聖堅譯《佛說除恐災患經》："母言惟子，王千子中，汝最末小。若無大王，太子承嗣，若太子崩，以次承繼，輾轉千子，汝骨朽腐，未央得蓋。"以上"未央"由"未盡"（沒有盡頭）義引申，猶今言"永不"。《漢語大詞典》"未央"下失收此義。"未央"原本多用於句尾，表示"未半""未盡"等義，後人或因不明"未央"表示"永不"的這一用法而改為"未復"。

　　[225] 於彼父母所給妻妾諸女色欲，乃至不以染受之心，遠觀其相。何況親附抱持之者。（引《大菩薩藏經》；册四，52/1556/13）

　　按："染受"，《珠林》各本作"染愛"，《諸經要集》卷七引同；唐玄奘譯《大寶積經》卷四四《菩薩藏會》原作"染愛"。南朝宋法護等譯《佛說大乘菩薩藏正法經》卷二三："舍利子，決定寧入千踰繕那極大猛焰熱鐵城中，不應攝受父母男女妻妾，常起如是染愛之心，即便墮落，何況領受諸觸境事？"所敘文意與此處相同，也作"染愛"。古代漢語中，"染受"指感染上，物件多為病毒；"染愛"指貪戀、沉迷，對象多為女色。故後三句當校點為："乃至不以染愛之心，遠觀其相，何況親附抱持之者？"

　　[226] 信聞之驚愕流涕，不能自勝，乃拜謝之。躬駝鞍轡，謂曰：若是信孃，當自行歸家。馬遂前行，

信負鞍轡，隨之至家。（引《冥報拾遺》；冊四，52/1566/5）

《校注》："'駝'字，《高麗藏》本作'馱'，《太平廣記》引作'弛'。"

按：《大正藏》本、《中華藏》本作"馱"，《大正藏》本校："宋、元、明、宮作'駝'。"（53/678c/20）《中華藏》本校："諸本作'駝'。"（72/21a/3）"駝"與下文的"負"同義，不必有疑。《正字通·馬部》："駝，凡以畜負物曰駝。"唐顏師古注《漢書·司馬相如傳上》"騊駼橐駝"："橐駝者，言其可負橐囊而駝物，故以名云。"《高麗藏》本等作"馱"，義與"駝"通。慧琳《一切經音義》卷一釋《大唐三藏聖教序》："馳驟，上直離反，俗字也，本作駝。形聲字，它音夷。"又卷十一："馳騁，上長離反，《說文》作'駝'……經文從也作馳，俗用字也。"是知"駝"有"馳"的俗寫，《太平廣記》引作"弛"，疑即"馳"之形誤。

[227] 復以持戒之福，并合集前一切功德，不如坐禪慈念眾生經一食頃。所得功德逾過於前百千萬倍。（引《菩薩本行經》；冊四，52/1569/1）

按：後部分當標點為："不如坐禪，慈念眾生，經一食頃，所得功德逾過於前百千萬倍。"句意為：不如靜坐修煉，憐憫眾生，雖然祇用一頓飯時間，但所得的功德超過以前百千萬倍。

# 《法苑珠林校注》卷五十三商議

[228] 木匠即便經地壘墼作樓。愚人見壘，語木匠言：我不欲下二重，先為作最上屋。（引《百喻經》；冊四，53/1601/5）

按："墼"，乃"墼"之形誤字，當據《百喻經》原書卷一改正。"墼"是未燒的磚坯，"壘墼"猶砌磚，如慧琳《一切經音義》卷六二釋《根本說一切有部毘奈耶雜事律》："壘墼，上律軌反。《廣雅》云：壘，重也。《說文》云：軍壁曰壘。古文作壘，像形。下經亦反，土甎不燒者。"《儀禮》卷二八《喪服》唐賈公彥疏："舍外寢，於中門之外，屋下壘墼為之。"即其例也。

# 《法苑珠林校注》卷五十四商議

[229] 一切奸猾諂偽詐惑，外狀似直，內懷奸私，是故智者應察真偽。為如往昔有婆羅門，其年既老，耽娶小婦。婦嫌夫老。傍淫不已。（引《雜寶藏經》；冊四，54/1608/2）

按：文中"為如"之"為"是衍文，應據《雜寶藏經》卷十"老婆羅門問諂偽緣"、《諸經要集》卷十六刪。

[230] 佛言：如我昔日所說偈言：一切江河，必有回曲。一切叢林，必有樹木。一切女人，必有諂曲。一切自在，必受安樂。（引《涅盤經》；冊四，54/1609/7）

"必有樹木"下《校注》："'有'字原作'名'，據《高麗藏》本改。"

按：《大正藏》本、《中華藏》本作"有"，《大正藏》本校："宋、元、明、宮作'名'。"（53/689b/10）《中華藏》本校："資、磧、普、南、徑、清作'名'。"（72/45a/15）《大般涅盤經》卷十原文作"名"，且下文在解釋偈言"非一切林，悉名樹木"時說："一切叢林，必是樹木，是亦有餘。何以故？種種金銀琉璃寶樹，是亦名林。"因知當以作"名"為是。《諸經要集》卷十六也引作"名"。

[231] 內無其質而外學其文，雖有賢師良友，若畫脂鏤冰，費日損功。故良師不能飾西施，澤香不能加嫫母。（引《鹽鐵論》；冊四，54/1630/5）

按："西施"，《大正藏》本、《中華藏》本作"成施"，《大正藏》本校："'成'，元、明作'西'。"（53/695a/16）《中華藏》本校："普、徑、清作'西施'。"（72/53b/20）《鹽鐵論·殊路》原作"戚施"。"成施"為"戚施"之形訛，"西施"則因常與"嫫母"美醜對舉行文而臆改。《詩經·邶風·新臺》："燕婉之求，得此戚施。"朱熹《詩集傳》："戚施，不能仰者。亦醜疾也。"故此處"戚施"和"嫫母"一樣，皆泛指醜貌之人。"良師不能飾戚施"意思是：再好的化妝師也不能把醜女裝扮得漂亮。

又："澤香"，《珠林》各本同。《鹽鐵論·殊路》原作"香澤"，當據乙改。《釋名·釋首飾》："香澤者，人髮恒枯悴，以此濡澤之也。"據北魏賈思勰《齊民要術》卷五《種紅藍花及梔子》載，香澤用雞舌香、藿香、苜蓿、澤蘭香四種香料煎製而成。石聲漢《齊民要術今釋》注："香澤：'澤'是'膏澤'；香澤即有香氣的頭髮油。"（465頁）《鹽鐵論·殊路》中此句前尚有："毛嬙，天下之姣人也，待香澤脂粉而後容。"《南齊書·禮志上》："永明中，世祖以婚禮奢費，敕諸王納妃，上御及六宮依禮止棗栗腶脩，加以香澤花粉，其餘衣物皆停。"是知香澤和脂粉是古代婦女用以修飾頭髮和臉面的常備化妝品。

[232] 臣聞少而學者，如日出之陽。壯而學者，如日中之光。老而學者，如炳燭之明。炳燭之明，孰與昧行。（引《說苑》；冊四，54/1630/8）

按："孰與昧行"後當用問號。值得注意的是，"炳燭之明，孰與昧行"這個疑問句，與一般古漢語教材認為的"孰與"表示選擇，往往是捨棄前者，選取後者有所不同。它在比較中已帶有選擇的傾向性，明顯傾向於前一種做法，否定後一種做法。漢代及其以後，這類"孰與"屢見於文獻，如《史記·平原君虞卿列傳》："我以六城收天下以攻罷秦，是我失之於天下而取償於秦也。吾國尚利，孰與坐而割地，自弱於強秦哉？"《後漢書·班超傳》："今通西域則虜埶必弱，虜埶弱則為患微矣，孰與歸其府藏，續其斷臂哉？"《搜神記》卷十五："其弟含，時尚少，乃慨然曰：'非常之事，自古有之。今靈異至此，開棺之痛，孰與不開相負？'父母從之，乃共發棺。"《太平御覽》卷三七二引《晉陽秋》："左右見敦盛怒，竊勸跪謝，彬曰：'腳痛不能跪拜。'敦復曰：'腳痛孰與頸痛？'咸為失色。"《大唐新語》卷二"極諫"："伏乞陛下回思遷慮，察臣狂瞽，然後退就鼎鑊，實無所恨。臣得歿為忠鬼，孰與存為諂人？"即其例也。

# 《法苑珠林校注》卷五十五商議

[233] 縱火焚經,經從火化,悉成煨燼。五嶽道士相顧失色,大生怖懼。南嶽道士費叔才自憾而死。(引《法本內傳》;冊四,55/1650/3)

《校注》:"'憾'字原作'感',據《高麗藏》本改。下同。"

按:《大正藏》本校:"'憾',宋、元、明、宮作'感'。"(53/700b/21)《中華藏》本作"自感",校:"麗作'自憾'。"(72/65c/14)《珠林》卷十八引《漢法本內傳》作"自感而死",又卷四〇引《漢法內傳》作"愧恥自感,眾前而死"。感與憾同,不必改易。"自感(憾)而死"即自我悔恨而死。《集韻》去聲勘韻:"憾、感,恨也。或省。"《史記·吳太伯世家》:"見舞《象箾》《南籥》者,曰:'美哉,猶有感。'"唐司馬貞《索隱》:"感讀為'憾',字省耳。"王念孫《讀書雜志·史記第三·吳太伯世家》"憾"下論感、憾相同甚詳,也可參看。佛典中記費叔才事,用"自感而死"和用"自憾而死"大致相當。記載他人事跡也有用"自感而死"者,如《續高僧傳》卷十五"釋靈潤":"初潤隋末在興善院,感魔相嬈,定志不移,冥致善神捉去,經宿告曰:'昨日魔子依法嚴繩,深知累重,自感而死。'"

　　［234］在位三十年，嘗以暇日從容而顧問侍中何尚之、吏部羊玄保曰：朕少來讀經不多，比復無暇。三世因果，未辯措懷，而復不敢立異者，正以卿輩時秀，率所敬信也。荅曰：范泰、謝靈運常言《六經》典文，本在濟俗為政。必求性靈真奧，豈得不以佛理為指南耶！帝曰：釋門有卿，亦猶孔門之有季路。所謂惡言不入於耳也。（冊四，55/1652/3）

　　按：《大正藏》本、《中華藏》本、《高麗藏》本無"荅曰"二字。查《高僧傳》卷七"慧嚴"、梁僧祐《弘明集》卷十一《何令尚之荅宋文皇帝讚揚佛教事》、唐道宣《廣弘明集》卷一引《高僧傳》以及《集古今佛道論衡》引諸僧史傳，也無"荅曰"，范、謝兩人的話均出自宋文帝的引述，何尚之、羊玄保另有答語。《珠林》在此是節錄原文，"帝曰"前省略文字較多，或為避免"帝曰"後的話被誤認為是范、謝兩人的話，故緊接宋文帝之言又加"帝曰"強調，抄錄者或有不明，遂以范、謝之言為何尚之等人答語，擅加"荅曰"，致使對話張冠李戴。

　　［235］邪惑問曰：天道無親，頓成虛闡，禍淫福善，胡其爽歟……有業現樂有樂報，有業現樂有苦報。（冊四，55/1658/2）

　　《校注》："此段出處待考。"

　　按：此段一直到末尾"但察感通之分，足明善惡之懲也"為止，出自唐彥悰撰《唐護法沙門法琳別傳》卷中。

　　［236］竊聞白馬東遊。三藏創茲而起。青牛西逝。二篇自此而興……又驗《玄都目錄》妄取《藝文志》

書名，矯注八百八十四卷為道經。據此而言，足明盧謬。（冊四，55/1659/3）

按：此段出自唐彥悰撰《唐護法沙門法琳別傳》卷下，依例當注。

[237] 重牀至屋，却坐其上。云十五童女有堪受法，令女登牀，以幕圍遶，遂便奸嬲。如此經日，後事發覺，因即逃亡。（冊四，55/1665/2）

按："有堪受法"之"有"，唐彥悰《唐護法沙門法琳別傳》卷下、《廣弘明集》卷十二唐釋明概《決對傅奕廢佛法僧事》、《大正藏》本《珠林》均作"方"，應據改。

又："經日"，《唐護法沙門法琳別傳》卷下、《廣弘明集》卷十二作"經月"，《廣弘明集》緊接著還有"計所奸女，出數百人"兩句。由於兩道士為非作歹有很強的隱蔽性和欺騙性，故作"經月"更為合理。

[238] 當時禁約，不許道士出城，門家見道士內著黃衣，執送留守。（冊四，55/1659/11）

《校注》："'家'字，《集古今佛道論衡》作'候'。"

按："門家"為中古俗語詞，指門吏、守門人，如《經律異相》卷二十引《大智論》："守門人見其衣服麁弊，遮門不前。如是數數，以衣服弊故，每不得前。便作方便，假借好衣而來，門家不禁。"《太平廣記》卷二六三引《朝野僉載》："如意年中，斷屠極急，先覺知巡事，定鼎門草車翻，得兩羫羊。門家告御史，先覺進狀奏請……"《敦煌變文集·漢將王陵變》："盧綰報哀已了，却共王陵到於漢界，門家奏言：'王陵救母却回。'""門家"和"門候"異文而同義，兩書義無乖迕。

[239] 又梁武帝大同五年，道士袁旀妖言惑眾，行禁步山。官軍收掩，尋被誅滅。（冊四，55/1664/11）

按：道世此段記述"妖惑亂眾"的文字全出於唐彥悰《唐護法沙門法琳別傳》卷下所引用的法琳的話，其中"步山"作"步綱"，當據正。"步綱"本作"步罡"，是道教的法術之一，"罡"指北斗星，"步罡"就是把北斗七星的分佈圖畫在地上，按一定的行步規則在上面行走。因為道教中常常把北斗星視作天之綱維，所以"步罡"又作"步綱"。"行禁"指施行禁咒之法術。《廣弘明集》卷十二唐釋明概《決對傅奕廢佛法僧事》轉述此事作"步崗"、《大正藏》本、《中華藏》本《珠林》作"步岡"，音之誤也；此處作"步山"，或為"崗"之殘字。

[240] 又開皇十八年，益州道士韓朗、綿州道士黃儒林，扇惑蜀王令興逆，云欲建大事，須藉勝緣。遂教蜀王傾倉竭庫，造千尺道像，建千人大齋。（冊四，55/1665/4）

按：道教中未聞千人齋，而千日齋為道教歷時最長的大齋，如唐孟安排《道教義樞》卷二"十二部義"："此等諸齋，或一日一夜，或三日三夜，或七日七夜，具如儀軌。其外又有六齋、十直、甲子、庚申、八節、本命、百日、千日等齋，通用自然之法。"宋張君房《雲笈七籤》卷八十："於是天王口吐《洞玄內觀玉符》，以授於君。使清齋千日，五香薰體，東向服符。子形神備見，自當洞達，諸疑頓了。李君稽首，奉承教旨，具依天儀，長齋千日，東向服符，三部八景神並見。"此段文字又見唐彥悰《唐護法沙門法琳別傳》卷下、《廣弘明集》卷十二唐釋明概《決對傅奕廢佛法僧事》，兩處正作"千日大齋"，當據正。此處改作"千人大齋"，應是受佛教"千人（僧）齋"的影響。

[241] 至大業季年，有道士蒲子真微閑道術，被送東京，至洛身死，因葬在彼。而李望矯云子真近還。（冊四，55/1665/6）

按：至大業季年，《大正藏》本作"去大業季年"，校："'去'，宋、元、明作'至'，《宮》作'云'。"（53/705a/10）《中華藏》本作"去大業年"，校："資、磧、普、南、徑、清作'至大業季年'。"（72/72c/2）《廣弘明集》卷十二、唐彥悰《唐護法沙門法琳別傳》卷下也作"去"，當據改。這種限定時點的"去"，出現於中古時期，表示以敘事時點為視角，強調過去的時點，猶如"過去的"（參何洪峰《"去"字可作時間介詞辨》，《古漢語研究》2012 年第 1 期）。如《晉書·刑法志》："去元康四年，大風之後，廟闕屋瓦有數枚傾落，免太常荀寓。"唐迦才《淨土論》卷下："張元祥者……念彌陀佛為業。去隋開皇二十年五月遇患，至六月三日辰時索食。"《舊唐書·列女傳·女道士李玄真》："玄真進狀曰：'去開成三年十二月內得嶺南節度使盧鈞出俸錢接措，哀妾三代旅櫬暴露，各在一方……'"這種"去＋時點"的用法前面還可以有別的介詞，如《漢魏南北朝墓誌彙編·魏故橫野將軍甄官主簿寧（懋）君墓誌》："妻滎陽鄭兒女，太武皇時蒙授散常侍。鄭兒女遺姬，以去孝昌三年正月六日喪，以今十二月十五日葬於北芒□和鄉。"（213 頁）《魏書·靈徵志下》："肅宗孝昌二年十月，揚州刺史李憲表云：'門下督周伏興以去七月患假還家，至十一日夜夢渡肥水……'"《晉書・刑法志》："臣以去太康八年，隨事異議。"《珠林》卷六三引《梁京寺記》："寺有金銅像一軀，高六寸五分以去。天監六年二月八日，於寺東房北頭第三間內，忽聞音樂聲。"《校注》未明"以"的這一用法，將"以去"屬上句（冊四，1888/2），大誤。

又：隋時東京，即是洛陽，此處前後相鄰兩句分別用"東京"和"洛"指稱洛陽，甚為可疑。上引兩書"洛"作"梁漢"，可從。"梁漢"指古梁州和漢中一帶，如此，蒲子真非死於洛陽，而是死於往洛陽的路上。

［242］又彼縣山側有一石室，岩穴幽闇，人莫敢窺。望乃依憑，以作妖詐。在明張喉大語，顧納通傳；入闇則噎氣小聲，詐陳禍福。（冊四，55/1665/7）

按："顧納"，《大正藏》本、《中華藏》本作"領納"，《大正藏》本校："'領'，宋、元、明、宮作'顧'。"（53/705a/14）《中華藏》本校："資、磧、普、南、徑、清作'顧納'。"（72/72c/7）"顧納"未聞，唐彥悰《唐護法沙門法琳別傳》卷下、道宣《廣弘明集》卷十二均作"領納"，當據改。"領納"意為接受，如《魏書・呂羅漢傳》："卿所得口馬，表求貢奉，朕嘉乃誠，便敕領納。"隋闍那崛多《佛本行集經》卷十六："是故我今欲向太子有所諮白，依如友心，唯願領納。""領納通傳"指領受蒲子真的話語並通報傳達。

［243］龍朔三年十二月十四日宣：竊惟賊飾黃巾，興乎鉅鹿；鬼書丹簡，發自陽平。（冊四，55/1666/6）

按：文中承接"聖上鑒照，知偽付法，法官拷撻，苦楚

163

方承。敕恩恕死，流配遠州，所有妻財並沒入官"的敍述，全文收錄了宣下的敕文，從"敕道士朝散大夫騎都尉郭行真"起，到"龍朔三年十二月十四日宣"止。故"宣"的內容在前而不在後，其後的冒號當改為句號。

［244］而云服象雲羅，斯言徑庭；衣同雨縠，不近人情。安有駕鶴乘龍，披巾布褐，驅鸞策鳳，頂戴皮冠？（冊四，55/1666/7）

《校注》："'庭'字原作'廷'，各本同，典出《莊子·逍遙遊》，據改。"

按：此處"逕"同"徑"。"徑庭"多有寫作"徑廷"者，如《全晉文》卷一五三後秦姚興《答安成侯嵩難述佛義書》："然諸家通第一義，廓然空寂，無有聖人，吾常以為殊大徑廷，不近人情，若無聖人，知無者誰也？"《文選》卷五四梁劉孝標《辯命論》："如使仁而無擇，奚為修善立名乎？斯徑廷之辭也。"李善注引司馬彪曰："徑廷，激過之辭。"故《珠林》各本作"廷"不誤，無煩改字。

［245］故如來漏盡，智凝成覺；至道通機，德圖取聖。（冊四，55/1671/10）

按："圖"，《大正藏》本、《中華藏》本、《高麗藏》本作"圓"，《大正藏》本校："宋、元、明、宮作'圖'。"（53/706c/16）《中華藏》本校："'圓取'，資、磧、普、南、徑、清作'圖取'。"（72/75a/16）梁武帝此篇捨道敕文又見於唐道宣《廣弘明集》卷四以及《集古今佛道論衡》卷一、唐法琳《辯正論》卷八，三處均作"圓"，當據改。"德圓取聖"即修德圓滿，最終成佛。

[246] 於時道士呪諸沙門衣缽，或飛或轉。呪諸梁木，或橫或豎。沙門曾不學術，默無一對。士女歡鬧，貴賤移心，並以靜徒為勝也。（冊四，55/1674/3）

按："歡鬧"，《大正藏》本、《中華藏》本、《高麗藏》本作"擁鬧"，《大正藏》本校："'擁'，宋、元、宮作'權'，《明》作'觀'。"（53/707b/28）《中華藏》本校："'擁鬧'，資、磧、普、南作'權鬧'；《徑》《清》作'歡鬧'。"（72/76b/7）唐道宣《廣弘明集》卷四以及《集古今佛道論衡》卷一載此文作"擁鬧"，《續高僧傳》卷二三"釋曇顯"記此事同。當改作"擁鬧"。"鬧"單用可表示"攢集、密集"，王鍈《唐宋筆記語辭彙釋》（129頁）舉有三例，可參。"擁鬧"為同義復詞，有"擁擠、聚集"義，如《續高僧傳》卷二八"釋寶瓊"："而卑弱自持，先人後德，經行擁鬧，下道相避。"《太平廣記》卷二九〇引《妖亂志》："即令兩都出兵仗鼓樂，迎入碧筠亭。至三橋擁鬧之處，故埋石以礙之，偽云：'人牛拽不動。'"《珠林》卷十四："今附和南，天欲即至，前事擁鬧，不久當至。"《漢語大詞典》未收錄此詞。蓋抄手不明"擁鬧"之特殊義，以常義釋之無解，遂誤抄為形近的"權鬧"，"權鬧"不成詞，遂依形臆改作"歡鬧""觀鬧"，此或為異文歧出之由。

[247] 召佛道二宗門人殿前齋訖，侍中劉騰宣敕：諸法師等與道士論議，以釋弟子疑網。（引《梁［唐］高僧傳》；55/1677/8）

按：《校注》於"釋"下用專名號，大誤。"釋"為解釋、解除義，非指佛教；"疑網"喻疑惑眾多，如入羅網，不能解脫。東晉慧遠問、羅什答《鳩摩羅什法師大義》卷中："而經說念佛三昧見佛,則問云,則答云,則決其疑網。"隋達磨笈多譯《大方等大集經菩薩念佛三昧分》卷三:"彼世界中有一眾生,於諸法中多起疑網……我即生念:我今亦應不起此坐,不往彼刹,而為眾生解釋疑網。"唐澄觀述《大方廣佛華嚴經隨疏演義鈔》卷二八:"其中眾生三十二相,天眼無礙,鏡照十方,不聞生老病死苦等,但出佛法僧聲。若人欲見,應念便覩,不待解釋,疑網皆除。"此皆釋疑網之例。

[248] 帝令議之。太尉丹陽王蕭綜、大傅李寔、衛尉許伯桃、吏部尚書邢巒、散騎常侍溫子昇等一百七十人讀訖,奏云:老子止著五千文,更無言說。(引《梁[唐]高僧傳》;冊四,55/1678/9)

《校注》:"'巒'字原作'蠻',據《高麗藏》本、《磧砂藏》本、《南藏》本、《嘉興藏》本改。"

按:"巒",《珠林》各本同。唐道宣《廣弘明集》卷一引《魏書》、《續高僧傳》卷二三"釋曇無最"、《集古今佛道論衡》卷一並作"巒";唐智昇《續集古今佛道論衡》作"蠻"。邢巒,《魏書》卷六五、《北史》卷四三有傳。當以"邢巒"為是。《洛陽伽藍記》卷一"修梵寺":"里中[有]太傅錄尚書[事]長孫稚、尚書右僕射郭祚、吏部尚書邢巒、廷尉卿元洪超、衛尉卿許伯桃、涼州刺史尉成興等六宅。"周祖謨《洛陽伽藍記校釋》校:"'巒'原作'鸞',《魏書》卷六五作'巒',云字洪賓,河間鄭人也。案《金石錄目錄》二有《後魏車騎大將軍邢巒碑》,延昌三年十月立。

其《跋尾》十一稱'碑云：鸞字山賓，而史作洪賓。'然則以作鸞為是。今據改……史不言為吏部尚書。"（63頁）周氏校"鸞"為"鸞"，甚是；然云史不言邢鸞為吏部尚書，則失檢。《魏書·高閭傳》："世宗踐祚，閭累表遜位。詔曰……使散騎常侍兼吏部尚書邢鸞就家拜授。"《北史·高閭傳》也作"吏部尚書邢鸞"。唐法琳《辯正論》卷四："魏吏部尚書邢鸞造普濟寺。"皆其證也。

[249] 讀誦《大品》，兩日一遍，以為常業。勸歷邑義，日誦一卷者，向有千計。四遠聞者，皆來欽敬。（引《唐高僧傳》；冊四，55/1680/12）

按："勸歷邑義"句，《珠林》各本同。《續高僧傳》卷二八"釋寶瓊"作"率勵坊郭，邑義為先"。今謂，《小爾雅·廣詁》："獎、率、厲，勸也。"此處"勸"與"率"義同，"歷"當為"厲"之形誤字。"勸厲"，又作"勸勵"，義為鼓勵，如《晉書·后妃上·惠賈皇后》："后母廣城君以后無子，甚敬重潘懷，每勸厲后，使加慈愛。"宋志磐《佛祖統紀》卷四："今以正法，付囑國王大臣及四部眾，應當勸厲諸學人，令得增上戒定慧。"東晉僧伽提婆譯《增壹阿含經》卷一："卿等勸勵諸族姓子、族姓女，諷誦受持增一尊法，廣演流布，使天、人奉行。""邑義"是由信徒出資以營造佛像寺塔等為機緣而組織的佛教信仰群體，"勸厲邑義日誦一卷"句意甚暢。

# 《法苑珠林校注》卷五十六商議

[250] 所以原憲之家，黔妻之室，繩樞甕牖，無掩風塵，席戶蓬扉，不遮霜露。或舒稻稾以為薦，或裁荷葉以充衣。（冊四，56/1696/5）

《校注》："'稾'字原作'蒿'，據《高麗藏》本改。"

按：《大正藏》本校："'稿'，宋、元、明、宮作'蒿'。"（53/713a/24）《中華藏》本校："'或編稻稿'，諸本作'或舒稻蒿'。"（72/93a/10）《集韻》："稾，《說文》：稈也。或作稿、菓、蒿。"唐顏元孫《干祿字書·上聲》："稾，同稾。"《龍龕手鑒·草部》："稿、稾：俗。古老反。正作稾，禾稈也。"是知"蒿""稿""稾"皆"稾（稿）"之異體，指穀類的莖稈，此處無煩改"蒿"為"稾"。

[251] 爾時長者恒令一人知白時到，養一狗子，日日逐往。爾時使人卒值，一日忘不往白。狗子時到，獨往常處，向諸大士高聲而吠。（引《賢愚經》；冊四，56/1705/5）

按："卒"通"猝"，"卒值"猶"忽然遇到"，其後應有相應的賓語，如西晉竺法護譯《所欲致患經》："彼族姓子，心懷此憂。卒值水火、盜賊、怨家所見侵奪，愁憂啼哭，不能自勝。"北魏慧覺等譯《賢愚經》卷六"富那奇緣品"："時二兄子數往其所，求索飲食及餘所須，時富那奇稱給其意，隨其所求，買索與之。卒值一日無錢持行，勝軍小兒白富那奇：'我今饑渴，與我飲食。'手中無錢，索食叵得，小兒瞋恚。"《珠林》卷十七引《冥祥記》："時夜甚闇，行可數里，卒值一人，妻懼躄地，已而相訊，乃其夫也。"由此可知"一日忘不往白"是"卒值"的賓語，其間的逗號應刪去。

[252] 時彼國中有一長者，大富饒財。家有小婢，小有愆過，長者鞭打，晝夜走使，衣不蓋形，食不充口。年老辛苦，思死不得。（引《賢愚經》；冊四，56/1706/3）

按：北魏慧覺等譯《賢愚經》卷五"迦㫋延教老母賣貧品"原作："時彼國中有一長者，多財饒寶，慳貪暴惡，無有慈心。時有一婢，晨夜走使，不得寧處。小有違失，便受鞭捶，衣不蔽形，食不充體。年老困悴，思死不得。"《經律異相》卷十五引同。兩相比較，分歧在於"晝（晨）夜走使"（"走使"是"使喚"義）一句的位置：依《珠林》所引，則"晝夜走使"是"小有愆過"導致的結果；依原書，"晨夜走使"是此長者暴惡無慈心的一貫表現。顯然原書更合符上下文意，此處"晝夜走使"當接在"家有小婢"句之後。《諸經要集》卷六引"晝夜走使"一句位置同《珠林》，蓋道世編纂兩書時所見《賢愚經》已有如此錯簡者。

[253] 母白尊者：我今貧窮，身上衣無毛許完納。唯有此土瓦，是大家許，當以何施？（引《賢愚經》；

冊四，56/1706/6）

　　按："毛許"，《經律異相》卷十五引同；北魏慧覺等譯《賢愚經》卷五"迦旃延教老母賣貧品"原作"手許"，《諸經要集》卷六引同。"毛許""手許"都可喻小，但從表示身上衣服沒有一小塊完整的布考慮，作"手許"為好。

# 《法苑珠林校注》卷五十七商議

[254] 尚書右僕射元慎聞里內頻有怪異，遂改阜財里為齊諧里也。（引《洛陽寺記》；冊四，57/1722/6）

按："元慎"，《大正藏》本、《中華藏》本作"元積"，《大正藏》本校："'積'，宋、元、明、宮作'慎'。"（53/720c/4）《中華藏》本校："'積'，資、磧、普、南、徑、清作'慎'。"（72/108c/11）《洛陽伽藍記》卷四"開善寺"作"元積"，周祖謨據元人《河南志》改"右僕射元積"為"左僕射元順"，並云："今本作'元積'者，蓋由唐人寫書'順'每作'慎'（《珠林》卷五十七引即作'慎'），又訛為'積'耳。"（《洛陽伽藍記校釋》161～162頁）周氏校改"元積"為"元順"，可從。《集韻》去聲稕韻："順，古作愼。""愼（順）"與"慎"形體極近，故易錯訛；"慎"又形訛為"積"；而"積"則又為"積"之再誤也。另，周氏改"右僕射"為"左僕射"，可商。《魏書·景穆十二王傳中·任城王》《北史·景穆十二王傳下·任城王》所附《元順傳》，皆明言元順"後除吏部尚書，兼右僕射"，後兼左僕射。故"尚書右僕射"與史書所記相合，不煩更改。

[255] 作人求錢，卞父鞭之。皆怒曰：若實負我，死當與我作牛。須臾之間，卞父死。其年作牛孕產一

黃犢，腰有黑文，橫絡周匝，如人腰帶。（引《冥報記》；冊四，57/1722/9）

按：作牛孕，當據《冥報記》卷下及《太平廣記》卷四三四"隋卞士瑜"引補為"作人牛孕"，以足文意。"作人牛孕"後用逗號斷開。

[256] 至日午，果有人牽驢一頭送來，涕泣說言：早喪父，其母寡，養一男一女。女嫁，而母亡二年矣。（引《冥報記》；冊四，57/1723/2）

按：下文云："坐得此罪，報受驢身，償汝兄五年矣。"則此母亡來已五年以上，"二年"與此相悖。《珠林》各本作"二十年"，《太平廣記》卷四三六"王甲"引《珠林》同，《冥報記》卷下作"十許年"。此處當增補為"二十年"。

[257] 時家有羝羖，伺空遂便啖食麥豆。升量折損，為主所瞋。信已不取，皆由羊啖。緣是之故，婢常固嫌，每自杖捶，用打羝羖。（引《雜寶藏經》；冊四，57/1734/9）

按："已"，當據《雜寶藏經》卷十改作"己"。"信己不取"即確實自己沒有拿走麥豆。

# 《法苑珠林校注》卷五十八商議

[258] 後生一男。夫婦敬重，視之無厭。大婦心妒，私自念言：此兒若大，當攝家業。我唐勤苦，聚積何益！不如殺之。取鐵針刺兒顋上，後遂命終。（引《賢愚經》；冊四，58/1739/3）

按："顋"，《大正藏》本、《高麗藏》本、《磧砂藏》本、《北藏》本、《清藏》本、《四庫》本同，顋、腮為異體字，意義於此不合。《中華藏》本作"顖"。慧琳《一切經音義》卷三九釋《不空羂索經》："頂囟，音信。說文云：囟，頭會腦蓋，象形也。古文作䐓，今經本作顖，是俗字也。"故知此處的"顋"當是"顖"之誤，意思是腦頂門。《大正藏》本《賢愚經》卷三《微妙比丘尼品》、《諸經要集》卷九正作"顖"。《中華藏》本《賢愚經》卷三作"膏"，乃是"胸"之異體，字之誤也。至如花城出版社注譯本《賢愚經》卷三作"顖"，實不可取，其注釋"顖"為"指嬰兒頭頂骨未合縫的地方"（134頁），正是"顖"之義。

[259] 諸仙見之飛處空中，各曰：如吾經典所記，深欲塵者，則不得飛。便五體投地，伏首謀橫。（引《慧上菩薩經》；冊四，58/1750/2）

按："深欲塵者"之"深"當是"染"之訛字,《珠林》各本、西晉竺法護譯《慧上菩薩問大善權經》卷上、《經律異相》卷十二俱作"染"。慧琳《一切經音義》卷五釋《大般若波羅蜜多經》:"耽染,《考聲》云:耽,嗜也,玩也⋯⋯染,汙也,著也。"耽、染、嗜、著詞義皆同,"染"有迷戀、沉溺之義,如《拾遺記》卷三:"時有容成子諫曰:'大王以天下為家,而染異術,使變夏改寒,以誣百姓,文、武、周公之所不取也。'""染"或寫作"㲯",形近"深"而誤。

又:"伏首謀橫"句不可解,《慧上菩薩問大善權經》卷上、《經律異相》卷十二作"伏首誣橫",於義為長。"誣"與"謀"形近易誤,《珠林》卷四九引《搜神記》:"孝婦不堪楚毒,自謀伏之。"其中的"謀"就當從《搜神記》原書卷十一改作"誣"。伏首猶坦白、承認,誣、橫都有無端不實之意。

# 《法苑珠林校注》卷五十九商議

[260] 念已走趣大眾，並喚上官：莫困殺此人，是我殺耳。願放道人，縛我罪治。諸官皆驚曰：何能代他受罪！（引《興起行經》；冊四，59/1753/6）

按："並喚"之"並"，《興起行經·孫陀利宿緣經第一》作"普"，義稍長。"普喚上官"猶遍喚上官，即叫上所有長官，《南齊書·丘巨源傳》："又爾時顛沛，普喚文士，黃門中書，靡不畢集，摛翰振藻，非為乏人，朝廷洪筆，何故假手凡賤？"隋闍那崛多譯《佛本行集經》卷二六："爾時欲界魔王波旬，見如是等三十二夢不祥相已，從睡而寤，遍體戰慄，心意不安，內懷恐懼，普喚一切魔家眷屬，皆令集聚。"此為"普喚"連用之例。下文云"諸官皆驚"，與"普喚"相應。《珠林》卷五六引《賢愚經》："乞兒聞說，並皆歡喜，信心倍隆，歸誠出家。""並皆"，北魏慧覺等譯《賢愚經》卷五"散檀寧品"原作"普皆"，又卷八〇引《佛說太子須大拏經》："阿周陀言：'是山中者，並是福地，所在可止耳。'""並是"，東晉聖堅譯《太子須大拏經》原作"普是"，此乃"普"誤省作"並"之例。

# 《法苑珠林校注》卷六十一商議

[261] 洛中沙門竺法行者，高足僧也。時人令請域曰：上人既得道之僧也，願留一言，以為永誡。（引《梁高僧傳》；冊四，61/1805/5）

按："時人令請域曰"句，《珠林》各本同；《高僧傳》卷九"晉洛陽耆域"作"時人方之樂令，因請域曰"；《珠林》卷二八引《冥祥記》記錄耆域此事作"時寺中有竺法行，善談論，時以比樂令。見域稽首曰……"當時人提及竺法行，每與樂令為比，如《高僧傳》卷四"于道邃"："《喻道論》云：'近洛中有竺法行，談者以方樂令；江南有于道邃，識者以對勝流。皆當時共所見聞，非同志之私譽也。'"《弘明集》卷二晉宗炳《明佛論》："中朝竺法行，時人比之樂令。"故此處"時人令"當補足為"時人方之樂令"，校點為："洛中沙門竺法行者，高足僧也，時人方之樂令。請域曰……"

[262] 吾此微身亦預斯會，時得道人謂吾曰：此主人命盡，當更難身，後王晉地。今王為主，豈非福耶。（引《梁高僧傳》；冊四，61/1808/12）

按："今王為主"句，《高僧傳》卷九、《太平廣記》卷八八引《高僧傳》作"今王為王"，宋胡寅《崇正辯》卷二敘此事作"今為王"。當改"主"為"王"。

[263] 即遣人與虎辭曰：物理必遷，身命非保。貧道災幻之軀，化期已及。既荷恩殊重，故逆以仰聞。（引《梁高僧傳》；冊四，61/1810/12）

按："災幻"未聞，《高僧傳》卷九、《太平廣記》卷八八引《高僧傳》作"焰幻"，當據改。"焰"和"幻"是佛教關於"空"的兩種比喻，如後秦鳩摩羅什譯《摩訶般若波羅蜜經》卷二三："佛告須菩提：'菩薩摩訶薩住五陰如夢、如響、如影、如焰、如幻、如化。住是中行布施、持戒、修忍辱、勤精進、入禪定、修智慧。知是五陰實如夢、如響、如影、如焰、如幻、如化，五陰如夢無相，乃至如化無相。何以故？夢無自性，響、影、焰、幻、化皆無自性。若法無自性，是法無相。若法無相，是法一相，所謂無相。'"唐地婆訶羅譯《方廣大莊嚴經》卷九："世間五欲燒眾生，猶如猛火焚乾草，亦如焰幻無有實，亦如泡沫不久停。""焰幻之軀"猶如虛無的身心。

[264] 佛天、須菩提等數十名僧，出自天竺、康居，不遠數萬之路，足涉流沙，詣澄受訓。樊河釋道安、中山竺法雅，並跨越關河，聽澄講說。皆妙達精理，研測幽微。（引《梁高僧傳》；冊四，61/1811/11）

按："樊河"不詳，金陵本《高僧傳》卷九、《太平廣記》卷八八引《高僧傳》作"樊沔"。南朝梁僧祐《出三藏記集》卷十五《道安法師傳》："安在樊沔十五載，每歲常再遍講《放光經》，未嘗廢闕。"《高僧傳》卷五所記同。又卷十五《慧遠法師傳》："後隨安公南遊樊沔。"《高僧傳》卷六"樊沔"或作"樊河"，非是。《全唐文》卷一四三李百藥《化度寺故僧邕禪師舍利塔銘》："未若道安之遊樊沔，對鑿齒而自伐彌天。慧遠之在廬山，折桓元之致敬人主。"以上多作"樊沔"。"河"為"沔"之形誤字，當據改。"樊"即樊城；"沔"即樊城南之沔水，是古襄陽段漢水的稱呼。

[265] 後欲往瓜洲，步行於江側，就航人告渡，不肯載之。"（引《梁高僧傳》，冊四，61/1813/9）

《校注》："'行'字原作'江'，據《高麗藏》本改。"

按：《大正藏》本、《中華藏》本作"行"，《大正藏》本校："宋、元、明、宮本作'江'。"（53/747a/10）《中華藏》本校："磧、普、南、徑、清作'江'。"（71/162b/20）若依《校注》，則"步"當連上為句，清顧祖禹《讀史方輿紀要》卷二三《南直五·揚州府·江都縣》："瓜洲城，府南四十里江濱。昔為瓜洲村，揚子江之沙磧也。沙漸長，狀如瓜字，接連揚子江口，民居其上，自唐開元以後，漸為南北襟喉之處……或謂之瓜埠洲，亦曰瓜洲步。"此地名為"瓜洲步"，故當連文。不過，他書記杯渡此事，目的地非"瓜洲"，而是"瓜步（江）"。中華書局本《高僧傳》卷十"杯度"："後欲往延［瓜］步江，於江側就航人告度［渡］，不肯載之。"《太平廣記》卷九〇引《高僧傳》作："後欲往瓜步，至於江側，就航人告渡，不肯載之。"汪紹楹校："至原作江，據明抄本改。"（590頁）唐神清撰《北山錄》卷三記杯渡事："嘗欲往瓜步，津人不為操舟，乃自累足於杯中，眄睞吟詠，直濟北岸。"北宋慧寶注："瓜步，江淮地名，昔孫鍾種瓜於此也，揚子江上也。"下面兩條記載也有助於我們了解"瓜步"的具體位置。《初學記》卷六引宋荀倫《與河伯箋》:"凡長江有別名,則有……瓜步江(今揚州六合縣界。西南對潤州江寧縣,即魏文帝及後魏太武帝所臨處)。"《全宋文》卷四七鮑照《瓜步山揭文》:"瓜步山者,亦江中眇小山也。"《讀史方輿紀要》卷二〇《南直二·應天府·六合縣》:"瓜步山,縣東二十五里,亦曰瓜埠,東臨大江。"據此可知,杯度行跡中之"瓜步"或"瓜步江",應是指瓜步山所在的江岸,則此處當校點作:"後欲往瓜步江,於江側就航人告渡,不肯載之。"清王鳴盛《十七史商榷》卷七九《新舊唐書》十一"瓜洲瓜步":"蓋自隋以前使命往來及北軍南征者皆出瓜步,唐開元後移之瓜洲,則瓜步之渡廢矣。"文中詳列史書中"瓜洲"與"瓜步"牽混之例,可以參看。

〔266〕少時家門為胡虜所滅,禍將及暢。虜師見暢而止之曰:此兒目光外射,非凡童也。遂獲免。(引《梁高僧傳》;冊四,61/1818/2)

按:"虜師",明成祖撰《神僧傳》卷三"玄暢"同,《高僧傳》卷八"釋玄暢"原作"虜帥"。"師"是軍隊,指集體;"帥"是主帥,指個人。從下文言行看,作"帥"意順。清靈操撰《釋氏蒙求》下冊作"虜帥",並自注云:"虜帥之帥,音衰,將也;若音率,是所領兵也。"也認為此處當是表達"將帥"義。《高僧傳》卷十三"釋法悅":"時虜帥蘭陵公攻陷此營,獲諸沙門。"《大正藏》本《珠林》卷十五也誤引"虜帥"作"虜師"。

〔267〕人有笑其形容者,便陽設以酒杯向口,即掩鼻不脫。(引《異苑》;冊四,61/1819/12)

按：此處標點不妥，致文意不暢。"設"是用飲食招待之義，如《太平御覽》卷四八引《輿地志》："有死者亦哭泣殯葬，嘗有山行人遇其葬，日出酒食以設人。"《太平廣記》卷十八"文廣通"引《神仙感遇傳》："又見西齋有十人相對，彈一弦琴，而五聲自韻。有童子酌酒，呼令設客。文飲半酣，四體怡然，因爾辭退。"故"便陽設以酒"當為一句，幾句意思是：於是假裝用酒辦招待，笑者舉杯近口，酒杯就蓋在鼻子上取不下來。

[268] 悅殷國真君九年遣使朝獻，並送幻人，稱能割人喉脈令斷，擊人頭令骨陷，皆血出淋落，或數升或盈斗。（引《後魏書》；冊四，61/1820/8）

按："悅殷國"未聞。此事見《魏書·西域傳》，"悅殷國"為"悅般國"之誤。

[269] 其將斷舌，先吐以示賓客，然後刀截，血流覆地。乃取置器中，傳以示人。視之舌頭，半舌猶在。既而還取合續之。有頃坐以見人，舌則如故，不知其實斷不也。（冊四，61/1821/5）

按："坐以見人"難解，《珠林》卷七六作"吐已示人"。"以"和"已"相通，"見"與"示"義同，唯"坐"或寫作"坐"，遂成為"吐"之誤字。從表演幻術的情景看，"吐以見人"也更合理。今本《搜神記》卷二作"坐有頃，坐人見舌則如故"，很顯然是輯自《太平御覽》卷七三七，文字有誤。

[270] 其續斷，取絹布與人，各執一頭，對剪一斷之。已而取兩段合，將祝之，則復還連絹無異，故

一體也。（引《搜神記》；冊四，61/1821/6）

　　按："將"當據《珠林》卷七六、《太平御覽》卷八一七引《搜神記》校改為"持"，其前不應點斷。"合持"即同時拿著，如《三國志·魏志·董卓傳》裴注引《獻帝起居注》："催帶三刀，手復與鞭合持一刀。侍中、侍郎見催帶仗，皆惶恐，亦帶劍持刀，先入在帝側。"此言李催身上帶著三把刀，手上又與馬鞭一起握著一把刀。東晉法顯譯《大般泥洹經》卷四："譬如雪山有好甜藥，時諸商人合持諸藥遊行而賣。時有一人不識諸藥，問彼商人：'汝有雪山甜藥草不？'答言：'我有。'便從其買，而彼商人輒與苦藥。"合持諸藥，指商人同時拿著甜藥和苦藥來賣。"取兩段合持祝之"是說取兩段絹布同時拿在一起施行咒術。又，據前文所述及行文習慣，"絹無異"當作"絹布無異"，其前宜斷開。

　　[271] 至十三年，於長山為本主所得。知有禁術，慮必亡叛，的縛枷鏁，極為重復。少日已失所在。（引《異苑》；冊四，61/1824/1）

　　按："的縛"，《異苑》卷九同。而《太平御覽》卷七三七引作"約縛"，應據改。"約縛"在此意為捆綁，"約"和"縛"皆有"纏束"義，"約縛"同義連用也是此義，《漢語大詞典》未錄此詞。如《論衡·程材》："封蒙約縛，簡繩檢署，事不如法。"句中"約縛"指捆紮公文。《初學記》卷四引《續齊諧記》："漢建武年，長沙歐回，見人自稱三閭大夫，謂回曰：'見祭甚善，常苦蛟龍所竊，可以菰葉塞上，以彩絲約縛之，二物蛟龍所畏。'""約縛"又可倒言作"縛約"，如《春秋公羊傳·宣西元年》唐徐彥疏引鄭玄曰："上六乘陽，有邪惡之罪，故縛約徽墨，置於叢棘，而後公卿以下議之。"文中"縛約""徽墨"都是"捆綁"義。《資治通鑒》卷三六胡三省注引孔穎達曰:"縢,是縛約之名。"《〈異苑〉詞語校釋瑣記》(《古籍整理研究學刊》2000 年第 1 期)認為《異苑》之"的"借為"靮",其說可商。

[272] 周穆王時,西極國有化人來……千變萬化,不可窮極。已變物之形,又且易人之慮。穆王敬之若神。(引《列子》;冊四,61/1824/3)

《校注》:"出《列子》。"

按:《校注》標注《列子》引文來源時體例不一,如卷一既有"出《列子》卷一《天瑞篇》第一"(122/15),又有"出《列子》卷五《湯問》"(126/12),此文又說"出《列子》"。查此處出自《列子》卷三《周穆王》,依例至少當出示篇名。

又:"已變物之形"句首原書有"既",文句前後相協,當補。南朝梁僧祐《弘明集·後序》引《列子》作:"既能變人之形",也有"既"字。

[273] 弄幻之士,因時而作。植瓜種菜,立起尋尺。投芳送臭,賣黃售白。麾天興雲霧,畫地成河海。(引孔煒《七引》;冊四,61/1824/9)

《校注》:"'海'字原作'洛',據《高麗藏》本改。"

按:《大正藏》本、《中華藏》本作"海",《大正藏》本校:"宋、元、明、宮作'洛'。"(53/749c/25)《中華藏》本校:"磧、普、南、徑、清作'洛'。"(72/166c/15)《太平御覽》卷七三七引作"海",明陳耀文《天中記》卷四十引作"湖"。此處宜以"洛"為是,"海""湖"不可取。其一，《北堂書鈔》卷一一二"樂部·倡優"引孔煒《七引》作："投口迭罪，賣黃集白。宛蛇是兔，住出掌掖。摩興雲霧，畫成河洛。"文亦作"河洛"。其二，東漢張衡《西京賦》："吞刀吐火，雲霧杳冥，畫地成川，流渭通涇。"東晉葛洪《西京雜記》卷三："又說淮南王好方士，方士皆以術見，遂有畫地成江河，撮土為山岩，嘘吸為寒暑，噴嗽為雨霧，王卒與諸方士俱去。"兩例也是對弄幻之士的描寫，皆幻人畫地為江河，不及於海。其三，清人嚴可均輯《全上古三代秦漢三國六朝文·先唐文》錄有孔煒《七引》中的七段殘文，除了引自《太平御覽》的本處文字外，另有四段在四句及其以上，俱是韻文，由此可知，《七引》當是通篇韻文。此段文字中韻腳字"作、尺、白"以及上引《北堂書鈔》中的韻腳字"掖"皆為入聲字，四字《廣韻》中雖非同部字，但上古音中同屬"鐸"部。"洛"字是入聲字，上古音中也屬"鐸"部字，得與相協；若作"海"字，則聲韻不同。

# 《法苑珠林校注》卷六十二商議

　　[274] 若有祠祀，誰是受者？隨其祠處而為受者。若近樹林，則樹神受。舍河泉井，丘林埠阜，亦復如是。（引《優婆塞戒經》；冊四，62/1838/1）

　　《校注》："'埠'字原作'塠'，據《高麗藏》本改。"

　　按：《大正藏》本、《中華藏》本作"埠"，《大正藏》本校："宋、元、明、宮作'堆'。"（53/753c/3）《中華藏》本校："磧、普、南、徑、清作'塠'。"（72/21a/3）北涼曇無讖譯《優婆塞戒經》卷五、《諸經要集》卷十九引作"堆阜"。考慧琳《一切經音義》卷三釋《大般若波羅蜜多經》："垖阜，上都回反。……或從土作堆，亦同。經文作塠，俗字也。"又卷三五釋《佛說一字轉輪王佛頂呪經》："花堆，都回反。《考聲》云：高兒也。經作埠，或作垖，並非也。"是知堆、垖、塠、埠為異體字關係，此處原作"塠"，並無差誤，不必據《高麗藏》本改。"堆阜"義為"小山丘"，如後秦鳩摩羅什等譯《禪秘要法經》卷中："此諸骨人，墮地成聚，猶如堆阜，似腐木屑，集聚一處。"南朝宋曇無蜜多譯《佛說觀普賢菩薩行法經》："說是語時，行者即見東方一切無量世界，地平如掌，無諸堆阜、丘陵、荊棘。"北宋樂史《太平寰宇記》一〇六引南朝宋雷次宗《豫章記》："北有龍沙，堆阜逶迤，潔白高峻，而似龍形，連亙五六里，舊俗九月九日登高之處。"是其例。

[275] 益州之西雲南之有祠神，剋山石為室，下有民奉祠之。（引《搜神記》；冊四，62/1846/4）

按：今本《搜神記》卷四及《太平廣記》卷二九四"黃石公"引，"雲南之"作"雲南之東"，為一句。當據補"東"。

[276] 先聞石室中有聲。須臾問：來人何欲所言？便具語吉凶，不見其形。（引《搜神記》；冊四，62/1846/6）

按："所言"，今本《搜神記》卷四及《太平廣記》卷二九四"黃石公"引作"既言"，則此處當校點為："先聞石室中有聲，須臾，問來人何欲。既言，便具語吉凶，不見其形。"

[277] 漢蔣子文者，廣陵人。嗜酒好色，挑撻無度。常自謂青骨，死當為神。（引《搜神記》；冊四，62/1847/5）

《校注》："'青骨'，《磧沙藏》本、《南藏》本、《嘉興藏》本作'精骨'，《搜神記》作'己骨清'。"

按：《〈法苑珠林校注〉商校》（《鄭州大學學報》2016年第6期）云："《校注》中所見諸本'青骨''精骨''己骨清'皆費解。'青骨'似當為'貴骨'之形訛。"作"精骨"未允洽，作"貴骨"亦可商。上引文所舉三例語境相同，當是來自同源文獻。有兩例引自《金陵圖經》，古代載籍亦有異文，《太平御覽》卷四一、《太平寰宇記》卷九〇引《金陵

圖》即作"青骨"，且類書引《搜神記》幾乎都作"青（清）
骨"或"骨青（清）"，故不排除"貴骨"為人竄改的可能。
"青骨"為神異之相，古書亦有例，如《拾遺記》卷六："釣
得白蛟，長三丈，若大蛇，無鱗甲。帝曰：'非祥也。'命太
官為鮓，肉紫骨青，味甚香美，班賜群臣。帝思其美，漁者
不能復得，知為神異之物。"此言白蛟骨青，為神異之物。
道教典籍中更是多次言及青骨者可通神為仙，如《太上洞房
內經注》："其次生無死地，其次青骨，其次行過古人……以
此學道，可致仙也。"《上清無英真童合遊內變玉經》："忽有
神人，浚雲戴月，絡帶天辰，玉真秀銳，青骨柔明，以告青
童曰……"《上清道寶經》卷一："青骨，樂聞五香之氣，好
學神仙之事。"唐王懸河《三洞珠囊》卷八引《登真隱訣立
功品》："生而青骨，通神接真。"要之，蔣子文事仍當以
"青骨"為是。

[278] 及永嘉之亂，有巫見宣王泣云：家傾覆，
正由曹爽、夏侯玄二人訴怨得申故也。（引《冤魂志》；
冊四，62/1850/6）

按："家傾覆"，當補足為"家國傾覆"。《太平廣記》卷
一一九"夏侯玄"引《還冤記》作"我國傾覆"，草書"我"
與"家"字極為近似，抄者遂誤"家"為"我"。《太平御
覽》卷九五、卷八八四引《異苑》記同一事也作"家國傾
覆"，今本《異苑》卷六"家國"誤倒為"國家"。

[279] 初有人若使者，將刀數十，呼將去。從者
欲縛之，使者曰：此人有福，未可縛也。（引《冥祥
記》；冊四，62/1852/3）

按："將刀數十"一句於此不通暢，《太平廣記》卷一一三"陳安居"引《珠林》作"侍從數十"，文從字順，當據改。"侍"與"將"形體相近，"從"異體或作"刕"，不明俗字者極易誤認作"刀"，此乃致誤之由。

[280] 使者將至數處，如局司所居。末有人授紙筆與安居曰：可疏二十四通，死名安居。即如言疏名成數通。（引《冥祥記》；冊四，62/1852/4）

按：最後幾句當標點為："末有人授紙筆與安居曰：可疏二十四通死名。安居即如言疏名成數通。"《太平廣記》卷一一三"陳安居"引《珠林》，中華書局本（785頁）點斷不誤。根據中古志怪小說的描寫，人在死之前名字會先注入冥間的死籍，如《太平廣記》卷一〇六"陸康成"引《報應記》記退居在家的陸康成忽見已經故去的下屬抱著陰間的名簿來請他簽名，說上面都是來年會死於刀兵的，其中居然就有陸康成的名字；而人死以後，冥間鬼神要核定死者的姓名（即死名），考量死者生前所為，以此確定死者該不該死或死後該入何處，如《珠林》卷七引《冥祥記》記趙泰入冥事，冥官先是簡視名簿，核查姓名；隨後又問生時所為罪行和福善，以與派往人間的冥間使者所列舉的實情核對。此處冥間鬼神讓陳安居書寫二十四通死名，也主要是為了檢校他的姓名以及生前福業；在下文中，當判定陳安居不當死後，冥官就讓他"拔卻死名"，於是安居依次抽取死名。可見，書寫和拔去的都是"死名"，"死名"後當斷，"安居"當連下為句。

[281] 家安饟器於福灶口，而此婦眠重，嬰兒於灶上匍匐走行，糞汙饟器中。此婦寤已，即請謝神祇，

盥洗精熟。（引《冥祥記》；冊四，62/1853/1）

按："精熟"是精通純熟之義，於此未安。《太平廣記》卷一一三"陳安居"引《珠林》作"精潔"，其義為"精細潔淨"，如《魏書·胡叟傳》："其館宇卑陋，園疇褊局，而飯菜精潔，醯醬調美。"凡祭神物品，務求精細潔淨，以示真誠恭敬。顯然"精潔"的語意更合，當據改。

[282] 安居既愈，欲驗黃水婦人，故往冠軍縣尋問。果有此婦，相見依然，如有曩舊。云：已死得生，舅即以某日而亡。（引《冥祥記》；冊四，62/1854/3）

按："某日"，《大正藏》本、《中華藏》本作"其日"，《大正藏》本校："'其'，宋、元、明、宮作'某'。"（53/757c/2）《中華藏》本校："磧、普、南、徑、清作'某'。"（72/182b/7）《太平廣記》卷一一三"陳安居"引作"其日"。當改為"其日"。上文記黃水婦人在冥間被判定無罪時，府君還因婦人的公公誣謗幽靈而下令把他抓來，而且是"須臾而到"，這意味著婦人從冥間無罪放還的當天，其公公就被抓到冥間而死去。

[283] 至年十七，宋景平末，得病危篤。家中齋祈彌勵，亦淫祀求福，疾終不愈。（引《冥祥記》；冊四，62/1854/6）

《校注》："'中'字原脫，據《高麗藏》本補。"

按：《大正藏》本校："'中'，宋、元、明、宮無。"（53/757c/9）《中華藏》本校："'中'，磧、普、南、徑、清無。"（72/182b/15）此處不補"中"字也通，"家"即指家人。在漢魏六朝時期，"家人"常常省稱為"家"，二者在同一文中可交錯出現，如《搜神記》卷十八："飲食即絕，辭訣而去。家人大小，哀割斷絕。如是數年，家益厭苦。"又："家有犬，人行，家人言當殺之……頃之，狗戴叔堅冠走，家大驚。……狗又於灶前畜火，家益怔營。"不僅在偶數字的句子中使用，在奇數字的句中也有用例，這說明省稱"家"不是為了臨時協調音節，如《漢書·王莽傳下》："莽欲秘之，使殺案事使者司命從事，埋獄中，家不知所在。"《後漢書·五行志五》："有行聞其塚中有聲，便語其家。家往視聞聲，便發出，遂活。"《太平廣記》卷十二"李常在"引《神仙傳》："去時，從其弟子曾家孔家各請一小兒，年皆十七八。家亦不知常在欲何去，即遣送之。"

[284] 及破吳楚，有大功，為丞相。以忠諫彊直，數犯景帝。竟下獄，卒以餓死。（引《漢書》；冊四，62/1865/7）

《校注》："'諫'字原作'蹇'，據《高麗藏》本改。"

按：《大正藏》本校："'諫'，宋、元、明、宮作'蹇'。"（53/760c/9）《中華藏》本校："'忠諫彊直'，磧、普、南、徑、清作'忠蹇疆直'。"（72/186b/23）原作"忠蹇"不誤。"忠蹇"，或寫作"忠謇"，義為"忠誠剛直"。如東漢應劭《風俗通義》卷二："原父安為司徒，忠蹇匪躬，盡誠事國，啟發和帝，誅討竇氏。"《後漢書·蔡邕傳》："臣愚以為宜擢文右職，以勸忠謇，宣聲海內，博開政路。"《晉書·劉毅傳》："帝以毅忠蹇正直，使掌諫官。"據《漢書·周勃傳》所附周亞夫傳記，周亞夫冒犯景帝，不獨有言語上的勸諫，也有行為上的抵觸，此處用"忠蹇"概述為佳。

[285] 後周時，有張元，字孝始，河北萬城人也。

（引《周史》；册四，62/1868/1）

　　按：萬城，《太平廣記》卷一一二"張元"引《珠林》同；《周書·孝義傳·張元》《北史·孝行傳·張元》並作"芮城"。據《魏書·地形志下》，河北郡河北縣下有"芮城"；又《隋書·地理志中》，河東郡下河北、芮城分置為二縣。則此處"萬城"為"芮城"之誤。

# 《法苑珠林校注》卷六十三商議

[286] 秦時有中宿縣千里水，觀亭有江神祠壇。經過有不恪者，必狂走入山，變為虎。中朝縣民至洛反，路見一行旅，寄其書，曰：吾家在觀亭廟前，石間懸藤即是也。但扣藤，自有應者。（引《異苑》，冊四，63/1879/6）

校注：“‘中朝’，《太平廣記》引作‘中宿’。”

按：“中朝”，《珠林》各本同。《異苑》卷五作“晉中朝”，《水經注》卷三八“溱水”記此事作：“晉中朝時，縣人有使者至洛，事訖將還。忽有一人寄其書云……”晉中朝，是偏安江左的東晉稱建都中原時的西晉。故“中朝”不誤，其後當逗開。“縣民”指中宿縣民。

又：“千里水”，《珠林》各本同。《水經注》卷三八“溱水”：“溱水又西南徑中宿縣會一里水，其處隘名之為觀岐。”楊守敬《水經注疏》云：“《異苑》稱中宿縣千里水，千為一誤。今有琶江，出佛岡廳東北，西南流至清遠縣，東北入滇江，疑即一里水也。”其說疑是。

[287] 漢夜郎遯水竹王祠者，昔有女子浣於水濱，有大節竹流入女足間，推之不去。有小兒啼聲，破之

得一男兒。(引《異苑》;冊四,63/1880/4)

按:"大節竹",《異苑》卷五作"三節大竹",《後漢書·南蠻西南夷列傳》、《華陽國志》卷四、《水經注》卷三六記此事並同,當據改。蓋此處先脫落"三"字,而後又調整語序以協文,然已非本義。

[288] 漢使唐蒙誘而斬之,夷獠怨,訴竹王非血氣所育,求立嗣。(引《異苑》;冊四,63/1880/6)

按:"夷獠怨"後逗號可刪。"怨訴"為一詞,指向上訴說冤屈、不滿等。如《太平御覽》卷六六引《會稽記》:"創湖之始,多淹塚宅,有千餘人怨訴於臺,臻遂被刑於市,及臺中遣使按鞫,忽不見人,驗籍皆是先死亡人之名。"《南齊書·虞玩之傳》:"路太后外親朱仁彌犯罪,依法錄治。太后怨訴孝武,坐免官。"《北齊書·循吏傳·蘇瓊》:"徐州城中五級寺忽被盜銅像一百軀,有司徵檢,四鄰防宿及蹤跡所疑,逮繫數十人,瓊一時放遣。寺僧怨訴不為推賊,瓊遣僧,謝曰:'但且還寺,得像自送。'"《太平廣記》卷一一九引《還冤記》:"然子融罪皆在赦前,法瑗等觀望上意,抑為赦後。子融臨刑之際,怨訴百端,既不得理,乃曰:'若使此等平直,是無天道。'"是其例也。

[289] 赤松子者,神農時雨師也。服水玉以教神農,能入火自燒。(引《搜神記》,冊四,63/1882/2)

按:"入火自燒",今本《搜神記》卷一作"入火不燒"。關於赤松子此事,早見於《列仙傳》卷上,今本作"入火自燒",但諸書所引則早有分歧。《後漢書·張衡傳》李賢注引《列仙傳》作"能入火自燒",中華書局標點本《校勘記》:"按:《文選·遊仙詩》注引'自'作'不',《類聚》七八引

仍作‘自’。”（冊七，1950 頁）校者未加決斷。《史記·留
侯世家》司馬貞《索隱》、《漢書·張良傳》顏師古注、《初
學記》卷二三、宋張君房《雲笈七籤》卷一〇八引《列仙
傳》作“入火自燒”；《後漢書·馮衍傳下》李賢注、《太平
御覽》卷三八和卷八〇五、宋吳淑《事類賦》卷八引《列仙
傳》作“入火不燒”。究竟該是“能入火自燒”，還是“能入
火不燒”？古書中所記入火自燒，往往是不畏懼火而入其中，
且結果皆是身亡。由此觀之，此處“能入火自燒”殊不合
理。而“能入火不燒”則是得道的神仙至人所具有的特異功
能。《抱朴子內篇·仙藥》：“玉可以烏米酒及地榆酒化之為
水……服之一年已上，入水不沾，入火不灼，刃之不傷，百
毒不犯也。”此可證仙道中確有玉可化為水，且服水玉後能
進入火中不被燒灼之說。故當以“能入火不燒”為是。說詳
拙著《中古小說校釋集稿》（1～3 頁）。

[290] 卒復七日，堅以其神異，試開棺視之，不
見屍骸所在，唯有殮被存焉。（引《梁高僧傳》；冊四，
63/1884/11）

按：“復”，諸本作“後”，《高僧傳》卷十“涉公”同，
當據改。

[291] 晉建武年正月至六月，時天大旱，石虎遣
太子詣臨漳西谷口祈雨，久而不降。（引《梁高僧傳》；
冊四，63/1885/3）

按：“谷口”，《大正藏》本、《中華藏》本作“釜口”，
《大正藏》本校：“‘釜’，宋、元、明、宮作‘谷’。”（53/
765a/27）《中華藏》本校：“‘釜口’，磧、普、南、徑、清

作'谷口'。"（72/199b/15）《高僧傳》卷九"佛圖澄"作"釜口"，《晉書·藝術傳·佛圖澄》作"滏口"。北魏崔鴻《十六國春秋》卷十六"後趙録"："建武六年春二月，虎將石成與慕容皝戰於遼西，大敗引歸。夏六月，大旱，白虹經天，自正月至六月不雨。虎遣太子宣詣臨漳滏口祈之，久而不降。"《太平御覽》卷十一引《佛圖澄傳》："石虎時，自正月至六月不雨，澄詣滏口祠，稽首暴露，即有二白龍降祠下，於是雨遍數千里。"又卷六四引《浮圖澄別傳》同。清顧祖禹《讀史方輿紀要·河南四·彰德府·臨漳縣》："滏水，在縣西十五里，亦曰滏陽河，源出武安縣東滏口山。泉源沸湧，若釜水之湯湯，故以滏名。"是知此處"谷口"誤，當作"滏口"或"釜口"。又，據《十六國春秋》，"建武年"當補足為"建武六年"。

[292] 於是伏弩射而殺之，曝皮於庭。父行，女與鄰女於皮所戲，以足蹴之。（引《搜神記》；冊四，63/1905/2）

《校注》："'蹴'字原作'蹙'，據《高麗藏》本、《磧砂藏》本、《南藏》本、《嘉興藏》本改。"

按："蹙"與"蹴"古代通用，不須改字。《廣雅·釋言》："跑，蚳也。"王念孫疏證："蹙與蹴同。"《禮記·曲禮上》："以足蹙路馬芻，有誅。"陸德明《經典釋文》卷十一："蹙，本又作蹴。"《水經注》卷九"淇水"："宋均曰：'子路患宰予顧視凶地，故以足蹙之，使墮車也。'"《資治通鑑》卷六"秦昭襄王五十六年"："王不聽，自將偏軍隨之。將渠引王之綬，王以足蹙之。"以上皆"蹙""蹴"相通之證。

[293] 瑜常以為結溺三途，情形故也。情將盡矣，

形亦宜殞。"校注："'殞'字原作'損'，據《高麗藏》
本改。（引《冥祥記》；冊四，63/1905/11）

　　按：《大正藏》本、《中華藏》本作"殞"，《大正藏》本
校："宋、元、明三本和宮本作'損'。"（53/770a/25）《中
華大藏經》校："磧、普、南、徑、清作'損'。"（72/206c/
19）《高僧傳》卷十二記有宋釋僧瑜事，文字與《冥祥記》
多有相同，中華書局校注本"殞"字作"損"，校："三本、
金陵本'損'作'捐'。"（452 頁）《珠林》卷九六引《高僧
傳》也作"捐"。"形亦宜捐"意即身體也應當捐棄，於此義
長。"捐"俗寫封口易誤為"損"，可參前［213］條；因
"損"施於此文意未安，故又臆改為形近字"殞"。

# 《法苑珠林校注》卷六十四商議

[294] 行達民家，恍忽如眠，便不復寤。民以為死，舁出外門。方營殯具，經夕能言。（引《冥祥記》；冊四，64/1915/5）

《校注》：“'舁'字原作'舉'，據《高麗藏》本改。”

按：《大正藏》本作“舁”，校：“宋、元、明、宮作'舉'。”（53/772b/13）《中華藏》本作“轝”，校：“磧、普、南、徑、清作'舉'。”（72/215c/20）《太平廣記》卷一三一“元稚宗”引《祥異記》作“舁”。《說文·手部》：“舉，對舉也……一曰舁也。”段玉裁注：“按舁即舁，轉寫改之……舁者，共舉也。共者，非一人之辭也。舉之義亦或訓為舁。”由此可知，眾人搬抬東西，用“舁”“舁”“舉”三字皆可。《搜神記》卷十五：“棺中雲母厚尺許，以白玉璧三十枚藉屍。兵人輩共舉出死人，以倚塚壁。”唐牛僧孺《玄怪錄》卷二“周靜帝”：“骨低聞而令掘之，深數尺，得瓦礫，瓦礫之下得一大木檻，檻中皮袋數十……骨低知諸袋為怪，欲舉出焚之。”以上兩例“舉出”與本文一樣表示“抬出”之義。又，《珠林》卷六五引《梁高僧傳》：“須臾弟子來至，王人復到。舉國奔赴，號叫相屬，因舁之還宮。”《校注》：“'舁'字原作'舉'，據《高麗藏》本改。”（1968/

12）既知"興""舉"同義，則不煩改字。

[295] 稚宗因問：我行旅有三，而獨嬰苦，何也？道人曰：彼二人自知罪福，知而故犯。唯爾愚朦，不識緣報，故以相誡。（引《冥祥記》；冊四，64/1915/11）

按："知而故犯"，《四庫》本作"知而無犯"，《珠林》其餘各本皆同此處，然上下文意扞格難通。《太平廣記》卷一三一"元稚宗"引《祥異記》也作"知而無犯"，在此吻合，當據改。

[296] 隋開皇初，冀州外邑中有小兒，年十三，常盜鄰雞卵燒煨食之。後朝村人未起，其門外有人扣門呼此兒聲。父令兒出應之。（引《冥報記》；冊四，64/1917/3）

《校注》："'門外'原作'聞外'，據《高麗藏》本改。"

按：《大正藏》本校："'門'，宋、元、明、宮作'聞'。"（53/772c/26）《中華藏》本校："'門'，磧、普、南、徑、清作'聞'。"（72/216c/2）"其門外"，《冥報記》卷下作"其父聞外"。此處作"聞"似不誤，乃是其前脫一"父"字。

[297] 因引兒出村南，舊是桑田，耕訖未下種。且此小兒，忽見道右有一小城，四面門樓，丹素甚嚴。（引《冥報記》；冊四，64/1917/5）

按："且"，《大正藏》本校："宋、元、明、宮作'旦'。"（53/773a/1）《中華藏》本校："磧、普、南、徑、清作'旦'。"（72/216c/6）《大正藏》本《冥報記》卷下作

"是旦"，日本高山寺本《冥報記》卷下作"是旦"。"是旦"意即"這天早晨"，與前文"朝"相應，可從。

[298] 時村人出因採桑，男女甚眾。皆見此兒在耕田中，口似啼聲，四方馳走。（引《冥報記》；冊四，64/1917/8）

按："出因"，《冥報記》卷下及《太平廣記》卷一三一"冀州小兒"引皆作"出田"，當據改。"出田"在漢代以前僅指出外打獵，漢代以後又可表示"到野外"之義，如西晉法炬、法立共譯《法句譬喻經》卷二："生五六十日，其父放牛，來還懈息，卻臥牀上；其母出田拾薪未還。此二小兒左右顧視，不見父母，便共相責。"隋吉藏《勝鬘寶窟》卷上："其時值王出田遊獵，天時暑熱，遙見黃頭所守之園，叢林鬱茂，馳往就之。""出田""遊獵"連用，知"出田"非指出外打獵。《冥報記》卷下："京兆潘果，年未弱冠，以武德中任都水小吏。下飯，與里中少年數人出田遊戲，過於塚間，見一羊為人所遺，獨立食草。果因與里中年少捉之，將以飯家。"《漢語大詞典》"出田"下（941頁）當補此義。

[299] 及至山頂，引而廳事，見一官人，被服緋衣，首冠黑幘。（引《冥報（記）[拾遺]》；冊四，64/1918/12）

按："引而廳事"難解。《太平廣記》卷一三二"方山開"引《珠林》，"而"作"至"，中華書局本《冥報記》附錄《冥報拾遺》改"而"為"至"（112頁），恐非原文。頗疑此處"而"當是"向"之形誤。《珠林》卷九一引《冤魂志》："無幾，大兒向廁，忽便絕倒。"敦煌本《還冤記》（題

《冥報記》）"孔基"條即誤"向"為"而"。"向"有"至、到"義，可參王雲路和方一新《中古漢語語詞例釋》（399～401頁）、王鍈《唐宋筆記語辭彙釋（修訂本）》（245～246頁）。"引向"猶如"引到"，如《北史·齊宗室諸王傳上·彭城景思王浟》："至內室，稱敕呼浟，牽上馬，臨以白刃，欲引向南殿。"《珠林》卷九四引《冥報記》："眷屬喜問所由。文若報云：當死之時，見人引向閻羅王所。問文若：汝生存之時作何福業？"《太平廣記》卷四四"蕭洞玄"引《河東記》："平等王又令引向獄中，看諸受罪者，慘毒痛楚，萬狀千名。"此處下文有"可宜引向南院觀望"一句（《太平廣記》卷一三二同），也可助證。《珠林》卷六五引《冥報記》："但二人亡後，嘉運嘗與人同行於路，忽若見官府者。嘉運色憂怖，唯趨走。頃之乃定。同侶問之，答曰：而見東海公使人云：欲往益州追人。""而見"，《冥報記》卷下原作"向見者"，可從。末兩句校點為"向見者，東海公使人，云欲往益州追人"，語意更順暢。此為"向"誤為"而"之又一例。

[300] 唐交州都督遂安公李壽，始以宗室封王……延安公實憚云，夫人之弟，為臨說之耳。（引《冥報記》；冊四，64/1918/15）

《校注》："出《冥報記》卷下。"

按：《大正藏》第五十一冊所收三卷本《冥報記》無此條，《卍續藏經》第一四九冊所收日本人佐佐木憲德輯七卷本《冥報記輯書》錄入卷二，中華書局出版的方詩銘輯校的《冥報記》列入"補遺"（87頁）。此注云出《冥報記》卷下，有誤。

[301] 見其城中赫然，總是猛火。門側有數箇毒蛇，皆長十餘丈，頭大如五斗塊。口中吐火，如欲射人。（引《冥報（記）[拾遺]》；冊四，64/1919/3）

按："五斗塊"意未詳。《太平廣記》卷一三二"方山開"引《珠林》作"五斗斛"，中華書局本《冥報記》附錄《冥報拾遺》改"塊"為"斛"（112頁），兩字形音皆遠，致誤之由難明。甚疑此處"塊"乃是"魁"的形近誤字。用"魁"比喻與身子相連的蛇頭，殊為合宜。"魁"指勺子，偶爾用以狀同形之物，如《晉書·天文志下》："成帝咸康三年元月辛末，流星大如二斗魁，色青赤，光耀地，出奎中，沒婁北。"《藝文類聚》卷八七引《神仙傳》："有青登瓜，大如三斗魁，玄表丹裏，呈素含紅，攬之者壽，食之者仙。"又引《廣志》："有君子芋，大如斗魁。"故"頭大如五斗魁"和"頭大如五斗斛"皆可通，是否《太平廣記》編者改"魁"為"斛"，不得而知。《太平廣記》卷四五九"朱漢賓"引《玉堂閒話》："忽一日，曙色纔辨，有大蛇見於城之西南，首枕大城，尾拖於壕南岸土地廟中。其魁可大如五斗器，雙目如電，呀巨吻，以瞰於城。"此"魁"指頭部，這裏也是把大蛇的頭部比作五斗大的容器。

[302] 身肉骨髓，尚不寶戀，況復外財，寧生愛著。（冊四，64/1922/7）

《校注》："'寶'字原作'保'，據《高麗藏》本改。"

按：寶、保兩字相通，歷史悠久，如清王筠《說文句讀·人部》："古文、鐘鼎文寶字亦作保。"《史記·周本紀》："命南宮括、史佚展九鼎保玉。"裴駰《集解》引徐廣曰：

"保，一作寶。"唐代以來，兩字相通之例習見，即如"寶戀"，也時見寫作"保戀"者，表示"珍惜、愛重"之義，唐玄奘譯《阿毘達磨大毘婆沙論》卷一八〇："尊者小路，愛行鈍根，樂處居家，保戀親屬，廣致財產，位望奢豪。"唐處士王士元《亢倉子》："夫好貨甚者，不見他物之可好；好馬甚者，不見他物之可好；好書甚者，不見他物之可好。吾又安知天下之果可好者、果可惡者哉！由是不見物之可以保戀矣，無能滑吾真矣。"清呂熊《女仙外史》第四十九回："爾等食君之祿，但知保戀爵位，及至臨事，都像土偶一般，嘿無片言。"即是其例。

［303］兔王母子圍繞仙人，足滿七匝，白言：大師，我今為法供養。尊者仙人告言：汝是畜生，雖有慈心，何緣能辦。（引《一切智光明仙人慈心不食肉經》；冊四，64/1932/14）

按："尊者"在此是白兔當面稱呼仙人，而非作者敘述之語，宜連上為句。

# 《法苑珠林校注》卷六十五商議

[304] 嘉運問：是何人？答云：東海公使迎馬生耳。嘉運素有學識，知名州里。每臺使及四方貴客，多請見之。及見聞名，弗須怪也。謂使者曰：吾無馬。使者曰：進馬，以此迎馬生。（引《冥報記》；冊四，65/1949/12）

按："及見聞名，弗須怪也"語意澀滯，當校改為"及是聞召，弗復怪也"。"見"乃"是"之形誤字，兩字古書中易誤，下面舉"是"誤為"見"之三例，可參。《太平廣記》卷三六三"李哲"引《通幽記》："是夏夜，士溫醉臥，背燭牀頭，見一丈夫，自門直入。"中華書局本汪校："是原作見，據明抄本改。"（2885頁）《冥報拾遺·唐李知禮》："當時所視，乃是銅錢絲絹也。"中華書局本校："'是'，原作'見'，據《廣記》一三二引《冥報記》改。"（115頁）唐王昌齡《長歌行》詩："所是同袍者，相逢盡衰老。"《全唐詩》在"是"字下注"一作見"，蔣禮鴻《敦煌變文字義通釋》云："'見'字誤。"（501頁）古書在敘述先前發生的緣由和現時出現的結果之間，常用"及是"連接，猶言"到此時"，如《太平廣記》卷二三"呂生"引《逸史》："先是呂生年雖近六十，鬚髮漆黑，及是皓首，母始悔之。"又卷二六〇

"黎幹" 引《盧氏雜記》："彌月不雨，又請禱於文宣王廟。上聞之曰：'丘之禱久矣。' 命毀土龍，罷祈雨，減膳節用，以聽天命。及是甘澤乃足。" 宋曾公亮等《武經總要後集》卷三："初，吐蕃既立廣武王承宷，將劫京城，士女工匠整隊伍還番，及是聞鼓聲，謂有變，遂俱奔潰。" 又，從文中 "東海公使迎馬生" "進馬" 等敘寫看，"聞召" 比 "聞名" 更切合原意。故此，"及見聞名" 當據《冥報記》卷下改作 "及是聞召"，《太平廣記》卷一二九 "張公瑾妾" 引此句作 "及是"，尚留原文 "是"。

又："弗須怪" 當據《大正藏》本《珠林》及《太平廣記》卷一二九引《冥報記》作 "弗復怪"，意即不以（之）為怪，"復" 是副詞詞綴。

[305] 眾賈恐怖，謂潮卒漲，悲哀呼嗟，歸命諸天，誰見救濟。（引《（受）生經》；冊四，65/1958/3）

按："誰見救濟" 與前文銜接不暢。"誰" 當作 "唯"，表示希望、祈請，"唯見救濟" 意為祈願救濟他們。西晉竺法護譯《生經》卷四原作："眾賈恐怖，謂海水漲，湖水卒至，吾等定死。悲哀呼嗟，歸命諸天釋梵四王日月神明，願以威德，唯見救濟。"《經律異相》卷十一引同。《諸經要集》卷八節縮為："賈眾恐怖，謂潮卒漲，悲哀呼嗟，歸命諸天，唯見救濟。" 語意尚可通。《珠林》各本作 "唯"，獨此處誤 "唯" 為 "誰"，遂有滯澀。

[306] 與同學道朗等四人共行，持炬探穴，入且三里，遇一深流，橫木而過。冏最先濟，後輩墜木而死。（引《冥祥記》；冊四，65/1962/5）

按："墜木"，《太平廣記》卷一一一 "釋道冏" 引《珠

林》作"墜水",當據改。南朝齊陸杲《繫觀世音應驗記》
"釋道冏道人"記此事作:"道冏最先渡,無他。後伴悉落水
死。"也可助證。

[307]須臾,有火光來岸,如人捉炬者,照見溪
中了了。遙得歸家,火常在前導,去船十餘步。(引
《冥祥記》;冊四,65/1963/4)

按:"遙",《太平廣記》卷一一〇"呂竦"引《珠林》
作"逕",南朝宋傅亮《光世音應驗記》記此事作"徑"。
"遙"是"逕"之形誤,"徑"與"逕"為異體。"遙"與
"逕"形近易混,所以古書中"遙"和"逕""徑"常形成異
文。如《搜神後記》卷一:"何尋逐,徑向一山。"《太平御
覽》卷八二一引"徑"作"遙",又:"欲還失道,遇伐弓
人,問徑,僅得還家。"《太平御覽》卷三九引《晉書》,"問
徑"誤作"問遙"。《異苑》卷四:"忽見天上有一赤物下,
狀如信幡,遙集南人家屋上,須臾火遂大發。"《宋書·五行
志三》引"遙"作"徑"。又卷五:"烏傷陳氏有女未醮,著
屐徑上大楓樹顛,了無危懼。"《藝文類聚》卷八九引"徑"
作"遙"。《太平廣記》卷三"漢武帝"引《漢武內傳》:"忽
見西南如白雲起,鬱然直來,逕趨宮庭。"《太平御覽》卷七
七三引"逕"作"遙"。故知此處"遙得歸家"應作"逕得
歸家",其前當用逗號,其後用句號。"逕(徑)得"即徑
直,魏晉南北朝時習語。如此處下一條引《冥祥記》:"有
頃,望見山頭有火光赫然,回柂趣之,逕得還浦,舉船安
隱。"《晉書·盧志傳》:"齊王眾號百萬,與張泓等相持不能
決,大王逕得濟河,此之大勳,莫之與比。"南朝齊陸杲
《繫觀世音應驗記》:"既遭厄難,心益存至。一夜,鎖縛忽

自然解脫，徑得叛去。"《校注》也有數處正確校改"遙"為
"遄（徑）"之例，卷十九引《冥祥記》："法安徑之樹下，坐
禪通夜，向曉有虎負人而至，投樹之北。"校："'徑'字原
作'遙'，據《高麗藏》本改。"（冊二，632/10）又卷十七
引《冥祥記》："乃隱溝邊荊棘叢中，得蔽頭，復念觀世音，
心甚勤至。隔溝人遙喚後軍指令煞之，而軍遍搜覓，輒無見
者。遄得免濟，後遂出家。"又卷五三引《智度論》："是婆
羅門遄至鼓邊，打論議鼓。"又卷九六引《唐高僧傳》："泉
林遄絕，岩室無聲。"以上三例分別校："'遄'字原作
'遙'，據《高麗藏》本改。"（冊二，561/1；冊四，1585/1；
冊六，2778/2）惜此處出現漏校。

[308] 夜中械忽自破，上得離身，因是便走，遂
得免脫。崇既腳痛，同尋路經一寺，乃復稱觀世音名，
至心禮拜。（引《冥祥記》；冊四，65/1964/5）

按："尋"，《大正藏》本、《中華藏》本作"等"，《大正
藏》本校："宋、元、明作'尋'。"（53/785b/11）《中華
藏》本校："磧、普、南、徑、清作'尋'。"（72/239b/5）
"同尋"在此上下不連貫，《太平廣記》卷一一〇"張崇"引
《珠林》無"崇既腳痛，同尋"六字，清代弘贊編《觀音慈
林集》卷中無"同尋"兩字。"同等"即同伴，張崇隻身出
逃，無伴可言，意也難通。頗疑"同等"涉上文"崇與同等
五人"而竄入此處，因意不相干，又誤寫作形體相近而意義
仍無關涉的"同尋"。

[309] 以一石置前，發誓願言：今欲過江東，訴
亂晉帝，理此冤魂，救其妻息。若心願獲果，此石當
分為二。（引《冥祥記》；冊四，65/1964/6）

按："訴亂"未見他例，《太平廣記》卷一一〇"張崇"引《珠林》作"訴辭"，當據正。蓋因"辭"與"亂"形體相近而誤認。《說文解字》"辛部"："辭，訟也。""辭"本有"訴訟"之義，故"訴辭"意為"訴訟、控訴"，六朝時數見。如東晉僧伽提婆譯《增壹阿含經》卷三一："我等眾多比丘入舍衛城乞食，見眾多人民在王宮門外，稱怨訴辭。今王國界有賊名鴦掘魔，為人兇暴，無有慈心，殺於一切眾生。人亡國虛皆由此人。"前秦曇摩難提譯《阿育王息壞目因緣經》："國土人民，聞此教令，運集宮門，投針不下，異形同向，悉共高聲，號天叩地，各訴辭曰：'何酷之甚，失我聖王！如此天宮，云何遷轉，城郭如是，丘荒不久，國界邦土，悉為堆陵。我等咸共，傳告鄰國，云王阿育，為惡之首，殺兒揚名，有何可貴！尚不愛子，民何所恃?'"《北齊書·魏收傳》："於是眾口喧然，號為'穢史'，投牒者相次，收無以抗之。時左僕射楊愔、右僕射高德正二人勢傾朝野，與收皆親，收遂為其家並作傳。二人不欲言史不實，抑塞訴辭，終文宣世更不重論。"《晉書·劉隗傳》："百姓喧嘩，士女縱觀，咸曰其冤。伯息忠訴辭稱枉。"《漢語大詞典》據《晉書》此例釋"訴辭"為"訴狀"（6553頁），未得確義。此處"訴辭晉帝"即"訴辭於晉帝"，指向晉帝控訴。

[310] 晉王懿，字仲德，太原人也。守車騎將軍，世信奉法。父苗，苻堅時為中山太守，為丁零所害。（引《冥祥記》；冊四，65/1964/8）

《校注》："'苗'字，《太平廣記》引作'黃'。""'丁零'，《太平廣記》引作'丁岑'。"

按：《宋書·王懿傳》："王懿，字仲德，太原祁人。自言漢司徒允弟、幽州刺史懋七世孫也。祖宏，事石季龍；父苗，事苻堅，皆為二千石。"《南史·王懿傳》同。《太平廣記》作"黄"，誤。

又："丁岑"未聞。"丁零"是少數民族族名，兩晉南北朝時在中山、北地、定州等地活動。《太平廣記》作"丁岑"，不可取。

[311] 忽見一童子牽青牛，見懿等餒，各乞一飯，因忽不見。（引《冥祥記》；冊四，65/1965/1）

《校注》："'乞'字，《太平廣記》引作'與'。"

按：《廣韻》去聲未韻："氣，與人物也……今作乞。"《集韻》去聲未韻："乞，與也。"乞、與義同。《珠林》用"乞"者，《太平廣記》常改作"與"，如卷五二引《冥報拾遺》："為生平避汝父，將石余米乞女，故獲此報。"《太平廣記》卷一三四"李信"引《冥報拾遺》"乞"，即作"與"。

[312] 時積雨大水，懿前望浩然，不知何處為淺，可得揭蹻。（引《冥祥記》；冊四，65/1965/1）

《校注》："'蹻'字，《高麗藏》本及《太平廣記》引作'厲'。"

按："揭蹻"他書未見。《大正藏》本、《中華藏》本"蹻"也作"厲"，當從。《詩經·邶風·匏有苦葉》："匏有苦葉，濟有深涉。深則厲，淺則揭。""深則厲，淺則揭"原意是指水深就連衣徒步渡水，水淺就提起下衣渡水，後來凡渡水皆用"揭厲"，如《全後魏文》卷五五於子建《武德郡建沁水石橋記》："渾渾沁水，冀道名川，既難揭厲，又阻□船。"南朝梁僧祐《出三藏記集》卷七："將循曲陌，先限清澗，或如止水，乍有潔流，方從揭厲，且就褰攬。"此文魯迅《古小說鉤沉·冥祥記》錄作"揭躡"，《魏晉南北朝小說詞語彙釋》解釋"揭躡"為疊韻連綿詞，是"蹩躞"等的異形詞，有"踩踏、行走"義（102頁）。其說可商。

[313] 宋元嘉初中，有黃龍沙彌曇無竭者……竭又如初歸命，有大驚飛來，牛便驚散，遂得剋免。（引《冥祥記》；冊四，65/1967/15）

《校注》："又《太平廣記》卷一一一引，作出《珠林》。"

按：此條當是《太平廣記》卷一一〇引《法苑珠林》。

[314] 至貞觀二十三年四月八日小食訖，往止觀寺與眾辭別，還本房安坐而卒。異香充溢丹陽一郭。年九十九矣。（引《唐高僧傳》；冊四，65/1971/2）

按："異香充溢丹陽一郭"一句言辭誇大，似有不實。考《續高僧傳》卷二十"釋智聰"，末幾句原文作："還歸本房，安坐而卒，異香充溢。丹陽一郭受戒道俗三千餘人，奔走山服，哀慟林野。時年九十九矣。"唐惠詳《弘贊法華傳》卷八、唐僧詳《法華傳記》卷四同。故"異香充溢"承上而言，"丹陽一郭"下有所啟，因脫落數句，文意遂乖，出校語實有必要。

# 《法苑珠林校注》卷六十七商議

[315] 以食過故，蟲則瞋恚，令人面皺，或生多
靨，或黑、或黃、或赤，或令身臭，或令雀目，或口
中生瘡，或大小便處生瘡。（引《正法念經》，冊四，
67/1996/5）

《校注》："'雀'字，《高麗藏》本作'省'。"

按：《大正藏》本、《中華藏》本作"省"，《大正藏》本
校："宋、元、明、宮作'雀'。"（53/795c/14）《中華藏》
本校："'省目'，磧、南、徑、清作'雀目'。"（72/260c/
16）北魏瞿曇般若流支譯《正法念處經》卷六五及《諸經要
集》卷二十引皆作"雀目"，無須作"省目"。"雀目"猶如
今天的夜盲症，如漢焦延壽《焦氏易林·隨之大過》："雀目
燕頷，畏昏無光，思我狡童，不見子充。"東晉佛陀跋陀羅
與法顯譯《摩訶僧祇律》卷："從今日後，盲人不應與出家。
盲者眼一切不見色，若見手掌文者，若雀目，不得與出家。"
這是說盲人，包括患有色盲、高度近視或夜盲症的人不得出
家。唐菩提流志譯《不空罥索神變真言經》卷二五："真言
其藥數千遍，以藥點眼得無畏。不為一切鬼神嬈，眼中醫膜
冷熱淚，風赤雀目皆除差，眼目精明滅眾罪。"又叫作"雀
盲"，如《本草綱目》卷四八《禽部二·雀》引陶弘景曰：

"雀盲，乃人患黃昏時無所見，如雀目夜盲也。"《太平廣記》卷四六二"雀目夕昏"引《感應經》："雀皆至夕而不見物，人有至夕昏不見物者，謂雀盲是也。"而"眚目"是眼睛生長白翳，與"雀目"有別。

[316] 又曰：秦王使三百人被頭以赤絲，繞樹伐汝，得無敗乎？樹寞然無聲。（引《玄中記》；冊四，67/2004/3）

按："被頭"指"披著頭髮"，《太平御覽》卷三六四引《語林》："魏郡太守陳異嘗詣郡民尹方，方被頭，以水洗盤，抱小兒出，更無餘言。"又卷八二四引《魏略》："焦先行不踐邪徑，必循阡陌。及其捃拾，不失大穗。饑不可食，寒不可衣，結草以為裳裳，被頭徒跣。每出，見婦人則隱翳，須去乃出。"又卷九一一引《異苑》："南陽趙度，少好術藝。度有白米為鼠所盜，乃被頭把刀，畫地作獄，四面開門，向東長嘯，群鼠俱到。"即其例。《搜神記》卷十八、《史記·秦本紀》張守節《正義》引《錄異傳》記此事，"被頭"即作"被髮"。故"被頭以赤絲"無解，"以赤絲"當連下為句。

[317] 便聞如有數百人大笑云：汝那能殺我，我當為汝所困者耶？但知惡心，我憎汝狀，故撲船壞耳。右二驗出《幽冥錄》。（冊四，67/2005/4）

《校注》："'《幽冥錄》'，《高麗藏》本作'《幽明錄》'，《太平廣記》卷三二三引，亦作出《幽明錄》。"

按：李劍國《唐前志怪小說史》云："《幽明錄》的書名，取義於《周易·繫辭》：'是故知幽明之故。'注：'幽明者，有形無形之象。'劉義慶用來指冥冥中幻化萬端的神鬼靈怪。諸書或又引作《幽冥錄》《幽冥記》，幽冥亦為鬼神之意。"（357 頁）是知《幽冥錄》乃《幽明錄》之異名，實為同一志怪小說。

[318] 龍所引一人，是太樂妓，忘其姓名。劫發之夜，此妓推同伴往就人宿，共作音聲。陶不詳審，為作款列，隨例申上。（引《冤魂記》；冊四，67/2007/3）

按："推"，《珠林》各本同。《太平廣記》卷一一九"太樂伎"引《還冤記》作"與"，敦煌本《還冤記》（題《冥報記》）作"攜"。《淮南子》高誘注："推，求也。"《〈冤魂志〉校注》據此認為此處"作'推''攜''與'並可也。"（64頁）竇懷永、張湧泉《敦煌小說合集》指出其非，並認為"'推'當為'攜'字刻訛"（242 頁），甚是。"攜"字有上為"推"，下為"手"或"乃"等俗寫，故極易誤省或壞爛為"推"。高誘所注是揭示"推"的"尋求"義，於此不合。《太平廣記》作"與"，則是"攜"的同義表達。"與"的前後兩項主從關係明顯，則為"帶領"義，如《搜神後記》卷六："忽見一貴人，乘平肩輿，與侍從數百人，馬皆絡鐵。"《隋書·李密傳》："世充復移營洛北，南對鞏縣，其後遂於洛水造浮橋，悉眾以擊密。密與千騎拒之，不利而退。"

[319] 兆乃夢徽曰……至曉即令收祖仁。祖仁入見徽曰：足得相報矣。（引《冤魂記》；冊四，67/2009/1）

《校注》："'入'字原作'又'，據《高麗藏》本改。"

按：《大正藏》本作"入"，《大正藏》本校："宋、元、明、宮作'又'。"（53/799a/18）《中華藏》本等其餘諸本作

"又"。敦煌本《還冤記》（題《冥報記》）、《說郛》本《還冤記》、《永樂大典（殘卷）》卷一六八四一也作"又"。原作"又"不誤。此云爾朱兆先夢見元徽，而後寇祖仁又夢見元徽也。

［320］唐初，相州大慈寺塔被焚……寺成僧住，依敕禮唱。怨哭之聲，一斯頓絕。（冊四，67/2009/4）

按：此段見於唐道宣《集神州三寶感通錄》卷上。書中無出處，《校注》也未標明來源，當補。"一斯"當據《集神州三寶感通錄》卷上作"一期"。"一期頓絕"指一年後全部消失。

# 《法苑珠林校注》卷六十八商議

　　[321] 云何遠因？譬如因咒，鬼不能害，毒不能中。依憑國王，無有盜賊。如芽依因地水火風等。如水鑽人繩，為酥遠因。如名色等，為識遠因。父母精血，為眾生遠因。如時節等，悉名遠因。（引《涅槃經》；冊五，68/2013/9）

　　《校注》："'如水鑽人繩'，《大般涅槃經》作'如水攢及人'，《高麗藏》本作'如乳人攢'。"

　　按："如水鑽人繩"之"繩"疑涉下文"如陶師輪繩"而衍，當刪。慧琳《一切經音義》卷一四釋《大寶積經》："瓶鑽，上蒲冥反，下纂鸑反，平酥具也。經文從手作攢，非也；宜改從金，正也。""平酥具"當作"抨酥具"，東晉僧伽提婆等譯《中阿含經》卷四五："猶如有人欲得酥者，以器盛酪，以抨抨之，彼必得酥……所以者何？以正求酥，謂抨酥也。"《齊民要術》卷六"養羊"記載有"抨酥法"，抨酥的杷子作法是"割卻椀半上，剜四廂各作一圓孔，大小徑寸許，正底施長柄，如酒杷形"。據此，知"鑽"是從乳酪中取酥時要使用的攪拌工具，即《齊民要術》所記的抨酥的杷子，字或寫作"攢"。《珠林》卷二引《立世經》："水輪亦爾，外由有風持不散，如世間攢酪為酥。"唐義淨譯《大寶積經》卷五六："譬如依酪瓶、鑽、人功，動轉不已，得有酥出，異此不生。"可證取酥時需要用鑽攪酪。"水鑽人"是並列的三項，意思是取酥時，以水加入乳酪中，而人用鑽攪拌，三者兼備然後酥可得，若點斷為"水、鑽、人"，含義當更清楚。《大般涅盤經》原作"如水攢及人"，"及"字突出了三者的並列關係；《珠林》引用時刪去"及"，使三者的並列關係模糊；《高麗藏》本則基於是從乳酪中取酥的情況，遂將"水"替換為"乳"。三家異文表意並無二致。

[322] 彼方衣食，地有糠米，樹有寶衣，自然而出，無有主掌，故無偷盜。（冊五，68/2017/10）

按："糠米"，《諸經要集》卷十一作"粳米"，當據改。《珠林》卷二二引《迦葉經》："彼諸眾生，既出家已，不須種殖，其地自然生諸粳米，諸樹自然生諸衣服，一切諸天供侍給使。"姚秦佛陀耶舍等譯《長阿含經》卷十八《世記經》"郁單曰品"："其土常有自然粳米，不種自生，無有糠糩，如白花聚，猶切利天食，眾味具足。""糩"也指米糠。佛經中所記的粳米是自然而生、不帶米糠的白淨香米，若作"糠米"，則品質太低，"粳米"纔與"寶衣"相對應。《珠林》卷二引上文《長阿含經》卷十八中的"粳米"作"秔米"，慧琳《一切經音義》卷二四釋《方廣大莊嚴經》："秔米，革衡反。《說文》：秔，不黏稻也。從米亢聲，亦作稉。俗作粳，或作秔也。"《集韻》平聲唐韻："穅，或作糠、秔。"由此可知，"秔"同時兼為"粳"和"糠"的異體字，文中訛"粳"為"糠"，蓋誤判為"秔"字的對應或體所致。

# 《法苑珠林校注》卷六十九商議

[323] 欲命終時，不復起念。本念皆滅，一切惡業皆悉不近，雖見飲食，唯以目視。如人夢中，見不食不飲。(引《正法念經》；冊五，69/2045/6)

"見不食不飲"句，《校注》注："上'不'字原脫，據《高麗藏》本補。"

按：文中"見不食不飲"句仍欠通順，今謂原文無誤。《正法念處經》卷三四原文作："雖見飲食，不飲不食，唯以目視。如人夢中見食，不飲不食。"後兩句除了《珠林》引作"如人夢中，見食不飲"外，《諸經要集》卷十二也如此引用。蓋道世為了追求上下文都用四字句，有意如此節引。

# 《法苑珠林校注》卷七十商議

[324] 故京房《易傳》曰：睽狐，見豕負塗。厥妖人生兩頭。兩頭，不一也。手多，所住邪也。足少，不勝任。（引《搜神異記》；冊五，70/2084/12）

《校注》："'手'字原作'足'，據《搜神記》改。"

按：此處手言"多"，足則言"少"，殊不合行文習慣，實則應是"足多"與"足少"相對。原文無錯，《搜神記》不可取。

又，"所住邪"之"住"，當據《搜神記》卷六改作"任"。《漢書·五行志下之上》《晉書·五行志下》《魏書·靈徵志上》《宋書·五行志四》《宋書·五行志五》引京房《易傳》，均作"足多者，所任邪也"。

[325] 休顯見生於陳東之國，斯蓋四海同心之瑞，不勝喜躍，謹畫圖上。（引《搜神異記》；冊五，70/2085/8）

按：此文見於今本《搜神記》卷七，汪紹楹校注："陳東——按：《宋書·五行志》'陳'作'陝'，當據改。《晉書·潛帝紀》，建興元年，以琅邪王睿為右丞相、大都督陝東諸軍事。此'陝東'指其境內。"其說可信，當採納。

[326] 母死將葬，未窆。賓客聚集，有大蛇從林草中出，徑來棺下，委地俯仰，以頭擊棺，血涕並流，若哀慟者。（引《搜神記》；冊五，70/2086/3）

按："委地"是倒伏於地之義，在此用於蛇頗覺欠安。"委地俯仰"一句，《後漢書・竇武傳》作"俯仰蜎屈"；《藝文類聚》卷九六、《太平廣記》卷四五六引《搜神記》作"俯仰詰屈"。今謂"委地"當是"委虵"之形誤，"委虵"即"委蛇"，曲折宛轉的樣子，與"詰（蜎）屈"義同。《漢語大詞典》"委地"下釋此例為"蜷伏於地"（2283頁），乃失校而誤解。"委虵俯仰"句是狀寫蛇上下左右扭曲搖擺的哀慟之態，當據上舉各書所引乙至"若哀慟者"前。詳細論證參拙著《中古小說校釋集稿》（45～46頁）。

[327] 秦孝公二十一年，有馬生人。昭王二十年，牡馬生子而死。劉向以為馬禍也。故京房《易傳》曰：方伯分滅，厥妖牡馬生子。上無天子，諸侯相伐，厥妖馬生人也。（引《搜神異記》；冊五，70/2086/7）

按："分滅"，《大正藏》本、《中華藏》本作"分威"，《大正藏》本校："'威'，宋、元、明、宮作'滅'。"（53/820c/22）《中華藏》本校："'威'，磧、南、徑、清作'滅'。"（72/308a/19）《漢書・五行志下之上》、《搜神記》卷六、《開元占經》卷一一八、《新唐書・五行志三》引京房《易傳》此文，均作"分威"。當改從之。"方伯分威"指地方長官侵分君主權力，如《晉書・天文志中》："明帝太寧元年正月乙卯朔，日暈無光。癸巳，黃霧四塞。占曰：'君道失明，陰陽昏，臣有陰謀。'京房曰：'下專刑，茲謂分威，蒙微而日不明。'"汪紹楹校注《搜神記》,言當據《珠林》改"威"為"滅"(71頁),失之。

[328] 漢綏和二年,定襄有牝馬生駒,三足,隨群飲食。(引《搜神異記》;冊五,70/2087/2)

按:據《漢書·五行志下之上》和《搜神記》卷六,"綏和"承前文而誤,當改作"建平";"牝馬"當改作"牡馬","牡馬生駒"事屬無稽,然更顯神異。

[329] 晉大興元年三月,武昌太守王諒,有牛生子……其三年後,苑中有牛生一足三尾,生而死也。(引《搜神異記》;冊五,70/2087/9)

按:"其三年"指大興三年,"後"當連下句。"後苑"指皇宮後花園,是住僕人、養禽獸、植花木的地方,如《晉書·王敦傳》:"導所統六軍,石頭萬五千人,宮內後苑二萬人,護軍屯金城六千人,劉遐已至,征北昨已濟江萬五千人。以天子之威,文武畢力,豈可當乎!"又《蘇峻傳》:"嶠等將至,峻遂遷天子於石頭,逼迫居人,盡聚之後苑,使懷德令匡術守苑城。"《晉書·五行志》《宋書·五行志》皆作:"太興元年,武昌太守王諒牛生子,兩頭八足,兩尾共一腹,三年後死。又有牛一足三尾,皆生而死。"從時間順序看,兩志俱元年、三年、四年為序記事;從表達方式看,兩志記兩事均點明事件主人或發生地點,故疑兩志之"三年後死"當作"三年後苑",連下句為文。李劍國《新輯搜神記》斷定《珠林》文字錯訛而改從兩志(241頁),恐非。

[330] 又曰:生非其類,子不嗣也。(引《搜神異

記》；冊五，70/2088/2）

按："也"，《漢書·五行志中之下》、《搜神記》卷六作
"世"，當據正。"嗣世"言家族、地位等延續下去。

［331］及竇皇后崩，嬰益疏薄無勢，黙不得志。
與太僕灌夫相引薦，交結其歡，恨相知之晚乎。（引
《冤魂記》；冊五，70/2088/6）

按："交結其歡"之"其"乃"甚"之形近誤字，兩字
古書中常常互訛。《史記·魏其武安侯列傳》："灌夫亦倚魏
其而通列侯宗室為名高。兩人相為引重，其遊如父子然。相
得驩甚，無厭，恨相知晚也。"《漢書·灌夫傳》同。驩，即
"歡"字。"相得驩甚"與此處"交結甚歡"對應。《永樂大
典（殘卷）》卷一六八四一即作"交結甚歡"。《大正藏》本、
《中華藏》本、《高麗藏》本作"交結其歡"，誤甚。

［332］王太后聞，怒而不食，曰：我在，人皆淩藉
吾弟。我百歲後，當魚肉之中。（引《冤魂記》；冊五，
70/2088/13）

按："當魚肉之中"一句，《珠林》各本同。《史記·魏
其武安侯列傳》作"皆魚肉之矣"，《漢書·灌夫傳》作"皆
魚肉之乎"，《永樂大典（殘卷）》卷一六八四一作"當魚肉
之耶"。"魚肉之"皆為動賓結構，"中"當是疑問語氣詞
"乎"之形誤。

［333］晉山陰縣令石密，先經為御史，枉奏殺典
客令萬黜。密白日見黜來殺，密遂死。（引《冤魂記》；
冊五，70/2089/9）

《校注》："《太平廣記》引'典客'作'勾容'。又

'黜'作'默',下同。"

按:《晉書·孔坦傳》:"時典客令萬默領諸胡,胡人相誣,朝廷疑默有所偏助,將加大辟。"即是其人。"勾容"不可取,"黜"當作"默"。

[334] 永固又見妖怪屢起,遂走五將山。萇即遣驍騎將軍吳中圍永固,中執永固以送萇。(引《冤魂記》;冊五,70/2090/12)

按:"吳中",《珠林》各本同。《晉書·載記·苻堅下》《晉書·載記·姚萇》及《太平御覽》卷四四和卷一二二兩引崔鴻《十六國春秋》記此事均作"吳忠",當據改。

[335] 後又抇永固屍,鞭撻無數,裸剝衣裳,薦之以棘,掘坎埋之。(引《冤魂記》;冊五,70/2091/1)

《校注》:"'抇'字,《高麗藏》本作'掘'。"

按:《大正藏》本校:"'掘',《宋》《明》作'相'。"(53/822a/7)《中華藏》本校:"'又掘',磧、南、徑、清作'又相'。"(72/309c/17)《珠林》各本作"相",當是"抇"之形近誤字。《廣雅·釋言》:"抇,掘也。"《荀子·正論》:"太古薄背,棺厚三寸,衣衾三領,葬田不妨田,故不掘也;亂今厚葬飾棺,故抇也。"唐楊倞注:"抇,穿也,謂發塚也。"《論衡·薄葬》:"璠璵,寶物也,魯人用斂,奸人間之,欲心生矣。奸人欲生,不畏罪法,不畏罪法,則丘墓抇矣。"《列子·說符》:"俄而抇其穀而得其鈇。"晉張湛注:"抇音掘。"唐殷敬順《釋文》:"抇,胡沒切,古掘字,又其月切。一本作相,非也。"可見,"抇"表示"挖掘、發掘"義,為"掘"之古字;"抇"誤為"相"早已有之。《四庫》

本《還冤記》此句作"後又將永固屍鞭撻無數"，疑因"相"之義無解，從而將其草書誤認為"將"。羅國威《〈冤魂志〉校注》徑將"相"校改為"掘"（46頁），欠妥。

［336］壽性素兇狠猜忌，僕射蔡射等以正直忤旨，遂誅之。無幾，壽病，恒見李期、蔡射而為祟，嘔血而死。（引《冤魂記》；冊五，70/2091/6）

按："蔡射"，《珠林》各本同。《晉書·載記·李壽》《魏書·李壽傳》記此事皆作"蔡興"，當據改。"射"或因涉上僕射之射，復寫而誤。敦煌本《還冤記》（題《冥報記》）作"蔡興"，"興"乃"興"之形誤，尚可見原文為"蔡興"之痕跡。

［337］宋世永康人呂慶祖，家甚溫富……即焚教子並其二息。右九驗出《冤魂記》。（引《冤魂記》；冊五，70/2093/1）

按：此前共有十驗，而非九驗，當作說明。"張鹿、經曠二人"條段首無朝代，與諸條異，故《大正藏》本、《中華藏》本、《高麗藏》本將其與"晉王敦"條並為一驗，與"九驗"相符；其餘各本分列為兩條，則與"九驗"相乖。

# 《法苑珠林校注》卷七十三商議

[338] 若牛馬駝驢擔負背瘡中生蟲，若以漿水洗此瘡時，不以草藥斷此蟲命，以鳥毛羽洗拭。取蟲置餘臭爛敗肉之中，令其全命。（引《正法念經》；冊五，73/2160/9）

按：首句文意不暢。北魏般若流支譯《正法念處經》卷二九原作“若牛馬駝驢，擔負脊壞，瘡中生蟲”，語意明晰。是知此處“背”下當補一“壞”字。《諸經要集》卷十四引“擔負背”作“擔負背脊”，保留了原書的四字句式，然語意有所不及。

[339] 宋高祖平桓玄後，以劉毅為撫軍將軍、荆州刺史。到州便收牛牧寺僧主，云藏桓家兒度為沙彌。（引《冤魂志》；冊五，73/2172/8）

《校注》：“‘牛牧寺’，《太平廣記》引作‘牧牛寺’。下同。”

按：《太平廣記》所引非是。南北朝時期的文獻中都作“牛牧寺”，如《宋書·王鎮惡傳》：“毅得從大城東門出奔牛牧佛寺，自縊死。”梁釋寶唱《比丘尼傳》卷二“江陵牛牧寺慧玉尼傳”：“南至荆楚，仍住江陵牛牧精舍。”後世史書也作"牛牧寺"，如《資治通鑒》卷一一六《晉紀》三十八"安皇帝義熙八年"："毅夜投牛牧佛寺。初，桓蔚之敗也，走投牛牧寺僧昌，昌保藏之，毅殺昌。至是，寺僧拒之。"胡三省注："牛牧寺在江陵城北二十里。"唐代以後的類書、雜抄往往將"牛牧寺"改為順口的"牧牛寺"，除《太平廣記》外，他如宋代宗曉《法華經顯應錄》卷下、《永樂大典》卷一六八四一、清周克復纂《法華經持驗記》卷上等皆作"牧牛寺"，均非原文。

[340] 毅敗，夜單騎突出，投牛牧寺。僧白撫軍：昔枉殺我師，我道人，自無報仇之理。然何宜來此？亡師屢有靈驗，云：天帝當收撫軍，於寺殺之。毅便歎吒，出寺後崗上大樹自縊而死也。（引《冤魂志》；冊五，73/2172/11）

按：依文中標點，前一"撫軍"為作者的敘述之言，顯然與上下文直呼劉毅名不相符合；而後一"撫軍"是已被劉毅枉殺的寺主之靈語，死者而敬稱仇家官銜，殊乖情理。實則兩"撫軍"都當出自寺僧之口，乃寺僧當劉毅面強抑憤懣的套話。因此，"僧白撫軍"之"白"當據《太平廣記》卷一二六引、敦煌本《還冤記》（題《冥報記》）、《永樂大典》卷一六八四一改作"曰"，"撫軍昔枉殺我師"連為一句，同時刪去"云"後的冒號。

[341] 梁時有人為縣令，經劉敬躬，縣廨被焚，寄寺而住。（引《弘明雜傳》；冊五，73/2173/7）

按：據《顏氏家訓·歸心》以及《廣弘明集》卷二六、《太平廣記》卷一三一、宋遵式述《金園集》卷下等引《顏氏家訓》，"經劉敬躬"後當補"亂"字。《梁書·武帝紀下》："八年春正月，安成郡民劉敬躬挾左道以反，內史蕭說委郡東奔，敬躬據郡，進攻廬陵，取豫章，妖黨遂至數萬，前逼新淦、柴桑。二月戊戌，江州刺史湘東王繹遣中兵曹子郢討之。三月戊辰，大破之，擒敬躬送京師，斬於建康市。"劉敬躬亂即指此。

[342] 齊時有一奉朝請，家甚豪侈。非手殺牛，則啖之不美。年三十許，病篤。大見牛來，舉體如被刀刺，訆呼而終。（引《弘明雜傳》；冊五，73/2174/1）

《校注》："'訆'字，《高麗藏》本作'嗷'。"

按：《大正藏》本、《中華藏》本作"嗷"，《大正藏》本校："宋、元、明、宮作'叫'。"（53/841c/12）《中華藏》本校："'嗷呼'，磧、普、徑、清作'訆呼'。"（72/351a/3）《顏氏家訓·歸心》以及《廣弘明集》卷二六、唐陳子良《辯正論》卷七注、《太平廣記》卷一三一"齊朝請"、宋遵式述《金園集》卷下等引《顏氏家訓》作"叫"。《洪武正韻·宥韻》："叩，問也。亦作訆。""訆"是"叩"的異體字，於義不合。"訆"當是"訆"的誤字，《說文·言部》："訆，大呼也。從言，丩聲。"《正字通·言部》："訆，與叫、嗷同。"是叫、訆、嗷為異體字。

[343] 至貞觀二年冬，在洛州病甚困，忽自言：有人餉我瓜來。左右報：冬月無瓜也。公曰：一盤好瓜，何故無也？既而驚視曰：非瓜也，並是人頭，從我責命。（引《冥報記》；冊五，73/2175/4）

《校注》："'責'字，《高麗藏》本作'索'，《太平廣記》引作'償'。"

按：《冥報記》卷下也作"償"。《說文》："責，求也。""責命"即討求性命，與"索命""償命"意同。南宋釋志磐《佛祖統紀》卷二七："法喜，常行方等禮懺，有一雉來責命，神人斥之曰：'法師當往生淨土，豈償汝命？'"前文云"雉來責命"，後文云"償汝命"，"責命"與"償命"意義相同顯而易見。《珠林》卷六四引《冥報記》："唐交州都督遂安公李壽，始以宗室封王。貞觀初罷職歸京第，性好畋獵，常籠鷹數聯，殺他狗餧鷹。既而公疾，見五犬來責命。"是知作"償命""索命"，未必為原書文字。

[344] 其羊中路鳴喚，果懼主聞，乃拔卻羊舌，於是夜殺食之。後經至一年，果舌漸消縮盡。（引《冥報記》；冊五，73/2175/7）

按："至"，《珠林》各本無，《太平廣記》卷四三九"潘果"引《珠林》也無。《冥報記》卷下"後經至一年"作"後一年"。此處"至"為衍文，當刪。

[345] 至乙夜，義琰據案俛首，不覺死人即至，猶帶被傷之狀。云：某被傷姓名，被打殺置於某所井中，公可早撿。不然恐被移向他處，不可覓得。（引《冥報拾遺》；冊五，73/2176/8）

按："某被傷姓名"，《中華藏》本、《磧砂藏》本、《高麗藏》本、《北藏》本、《清藏》本、《四庫》本同，《大正藏》本作"某被傷性名"。《太平廣記》卷一二七"李義琰"引《珠林》，"某被傷姓名，被打殺"作"某乙打殺"。"性名"當是"姓名"之誤。此處"某被傷姓名"難解，且"被

傷"與下文"被打殺"意重。頗疑原文作"某被打殺",與
《太平廣記》所引"某乙打殺"僅有被動與主動之别,"某"
是被傷者自稱,"某乙"指殺人者。而"被傷姓名"四字本
應是旁注,用以注釋"某",後誤入正文。

[346] 唐魏州武強人齊士望,貞觀二十一年死,
經七日而蘇……使者依期還到。士望妻亦同見之云。
(引《冥報拾遺》;册五,73/2177/1)

《校注》:"《太平御覽》卷三八二引,作出《法苑
珠林》。"

按:《太平御覽》無引用《珠林》之文,此段見於《太
平廣記》卷三八二"齊士望"引《珠林》,《校注》筆誤。

[347] 餘人貪料理蔥蒜餅食,令産婦抱兒看煮肉。
抱兒火前,釜大極牢,忽然自破。釜湯沖灰,火直射
母子,母子俱亡。(册五,73/2178/4)

按:此條《太平廣記》卷一三二"店婦"引,出自《珠
林》,校注本失檢,當補。又,文中"釜湯沖灰火"當為一
句,中華書局汪紹楹校本《太平廣記》斷句不誤(940頁)。
"灰火"在此指"帶有灰燼的火",如《齊民要術》卷六"養
羊":"若舊瓶已曾臥酪,時輒須灰火中燒瓶令津出,回轉燒
之,皆使周匝,熱徹好乾,待冷乃用。"《太平廣記》卷一三
三"僧修準"引《儆戒録》:"庭前植竹,多蟻子緣欄檻。準
怒,伐去竹,盡取蟻子,棄灰火中。"同樣的例子如宋洪邁
《夷堅丁志》卷三:"不越數日,胡疽發於背。堂中湯爐內灰
火無故飛揚,遍滿一室。"

[348] 親族及鄰人見者,莫不酸切。信之交驗,

豈得不慎。店人見聞之者，永斷酒肉，葷辛不食。（冊五，73/2178/5）

"信之交驗"句《校注》注："'之'字，《高麗藏》本作'知'。"

按：《大正藏》本、《中華藏》本作"知"，《大正藏》本校："元、明作'之'。"（53/842c/13）《中華藏》本校："'信知'，磧、普、南、徑、清作'信之'。"（72/352b/18）作"知"是。"知"與"之"音相近，古書中常互訛。《太平廣記》卷二〇七"謝安"引《書斷》："然知解書為難。"汪校："知原作之，據明抄本改。"又卷二三五"王敦"引《世說》："左右躡庾公知足，乃止。"汪校："知疑當作之。"即其例。"信知"意思是明確地知道。道世在《珠林》卷七四敘述自己聽來的另一個故事時說："信知業報不簡親疏，皎若目前，豈不慎歟？"（2197頁）"信知""豈不慎"云云，與此處口吻相似，可以參驗。

又："交驗"之"交"或是"立"之形近誤字。文中僅僅敘述一事，交驗（交相應驗）之說無從談起。用"立驗"則是強調殺生之惡報即時得以應驗，與所敘之事相符。

# 《法苑珠林校注》卷七十四商議

[349] 夜猶未半，有一女子從樓下出，自云：妾姓蘇名娥，字始珠。（引《冤魂志》；冊五，74/2194/5）

《校注》："'始珠'，《高麗藏》本作'怡姝'。"

按：《大正藏》本、《中華藏》本作"怡姝"，《大正藏》本校："宋、元、明、宮作'始珠'。"（53/845c/29）《中華藏》本校："磧、普、南、徑、清作'始珠'。"（72/361c/18）《高麗藏》等作"怡姝"，不可取。唐宗密《圓覺經大疏釋義鈔》卷九下、宋淨源述《華嚴原人論發微錄》引《冤魂志》，《太平廣記》卷一二七引《還冤記》，《搜神記》卷十六、《水經注》卷三七"浪水"等記此事，皆作"始珠"。

[350] 母驚悟，旦而自往觀羊，果有青羊。項膊皆白，頭上有兩點白相，當如玉釵形。（引《冥報記》；冊五，74/2197/6）

按："當"應連上句作"頭上有兩點白相當"，中華書局標點本《太平廣記》卷一三四"韋慶植"引《珠林》作："頭側有兩條白，相當如玉釵形。"點斷也誤。《冥報記》卷下原作"頭上有兩點白相對"，知此"相當"是指位置相對，《冥報記》卷下："廳上西間有一官人坐，形容肥黑，廳東間有一僧坐，與官人相當，面向北，各有牀縟几案。"唐王建《秋夜曲》詩："天河悠悠漏水長，南樓北斗兩相當。"《爾雅》："椋，即來。"宋邢昺疏引《本草》唐本注云："葉似柿，兩葉相當。"亦是其例。

[351] 東市筆生趙大次當設之。有客先到，向後見其碓上有童女，年可十三四，著青裙白衫，以汲索繫頸，屬於碓柱，泣淚謂客曰……（引《冥報記》；冊五，74/2198/3）

按：古時廁所多在人居處的房屋後面，如《珠林》卷九四引《三千威儀》："又至舍後上廁，有二十五事。"故以"舍後""屋後"隱指廁所。《珠林》卷七四記隋大業八年（612）宜州事："於後一時，母在堂內取六十錢，欲令市買，且置牀上。母向舍後，其遷從外來入堂，左右顧視，不見人，便偷錢，將出私用。母還，覓錢不得，不知兒將去。""向舍後"即上廁所。《朝野僉載·補輯》："明日又來，見妹坐絡絲，謂簡曰：'鬼魅適向舍後。'簡遂持棒，見其妹從廁上出來，遂擊之。"前文說"向舍後"，後文曰"從廁上出來"，也可證"舍後"即是廁所。范崇峰《從洛陽方言角度釋〈論衡〉詞語三則》（《中國語文》2004年第2期）、段逸山《"後"指廁所》（《上海中醫藥雜誌》2006年第8期）舉出《靈樞·邪氣藏府病形》"小腸病者，小腹痛，腰脊控睪而痛，時窘之後"；《論衡·福虛》"是夕也，惠王之後而出，及久患心腹之積皆愈"等例證明"後"不是"後宮""肛門"義，而是"廁所"義，其說可信。此文中"向後"兩字，《冥報記》卷下原作"如廁"，"向後"就是到屋舍後，與"如廁"意同。為避免歧解，當於"向後"之後用逗號隔開。

# 《法苑珠林校注》卷七十五商議

[352] 如是久後，上有一卵，卒為水漂去。（引《舊雜譬喻經》；冊五，75/2209/5）

《校注》："'卵'字，《高麗藏》本作'聚'。"

按：《大正藏》本、《中華藏》本作"聚"，《大正藏》本校："宋、元、明、宮作'卵'。"（53/849a/26）《中華藏》本校："磧、南、徑、清作'卵'。"（72/369c/2）舊題康僧會譯《舊雜譬喻經》卷上、《諸經要集》卷十四引皆作"聚"，"聚"是人聚居的村落，較作"卵"義長，當據改。

[353] 有一男子，得抱持樹，墮洄水中，不得去。洄岸有蒲桃樹踊出，住倚山傍。男子尋之，得上鶴樹，與女私通。（引《舊雜譬喻經》；冊五，75/2209/6）

《校注》："'洄岸'原作'迴'，據《高麗藏》本改。"

按：《大正藏》本、《中華藏》本作"洄岸"，《大正藏》本校："宋、元、明、宮作'迴'。"（53/849a/28）《中華藏》本校："'岸'，磧、南、徑、清無。"（72/369c/4）舊題康僧會譯《舊雜譬喻經》卷上作"回滿樹踊出"，當據原書校正。"迴"通"洄"，指漩渦。慧琳《一切經音義》卷十二釋《大寶積經》："洄澓，上音回，《文字音義》云：大水回流也。"

幾句是說：男子抱著樹木墜入漩渦中，不能前行，後來漩渦的水漲滿，樹木浮出，停靠在山腰，男子得以上樹。此處之誤，蓋因原句意思不易知曉，"滿"先誤為"蒲"，後又加字足意。表面似乎通順，然句中突然出現"蒲桃樹"，實與上下文無關聯。孫昌武等《雜譬喻經譯注（四種）》（34 頁）據《資福藏》本校點為"有一男子得抱持樹，墮回水中，不得去回，抱樹踴出"；王文元《佛典譬喻經全集》（55 頁）改"滿"為"抱"。兩說並誤。

[354] 昔有四姓，藏婦，不使人見。婦值青衣人作地突，與琢銀兒私通。（引《舊雜譬喻經》；冊五，75/2211/1）

按："值"於此無義。《永樂南藏》本康僧會譯《舊雜譬喻經》卷上、《諸經要集》卷十四引均作"使"，文意暢通，當據改。"使"與"值"形體很近，故有此訛。

[355] 談生與為夫婦，生一兒，已二歲矣。不能忍，夜伺其寐，便盜照視之。其腰已下，肉如人；腰已上，但是枯骨。（引《搜神記》；冊五，75/2214/3）

按：據《搜神記》卷十六，《北堂書鈔》卷一二九、《太平御覽》卷三七五和卷六九三引《搜神記》，《太平廣記》卷三一六引《列異傳》，此處"腰已下"當作"腰已上"，"腰已上"當作"腰已下"。

[356] 三日畢，謂充曰：君可歸去。若女有相生男，當以相與。生女，當自留養。敕外數車送客。（引《（續）搜神記》；冊五，75/2215/7）

按："數車"，當據《搜神記》卷十六、《世說新語·方正》劉孝標注引《孔氏志怪》以及《太平御覽》卷八八四、《太平廣記》卷三一六引《搜神記》作"嚴車"。嚴車，即準備車馬，如北魏慧覺等譯《賢愚經》卷二"波斯匿王女金剛品"："王聞是已，答女婿言：'審如是者，速往將來。'即時嚴車，迎女入宮。"《太平廣記》卷三引《漢武帝內傳》："於是王母言語既畢，嘯命靈官，使駕龍嚴車欲去。"

[357] 尋遣傳教，將一人捉褺衣，與充相問曰：姻緣始爾，別甚悵恨。今致衣一襲，被縟自副。（引《(續)搜神記》；冊五，75/2215/8）

《校注》："'緣'字原作'授'，《高麗藏》本作'媛'，今據《搜神記》改。"

按：《大正藏》本、《中華藏》本作"媛"，《大正藏》本校："宋、元、明、宮作'援'。"（53/678c/20）《中華藏》本校："磧、南、徑、清作'授'。"（72/371c/1）原作"授"是"援"的形訛。"姻援"指"姻親關係"，中古時數見，如《宋書·索虜傳》："至此非唯欲為功名，實是貪結姻援。"《魏書·蠕蠕傳》："延興五年，予成求通婚娉，有司以予成數犯邊塞，請絕其使，發兵討之。顯祖曰：'蠕蠕譬若禽獸，貪而亡義，朕要當以信誠待物，不可抑絕也。予成知悔前非，遣使請和，求結姻援，安可孤其款意?'"又寫作"姻媛"，如三國吳竺律炎、支謙譯《摩登伽經》卷上："吾有一子，名師子耳，顏容瑰瑋，智慧微妙，欲為娉妻。仁女賢勝，意甚相貪，欲托姻媛，幸能垂意，而見許可。"《太平廣記》卷三四四引《河東記》："忽有媒氏詣門云：'有田家郎君，願結姻媛，見在門。'"是知今本《搜神記》作"姻緣"，非是；《高麗藏》本等作"姻媛"，無誤。《太平廣記》卷三一六引《搜神記》"姻緣始爾"下汪紹楹校："緣原作授，據搜神記改。""爾下原有援始二字，今據搜神記、明抄本廣記刪。"（2500 頁）談本《廣記》之"授"也是"援"之誤字，"爾"下的"援始"兩字正是他人所作的校改語。

[358] 乃上車敘其姓名，語充曰：昔我姨姊少府女出而亡。家親痛之，贈一金鋺著棺中。可說得鋺本末。充以事對。（引《續搜神記》；冊五，75/2216/7）

按："出而亡"前當據《搜神記》卷十六、《世說新語・方正》劉孝標注引《孔氏志怪》以及《太平御覽》卷八八四、《太平廣記》卷三一六引《搜神記》補一"未"字。"未出而亡"為一句，意思是尚未出嫁而死去。如此，方與盧充、崔氏女的幽婚情節相合。

[359] 發棺視之，女體已生肉，顏姿如故。右腳有履，左腳無也。自爾之後，遂死，肉爛不得生。萬恨之心，當復何言！涕泣而別。（引《續搜神記》；冊五，75/2217/10）

按：此段文意前後不連貫。今本《搜神後記》卷四、《太平廣記》卷三一九引《珠林》在"自爾之後"前尚有"子長夢女曰：我比得生，今為所發……"三句，當增補以足文意。《太平御覽》卷八八七引《續搜神記》文字有數句不同於此處，但也有女子前來以言相別的記載。

[360] 夜夢見女子，年十八九。言：我是前太守北海徐玄方女。不幸早亡，亡來出入四年，為鬼所枉殺。案主錄當八十餘，聽我更生。（引《續搜神記》；冊五，75/2218/1）

按："主錄"，今本《搜神後記》卷四、《異苑》卷八、《太平廣記》卷二七六引《幽明錄》以及卷三七五引《珠林》並作"生錄"，當據改。"生錄"相傳為冥間記錄生人年壽長短的文簿，如《太平廣記》卷二七六"蔡支妻"引《列異傳》："帝即命戶曹尚書，敕司命輟蔡支婦籍於生錄中，遂命與支相隨而去。乃蘇歸家，因髮其妻塚，視其形骸，果有生驗，須臾起坐，語遂如舊。"《酉陽雜俎》續集卷七："便放回，復令昭往一司曰生祿，檢其修短。吏報云：'昭本名釗，是金傍刀，至某年改為昭，更得十八年。'""生祿"同"生錄"。

［361］至期日，牀前地頭髮正與地平。令人掃去，逾分明。始悟是所夢見者，遂屏除左右人，便漸漸額出，次頭面出，又次肩項形體頓出。（引《續搜神記》；冊五，75/2218/4）

《校注》："'又次肩'原作'一次'，據《搜神後記》改。"

按："又次肩項"，《太平御覽》卷八八七引作"一炊頃"。"一炊頃"意即做一頓飯的時間，如北魏賈思勰《齊民要術》卷八"作醬等法"："作熱湯，於大盆中浸豆黃。良久，淘汰，挼去黑皮……漉而蒸之……一炊頃，下置淨席上，攤令極冷。"《太平廣記》卷三六〇引《幽冥錄》："妻縣有一女，忽夜乘風雨，恍恍至郡城內。自覺去家正一炊頃，衣不沾濡，曉在門上求通。"故知此處原作"一次項"乃"一炊頃"之誤。今本《搜神後記》作"又次肩項"、《太平廣記》卷三七五引《珠林》作"次頭"，皆脫訛篡改成文。

234

[362] 遂與馬子寢息。每誡云：我尚虛爾。即問何時得出？（引《續搜神記》；冊五，75/2218/5）

《校注》："'爾'字原作'自'，據《搜神後記》改。""'即'字原作'節'，據《搜神後記》改。"

按："我尚虛爾即"，《珠林》各本作"我尚虛，自節"，《太平御覽》卷八八七引作"我尚虛，君當自節"。文中"寢息"指夫妻行房，上一條記李仲文女事："衣服熏香殊絕，遂為夫妻。寢息，衣皆有汙，如處女焉。"其中"寢息"也是此義。則此處"自節"乃徐玄方女告誡馬子：我體氣還虛弱，你本當節制欲望。文意本自可通。今本《搜神後記》誤認"自"為"爾"（兩字草書接近），誤省"節"為"即"，尤不可據。《太平廣記》卷三七五引《珠林》"自節"作"借"，則是脫去"自"後，擅自選一音近字連屬下文。

[363] 去廁十余步，祭訖，掘棺出，開視女身，體貌全如故。（引《續搜神記》；冊五，75/2218/7）

按："貌"，今本《搜神後記》卷四同，《太平御覽》卷八八七引及《太平廣記》卷三七五引《珠林》皆作"完"。蓋"貌"或體作"皃"，因誤讀為"完"，故末兩句當校點為"開視，女身體完全如故"。

[364] 正恒疑君憐愛婢使，以此妒忌之心，受報地獄，始護免脫。（冊五，75/2219/5）

按："護免脫"，《珠林》各本作"獲免脫"，《太平廣記》卷三一九"桓道湣"引《珠林》同。當據改。

[365] 又俱夢蔣侯親來，降已曰：君等既以顧之，實貪。今對剋期垂及，豈容方更中悔。（引《志怪傳》；

册五，75/2219/10）

按："降已"，當作"降己"，謂降臨訪問自己，連上為句。神人降臨訪問世俗之人稱為"降"，如《世說新語·傷逝》注引《幽明錄》："元在歷陽疾病。西界一年少女子姓某，自言為神所降，來與元相聞，許為治護。"《太平御覽》卷三七〇引《列異傳》："神仙麻姑降東陽蔡經家，手爪長四寸。"《太平廣記》卷二九四"高雅之"引《幽明錄》："晉太元中，高衡為魏郡太守，戍石頭。其孫雅之在廄中，云有神來降，自稱白頭公，拄杖光耀照屋。"又卷三六〇"周登之"引《述異記》："泰始三年，夏月暴雨，有物形隱煙霧，垂頭，屬廳事前地，頭如大赤馬，飲庭中水。登之驚駭，謂是善神降之。"是其例也。

又：今對，《大正藏》本、《中華藏》本作"令對"，《大正藏》本校："令，宋、明、元、宮作'今'。"（53/851c/7）《中華藏》本校："'令對剋期'，磧、南、徑、清作'今對期'。"（72/373a/20）"今對""令對"在此皆欠妥貼。《搜神記》卷五、《太平廣記》卷二九三"蔣子文"引《志怪》等作"會對"，當據改。會、對為同義詞，古代辭書有記載，《爾雅·釋詁上》："妝、郃、盍、翕、仇、偶、妃、匹、會，合也。"郭璞注："皆謂對合也。"又："妃、合、會，對也。"《玉篇·會部》："會，對也。"會、對同仇、偶、匹等詞一樣，皆有匹配、婚配之義，"會對"是同義連用。故此，《漢語大詞典》"會對"下據《搜神記》卷五例立目，釋為"匹配"。（3069頁）此處"實貪會對"應為一句，意思為：其實是希望能婚配。

[366] 宋時弘農華陰潼鄉陽首里人也。服八石，得

水道仙，為河伯。（引《搜神記》；冊五，75/2220/2）

按：《搜神記》卷四原作："宋時弘農馮夷，華陰潼鄉堤首人也。"唐陸德明《經典釋文·莊子音義上》引晉司馬彪注："《清冷傳》曰：馮夷，華陰潼鄉堤首里人。"《史記·封禪書》唐張守節《正義》引《龍魚河圖》："河伯姓呂，名公子，夫人姓馮名夷。河伯，字也。華陰潼鄉堤首人。"《後漢書·張衡傳》李賢注引《聖賢塚墓記》："馮夷者，弘農華陰潼鄉堤首里人。"《太平御覽》卷二四引《聖賢記》："馮夷，弘農潼鄉堤首里人。"以上記載略有差異，然河伯的姓名和籍貫大致統一。又據《宋書·州郡志三》："華陰令，前漢屬京兆，後漢、魏、晉屬弘農。"華陰為弘農郡屬縣，故此處當在"弘農"前增加"馮夷"兩字，使文句完整；"陽首"也當據正為"堤首"。"宋時"二字，依汪紹楹校注《搜神記》（46頁），當移至下文"余杭縣南有上湖"前。

［367］又與錢十萬，藥方三卷，云：可以施功布德……所得三卷方者：一卷《脈經》，一卷《湯方》，一卷《丸方》。周行救療，皆致神驗。（引《幽明錄》；冊五，75/2221/5）

按：脈經、湯方、丸方在此並舉，非特指具體的某一醫書名，而是用作泛稱，分別指診脈、配製湯藥、配製丸藥這一類的醫書。故三個書名號宜刪去。

［368］為御史中丞孔稚圭所奏。世祖遣中書舍人呂文顯、直閣將軍曹道剛領齊仗兵收奐。（引《冥祥記》；冊五，75/2222/1）

《校注》："'齊'字原作'齋'，據《高麗藏》本、

《磧砂藏》本改。"

按：《南齊書·王奐傳》："上遣中書舍人呂文顯、直閤將軍曹道剛領齋仗五百人收奐。"文作"齋仗"，《資治通鑒·齊武帝永明十一年》同。《資治通鑒·齊武帝永明八年》："乃遣衛尉胡諧之、遊擊將軍尹略、中書舍人茹法亮帥齋仗數百人，詣江陵檢捕群小。"胡三省注："齋仗，天子齋內精仗手也。"是知"齋仗"即帝王宮中的禁衛精兵。《南齊書·王敬則傳》："三年中，遣蕭坦之將齋仗五百人，行武進陵。敬則諸子在都，憂怖無計。"《梁書·王僧辯傳》："數泉以十罪，遣舍人羅重歡領齋仗三百人，與僧辯俱發。"《南史·江蒨傳》："居父憂以孝聞，廬於墓側，明帝敕遣齋仗二十人防之墓所。"亦其例。此處作"齋仗"是，諸本作"齊仗"或"齊伏"誤。

[369] 奐納之，便配千餘人仗，閉門拒守。彪遂取與官軍戰，彪敗而走。（引《冥祥記》；冊五，75/2222/3）

《校注》："'取'字，《高麗藏》本作'輒'。"

按：《大正藏》本作"輒"，校："宋、元、明、宮作'取'。"（53/678c/20）《中華藏》本作"輒"，校："磧、南、徑、清作'取'。"（72/373c/23）輒、輙為異體字。當據改為"輒"，"取"為"輒"之誤省。"遂輒"猶今言"於是就"，如《三國志·魏志·王基傳》："景王欲須諸軍集到，猶尚未許。基曰：'將在軍，君令有所不受。彼得則利，我得亦利，是謂爭城，南頓是也。'遂輒進據南頓。"《晉書·朱序傳》："序以老病，累表解職，不許。詔斷表，遂輒去任。數旬，歸罪廷尉，詔原不問。"唐法照《淨土五會念佛誦經觀行儀》卷中："今得斯法，欲報佛恩，遂輒搜約諸經，述斯法事，稱讚念佛淨土教門，普願速出愛河，俱登不退者矣。"《資治通鑑‧魏明帝太和六年》："豫以吳使周賀等垂還，歲晚風急，必畏漂浪，東道無岸，當赴成山，成山無藏船之處，遂輒以兵屯據成山。"即是其例。

[370] 令遣左右縛打此人，將為私盜。學生具說逗留口云：非唯得娘子此物，兼留下二衣，共某辭別，留為信物。（冊五，75/2223/8）

按："逗留"後當用逗號斷開。"逗留"有"緣由"義，或寫作"逗遛"，在唐五代慣用，如《珠林》卷四六："便至西街悶絕，落馬暴死。不覺既至大街要路，踟躕之間，看人逾千。有巡街果毅，瞋守街人何因聚眾。守街人具述逗遛。"唐窺基《唯識二十論述記》卷下："應是聖者相傳此說，所以護月遂有此言，非無逗留而為此義。"敦煌文獻斯五一六《歷代法寶記》："逖等諸軍將賫供養到彼，見此禪師，與金和上容貌一種。逖等初見，將是金和上化身。借問逗留，知金和上衣缽先遣人送，被隱二年不送，賣與僧。"《太平廣記》卷二八三"曾勤"引《定命錄》："果有人於相州界捉得別一王直，以月日反縛送到，推問逗遛，不是畜妖書者，遂卻放之。"說詳拙著《中古小說校釋集稿》"逗遛"條（221～222 頁）。

# 《法苑珠林校注》卷七十六商議

　　[371] 漢明帝時，有檀國蠻夷善閑幻術，能徙易牛馬頭。上與群臣共觀之，以為笑樂。（冊五，76/2253/4）

　　按：東晉袁宏《後漢紀·孝殤皇帝紀》："及安帝元初中，日南塞外檀國獻幻人，能變化吐火，自支解。"《後漢書·陳禪傳》："永寧元年，西南夷撣國王獻樂及幻人，能吐火，自支解，易牛馬頭。明年元會，作之於庭，安帝與群臣共觀，大奇之。"李賢注："撣音徒丹反。"又《南蠻西南夷列傳》："永寧元年，撣國王雍由調復遣使者詣闕朝賀，獻樂及幻人，能變化吐火，自支解，易牛馬頭……明年元會，安帝作樂於庭，封雍由調為漢大都尉，賜印綬、金銀、彩繒各有差也。"上引"撣國"即"檀國"，《經典釋文》卷五："檀，徒丹反。木名也。"撣、檀音同。是知此事發生於漢安帝時，"漢明帝"當改為"漢安帝"。

　　[372] 及三國時，吳有徐光者，不知何許人也，常行幻化之術……向之鬻瓜者，反視所齎，皆耗矣。（冊五，76/2253/4）

　　按：此段見於《搜神記》卷一，依例當出注。

　　[373] 晉永嘉年中，有天竺國人來度江南，言語

譯道而後通。其人有數術，能截舌續斷，吐火變化。所在士女，聚共觀試。（冊五，76/2253/8）

按：本文的"續斷"和"截舌"一樣是西域幻術之一種，本卷下條："大唐貞觀二十年，西國有五婆羅門來到京師，善能音樂、祝術、雜戲，截舌、抽腹〔腸〕、走繩、續斷。"即其確證。文中"續斷"的對象是絹布，而非斷舌。下文有"將截舌""其續斷""其吐火"等語，顯然敘寫天竺胡人的幻術為三種，故此處可標點為"能截舌、續斷、吐火變化"。

[374] 其續斷絹布與人各執一頭，對剪斷已，而取兩段，合持祝之，則復還連，與舊無異。（冊五，76/2253/10）

按：據今本《搜神記》卷二，《珠林》卷六一、《太平御覽》卷七三七和卷八一七引《搜神記》，《太平廣記》卷二八四引《珠林》，"絹布"前當補"取"字，"對剪斷"後當補"之"字。又"已"當屬下句，"已而"為詞，在此取"隨後"之義。綜上，本段文字可點校為："其續斷，取絹布，與人各執一頭，對剪斷之。已而取兩段合持祝之，則復還連，與舊無異。"

[375] 其吐火者，先有藥在器中，取一片與黍糠含之，再三吹籲而張口火出。因就熱處，取以爨之，則便火熾也。（冊五，76/2253/12）

按："黍糠"，《珠林》卷六一作"黍餹"，今本《搜神記》卷二同，"餹"同"糖"；《太平御覽》卷七三七引作"黍飴"，飴也是糖。"黍糠"是"黍糖"之誤。《周禮·秋官·司烜氏》："凡邦之大事，共墳燭庭燎。"賈公彥疏："庭燎所作，依慕容所為，以葦為中心，以布纏之，飴密灌之，若今蠟燭。"飴密即飴蜜，指蜜糖，因易燃而作為庭燎的材料。此處記天竺胡人表演幻術時使用黍米熬成的糖，是利用它的易燃性來達到"張口火出"的效果。

[376] 唐貞觀二十年，西國有五婆羅門來到京師。善能音樂、祝術、雜戲、截舌、抽腹、走繩、續斷。（冊五，76/2254/3）

《校注》："'腹'字，《高麗藏》本作'腸'。"

按：《大正藏》本、《中華藏》本作"腸"，《大正藏》本校："宋、元、明、宮作'腹'。"（53/859c/17）《中華藏》本校："磧、普、南、徑、清作'腹'。"（72/389a/22）"抽腹"未聞。《珠林》卷四引王玄策《西國行傳》："王使顯慶四年至婆栗闍國。王為漢人設五女戲，其五女傳弄三刀，加至十刀。又作繩伎，騰虛繩上，著履而擲。手弄三仗，刀楯槍等。種種關伎，雜諸幻術，截舌抽腸等。不可具述。"所記幻術也作"抽腸"。此處字當取"腸"。"腸""腹"兩字形體極近，古書中每每互混，例不煩舉。《珠林》卷七四引《增一阿含經》："或開其腹抽腸佇草。"《諸經要集》卷十四引，"抽腸"即誤作"抽腹"。

[377] 或有女人手弄三伎，刀矟槍等，擲空手接，繩走不落。（冊五，76/2254/5）

《校注》："'伎'字，《高麗藏》本作'仗'。"

按：《大正藏》本、《中華藏》本作"仗"，《大正藏》本校："宋、元、明、宮作'伎'。"（53/859c/21）《中華藏》

本校："'三仗'，磧、普、南、徑、清作'三伎'。"（72/389b/3）《珠林》卷四引王玄策《西國行傳》作"仗"。"三仗"是指三件兵器，即下文刀、矟、槍之類。"伎"字不通，當改從"仗"。

［378］因向僧懺具說此言。（冊五，76/2256/3）

按：校注本在"僧懺"下用人名號，未聞有"僧懺"之名，恐未當。今謂"因向僧懺"即於是向僧人懺悔之意，其後應逗開。

# 《法苑珠林校注》卷七十七商議

[379] 到巷大哭，唱言：怪哉！我今身形為異於本，為不異本？何故家人見棄如是，言我是鬼，都不見認？我於今者如何所導。（引《盧至長者經》；冊五，77/2264/10）

《校注》："'如'字，《磧砂藏》本作'知'。'導'字，《高麗藏》本作'導'。"

按：《大正藏》本、《中華藏》本作"如何所導"，《大正藏》本校："'如'，宋、元、宮作'知'；'導'，宋、元、明、宮作'導'。"（53/862b/12）《中華藏》本校："磧、普作'知何所導'；南、徑、清作'如何所導'。"（72/396c/19）失譯人名《盧至長者因緣經》作"知何所道"，當據原書改。《集韻》上聲皓韻："導，說也，通作道。"《高麗藏》等作"導"，乃是"道"在表說話意義上的增旁俗字，《漢語大字典》引《集韻》而缺用例（參鄭賢章《漢文佛典疑難俗字彙釋與研究》106 頁）。此為一例。江藍生、曹廣順《唐五代語言詞典》"知復何言"下釋為："還有什麼可說，又作'知何道'，為唐人叫苦時的慣用語。"（444 頁）此處的"知何所道"即同於"知何道""知復何言"。《敦煌變文集·孟姜女變文》："其妻聞之大哭叫：'不知君在長城妖。既云骸骨築城中，妾亦更知何所道。'"是乃"知何所道"又一用例。《盧至長者因緣經》下文有："盧至悲噎歔欷而言：'我見此草，羞慚之盛，不能以身陷入於地，不知今者為有此身？為無此身？知何所云！'"其中的"知何所云"與"知何所道"同，《珠林》引作"知何所告"，意雖可通，但"告"或本是"云"字。

[380] 盧至聞已，意用小安。收淚而言，請諸人等更看我面，我今實是盧至以不？人皆答言：汝於今者實是盧至。（引《盧至長者經》；冊五，77/2264/11）

按："收淚"，《盧至長者因緣經》原作"抆淚"。盧至此時心有委屈，復又期盼眾人的同情，"收淚"意不相當，作"抆淚"較合情理。

[381] 王見是已，即別二人置於異處，各遣條牒，親屬頭數，種種財物，速書將來。二人持盡隱密之事，及以書迹，悉皆相似。（引《盧至長者經》；冊五，77/2266/2）

按："二人持盡隱密之事"意有不順。後三句《盧至長者因緣經》原作："而此二人，各持書至，一切所有，隱密之事，及以書跡，悉皆一種。"是知"盡"當是"書"之形近誤字。

# 《法苑珠林校注》卷七十八商議

[382] 梁武帝欲為文皇帝陵上起寺……所埋柱木入地成灰。（引《冥祥記〔冤魂記〕》；冊五，78/2293/9）

《校注》："《太平廣記》卷一二〇引，作出《還冤記》。"

按：《冥祥記》不應記載梁武帝事。唐宗密述《圓覺經大疏釋義鈔》卷九下："昔有顏之推，依書史纂録古來死後仇怨之事，文有三卷，名《冤魂記》，所敘之事，凡七十條。今取顯易處，編録七條於後。"此條為七條中之第六條。宋淨源《華嚴原人論發微録》第一："仇報怨恩者，謂仇怨報恩也。報恩如前結草；仇怨者，今於顏之推《怨魂志》中編録三條。"此條為三條中之第三條。是知《珠林》所標引書源頭有誤，此條當出自顏之推《冤魂記》。《太平廣記》引作出《還冤記》，不誤。又，此條至本卷末原注："右此十驗出《冥祥記》"，《校注》云："'樂該卿'後有'杜嶷'一驗，應為十一驗。"此十一驗《太平廣記》多云出自《還冤記》，疑原注《冥祥記》為《冤魂記》之誤。

[383] 道生問：何罪？荅云：失意逃叛。道生曰：此罪可忿。即下馬以佩刀刳其眼睛吞之。部曲呼天號

地。（引《冥祥記》；冊五，78/2296/7）

後一"罪"《校注》注："'罪'字，《高麗藏》本、《磧砂藏》本、《太平廣記》引均作'最'。"

按：《大正藏》本、《中華藏》本、《北藏》本、《清藏》本、《四庫》本以及《永樂大典（殘卷）》卷一六八四二皆作"最"。此處"最"受上文"何罪"影響，加上音同而誤為"罪"，當改回原字。

[384] 少日出射，而箭帖青傷指，纔可見血，不以為事。後因劀梨，梨汁漬瘡，乃始膿爛。（引《冥祥記》；冊五，78/2297/4）

《校注》："'劀'字原作'破'，據《高麗藏》本改。"

按：《大正藏》本、《中華藏》本作"劀"，《大正藏》本校："宋作'皮'，元、明作'破'。"（53/870/b）《中華藏》本校："磧、南作'皮'，普、徑、清作'破'。"（72/411/c）《北藏》本、《四庫》本以及《太平廣記》卷一二〇"釋僧越"引《還冤記》並作"破"。慧琳《一切經音義》卷九四釋《續高僧傳》："劀析，即皮剝之謂，析猶分析支解也。字書並無，從刀作劀字，蓋俗用字者也。"《集韻·支韻》："劀，刀析也。"以此知"皮"與"劀"字同，"劀"和"破"一樣有用刀破開之義。朱熹《朱子語類》卷六《性理三》："大凡人心中皆有仁義禮智，然元祇是一物，發用出來，自然成四派。如破梨相似，破開成四片。如東對著西，便有南北相對；仁對著義，便有禮智相對。"此即"破梨"之用例。因兩字字義相同，《珠林》各本異文相當，"破"未可輕易改為"劀"。

[385] 又求索無厭，或不愜意，遂遣兵襲江陵，俘虜朝士至於民庶百四十萬口，而害孝元焉。(引《冥祥記》；冊五，78/2297/8)

《校注》："'俘虜'原作'虜係'，據《高麗藏》本改。"

按：《大正藏》本、《中華藏》本作"俘虜"，《大正藏》本校："宋、明、宮作'虜係'；元作'盧侯'。"(53/870b/25)《中華藏》本校："磧、南、徑、清作'虜係'，普作'盧侯'。"(72/411c/12)《北藏》本、《四庫》本作"虜係"。《淮南子·本經訓》："驅人之牛馬，係人之子女。"東漢高誘注："係，繫囚之繫，讀若雞。"認為"係"與"繫"相通，表示"拘繫"之義。如此，則"虜係"即是"虜獲"義，不煩改作常語"俘虜"。元本、普寧藏本作"盧侯"，應是"虜係"之形誤。《太平廣記》卷一二六"梁元帝"(無出處)記此事作"虜係"，與"虜係"同。《新唐書·薛仁貴傳》："今泥熟不事賀魯，為其所破，虜係妻子。王師有於賀魯部落轉得其家口者，宜悉取以還，厚加賚遣，使百姓知賀魯為暴而陛下至德也。"從中可見"虜係"之確義。"虜係"又倒言作"係虜"，亦是"虜獲"義，如《史記·項羽本紀》："遂北燒夷齊城郭室屋，皆阬田榮降卒，係虜其老弱婦女。"《晉書·江統傳》："而今異類瓦解，同種土崩，老幼繫虜，丁壯降散，禽離獸迸，不能相一。""係虜"比"虜係"使用更普遍。

[386] 其夕，復夢見前人來云：何故負信？此人罪不至死，私家不合擅刑。今改決無濟理。投明嘔血，

數日而終。（引《冥祥記》；78/2299/3）

《校注》："'改'字原作'段'，據《高麗藏》本、《磧砂藏》本改。"

按："改"，《大正藏》本校："宮作'段'。"（53/870c/26）《中華藏》本作"度"，校："磧、普、南、徑、清、麗作'改'。"（72/412b/1）諸本作"改"於文義不順，應是"段"之形近誤字。"段"有"次、回"義，是中古習語（參蔡鏡浩《魏晉南北朝詞語例釋》86頁）。"今段"就是"這次、這回"的意思，如《宋書·后妃傳·明恭王皇后》："后在家為懦弱婦人，不知今段遂能剛正如此。"《魏書·爾朱兆傳》："兆殊不悅，且曰：'還白高兄，弟有吉夢，今段之行，必有克獲。'"《資治通鑒》卷一八二《隋紀》六"煬皇帝大業九年"："初，帝再征高麗，復問太史令庾質曰：'今段何如？'"胡三省注："今段，言自今以後一段事也。"此釋不如釋為"這次"直截了當。"今段決無濟理"，意即這次必定沒有救濟的可能。

# 《法苑珠林校注》卷七十九商議

[387] 今以火坑毒飯欲毀於佛，譬如蚊蝱欲動大山，蠅蠓之翅欲障日月。徒自毀壞，不如早悔。（引《月光童子經》；冊五，79/2304/9）

《校注》："'動'字原作'墜'，據《高麗藏》本改。"

按：《大正藏》本、《中華藏》本作"動"，《大正藏》本校："宋、元、明、宮作'墜'。"（53/872a/4）《中華藏》本校："磧、普、南、徑、清作'墜'。"（72/417a/11）西晉竺法護譯《月光童子經》原作"墜"，《諸經要集》卷十五引同。"墜"本不誤。"墜大山"即使大山崩塌之意。

[388] 時病比丘多所求索。老母慳貪，瞋嫌佛法及與眾僧。（引《觀佛三昧經》；冊五，79/2305/4）

《校注》："'貪'字，《高麗藏》本作'惜'。"

按：《大正藏》本、《中華藏》本作"惜"，《大正藏》本校："宋、元、明、宮作'貪'。"（53/872a/18）《中華藏》本校："'慳惜'，磧、普、南、徑、清作'慳貪'。"（72/417b/5）東晉佛陀跋陀羅譯《觀佛三昧海經》卷六及《經律異相》卷二三、《諸經要集》卷十五引皆作"貪"。《方言》卷十："亃，嗇，貪也。荆、汝、江、湘之郊，凡貪而不施

250

謂之愆。"郭璞注"愆"："謂慳貪也。音懿。"後漢安世高譯
《屍迦羅越六方禮經》："沙門道士當以六意視凡民：一者教
之布施，不得自慳貪。"梁釋僧祐《弘明集》卷十三晉郗超
《奉法要》："慳貪專利，常苦不足，則墮餓鬼。""慳貪"正
是"貪而不施"之義，在此意順，不必從"惜"。

[389] 末利夫人聞此語已，而作是言：須達長者
如好蓮華，人所樂見。云何復有毒蛇護之？喚須達婦
而語之言：汝家老婦惡口誹謗，何不擯出！（《觀佛三
昧經》；冊五，79/2305/7）

《校注》："'婦'字，《高麗藏》本作'婢'。"

按：《大正藏》本、《中華藏》本作"婢"，《大正藏》本
校："宋、元、明、宮作'婦'。"（53/872a/24）《中華藏》
本校："'老婢'，磧、普、南、徑、清作'老婦'。"（72/
417b/12）文中已稱須達妻子為"須達婦"，按理不應稱此
老母為"老婦"，下文就一直稱為"老婢"，帶有輕蔑口吻。
故當以"老婢"為佳。《觀佛三昧海經》卷六及《經律異相》
卷二三、《諸經要集》卷十五引皆作"老婢"。

[390] 爾時聖王即便以如意珠照曜女面，令女自
見如玉女寶。倍大歡喜，而作是言：諸沙門等高談大
語，自言有道，無一效驗。聖王出世，弘利處多。令
我老弊，如玉女寶。（引《觀佛三昧經》；冊五，79/
2306/12）

《校注》："'老弊'，《高麗藏》本作'老婢'。"

按：《大正藏》本、《中華藏》本作"老婢"，《大正藏》
本校："'婢'，宋、元、明、宮作'弊'。"（53/892b/27）

《中華藏》本校："'老婢'，磧、普、南、徑、清作'老弊'。"（72/418a/5）"老弊"是"年老衰弱"之義，如後秦鳩摩羅什譯《妙法蓮華經》卷二："後復告言：咄，男子，汝常此作，勿復餘去，當加汝價。諸有所須盆器米麵鹽醋之屬，莫自疑難。亦有老弊使人，須者相給，好自安意。我如汝父，勿復憂慮。"北魏般若流支譯《聖善住意天子所問經》卷中："一切魔身皆悉衰變，極成老弊，各自知見，拄杖而去。"隋闍那崛多譯《佛本行集經》卷十四："是時作瓶天子，於街巷前正當太子，變身化作一老弊人，傴僂低頭，口齒疏缺，鬚鬢如霜，形容黑皺，膚色黧黮，曲脊傍行，唯骨與皮，無有肌肉……"此處"老弊"即用此義。《觀佛三昧海經》卷六及《經律異相》卷二三、《諸經要集》卷十五引皆作"老弊"。因之無須改作"老婢"。

[391] 或嫌塔寺及諸形像，妨是處所，破壞除滅，送置餘處。（引《薩遮尼乾子經》；冊五，79/2307/12）

按："妨是"，《諸經要集》卷十五引同。北魏菩提留支譯《大薩遮尼乾子所說經》卷四原作"妨礙"，《珠林》卷三八引《薩遮經》（即《大薩遮尼乾子所說經》的簡稱）也作"妨礙"，唐道宣撰《四分律刪繁補闕行事鈔》卷下之四和《四分律比丘尼鈔》卷中之上、道世《毘尼討要》卷下末所引同；《諸經要集》卷十五引作"坊礙"，"坊"當作"妨"。此處當以"妨礙"為是，蓋"礙"左邊壞爛後誤為形近之"是"。

[392] 有七種重罪，一一罪能令眾生墮阿鼻地獄，經八萬四千大劫……六、逼掠淨行比丘尼。（引《觀佛三昧經》；冊五，79/2308/12）

《校注》："'掠'字原作'略'，據《高麗藏》本、《磧砂藏》本改。"

按：《方言》卷二："略，強取也。"《小爾雅·廣詁》："掠，取也。""略，取也。"清代胡承拱《小爾雅義證》："略與掠音義同。"故古書中"掠"和"略"常通用，"逼掠"與"逼略"並存。《後漢書·趙憙傳》："仲伯以婦色美，慮有強暴者，而己受其害，欲棄之於道。憙責怒不聽，因以泥塗伯仲婦面，載以鹿車，身自推之。每道逢賊，或欲逼略，憙輒言其病狀，以此得免。"《宋書·孔季恭傳》："子山士，歷顯位，侍中，會稽太守，坐小弟駕部郎道穰逼略良家子女，白衣領郡。"又《宗越傳》："時荊州刺史朱脩之未至，越多所誅戮，又逼略南郡王義宣子女，坐免官繫尚方。"《舊唐書·刑法志》："上以婦人雖為賊家口，皆是良家子女，被賊逼略，惻然湣之，令萬年縣於勝業佛寺安置，給糧料。"以上為"逼略"表示擄掠婦女之例。此處所言七種重罪，節引自《觀佛三昧海經》卷五，"逼掠淨行比丘尼"原作"逼略淨戒諸比丘尼"；《珠林》卷七兩次詳引作"逼掠"，而《大正藏》作"逼略"。"逼略"無煩改。

[393] 宋唐文伯，東海戇榆人也。（引《冥祥記》；冊五，79/2315/9）

按：《宋書·州郡志一》："贛榆令，前漢屬琅邪，後漢屬東海。魏省，晉武帝太康元年復立。"故"戇榆"當作"贛榆"。《太平廣記》卷一一六引不誤。

[394] 元嘉中為丹陽令，十年得病氣絕，少時還復暫甦。時建康令賀道力省疾下牀會。淮之語力曰：

始知釋教不虛，人死神存，信有徵矣。（引《冥祥記》；冊五，79/2316/5）

按："下牀會"前當點斷。王淮之復蘇後能下牀與省疾之客會面，說明其精神尚可，而後文言其忽然"語卒而終"，以此證明佛力足可主宰人生死，使邪見者得惡報。《太平廣記》卷九九"王淮之"引《冥祥記》此句作"適會下牀"，蓋未得其意而誤改。

[395] 宋沮渠蒙遜時，有沙門曇摩讖者，博達多識，為蒙遜之所信重……既而左右白日見摩讖以劍擊蒙遜，因疾而死。（引《冤魂記》；冊五，79/2316/10）

《校注》："'《冤魂記》'，《高麗藏》本作'《宣魂志》'。《太平廣記》卷一一九引，作出《還冤記》。"

按：《大正藏》本、《中華藏》本作"《宣魂志》"，《大正藏》本校："'宣'，宋、元、明、宮作'冤'。"（53/875a/27）《中華藏》本校："磧、普、南、徑、清作'《冤魂記》'。"（72/421c/21）查上海古籍出版社1991年影印《磧砂藏》本，作"《冤魂志》"，《北藏》本、《四庫》本亦同。據程毅中《古小說簡目》（30～31頁）、李劍國《唐前志怪小說史》（442～444頁），《宣魂志》當是《冤魂志》之誤，《還冤記》為《冤魂志》之別名。兩書未及《冤魂記》名，考唐宗密《述疏釋義鈔》卷九下："昔有顏之推，依書史纂錄古來死後仇怨之事，文有三卷，名《冤魂記》，所敘之事，凡七十條。"故知《冤魂記》也是《冤魂志》之異稱。

[396] 隋東川釋慧雲，范陽人。十二出家，遊聽為務……自預學徒，聞皆儉素。大有聲譽，不測終年。

（引《冥報記》；冊五，79/2320/5）

按：下文"傅奕"和"宋行質"與此條同注為出《冥報記》。"傅奕"條末尾有"臨在殿庭，親見二官說夢皆同"，"宋行質"條末尾有"臨聞其事……請劉召璹至，與辛卿等對問之云爾"，與《冥報記》原書體例相合；而此條最後卻無類似聞見來源的文字，也不見他書引作《冥報記》。岑仲勉《唐唐臨〈冥報記〉之復原》一文云："條下不敍所聞，其下為傅奕、宋行質兩條，末條注云，'右三驗出《冥報記》'，'三'亦得為'二'之訛也。"（《岑仲勉史學論文集》769頁）《續高僧傳》卷二五"釋慧雲"文字與此基本相同。疑此條非《冥報記》文，方詩銘將此輯入《冥報記補遺》（90頁），值得商榷。邵穎濤《〈冥報記·補遺〉辨偽五則》云："以《法苑珠林》為據輯補佚文，需要謹慎。"（《長江學術》2011年第3期）此即為一例。

[397] 唐太史令傅奕，本太原人……臨在殿庭，親見二官說夢皆同。（引《冥報記》；冊五，79/2320/12）

按：岑仲勉《唐唐臨〈冥報記〉之復原》一文云："'臨在殿庭親見二官，說夢皆同。'依文似可信是臨書，但文有云：'至貞觀十四年秋，暴病卒……後數日間而奕忽卒。'《舊書》七九《奕傳》則云：'貞觀十三年卒，年八十五。'《新書》一〇七同，《通鑑》亦附奕卒於十三年末，此條與史不符。奕在唐最為僧徒仇視，疑假名臨書以洩憤，僧徒之書亦不可盡信。"（《岑仲勉史學論文集》757頁）方詩銘將此條輯入《冥報記補遺》，在引用上述岑說後云："《廣記》一一六《傅奕》條引《地獄苦記》，至'已配越州為泥犁矣'止，文字與本條基本相同……似本條出處應為《地獄苦記》。

《珠林》所引《冥報記》與古寫本校，間有篡改，岑氏所疑疑是。"（92 頁）此條所記傅奕卒年與正史不合，約差一年，但《廣弘明集》卷七概述傅奕此事，明確言"檢唐臨《冥報記》云云"，故未可遽斷此條非臨書原文。

[398] 初奕與同伴傅仁均、薛頤並為太史令。頤先負仁均錢五千，未償而仁均死。（引《冥報記》；冊五，79/2321/2）

按："薛頤"，當據《太平廣記》卷一一六"傅奕"引《地獄苦記》作"薛頤"。薛頤，《舊唐書》卷一九一、《新唐書》卷二〇四有傳，武德年間曾為太史令。

[399] 吏執紙筆問璹，辭曰：貞觀十八年任長安佐史之日，因何改李須達籍？答曰：璹前任長安佐史，貞觀十六年轉選，至十七年，蒙授司農寺府史。十八年改籍，非璹罪也。（引《冥報記》；冊五，79/2322/3）

《校注》："'史'字，《高麗藏》本作'吏'。"

按：《大正藏》本、《中華藏》本作"吏"，《大正藏》本校："宋、元、明、宮作'史'。"（53/876c/14）《中華藏》本校："'府吏'，磧、普、南、徑、清作'府史'。"（72/424a/17）《冥報記》卷下、《太平廣記》卷三八〇"王璹"引《冥報記》皆作"史"。《舊唐書》卷四四《職官志三》"司農寺"下設有不入官品的職位"府二十八人，史七十六人"，此處"司農寺府史"即指此。"府吏"為一般官吏的稱謂，《高麗藏》本等作"吏"，非是。

[400] 至第四門，門甚壯大，重樓朱粉，三戶並開，狀如宮城門。守衛嚴切，又驗印聽出門。（引《冥

報記》；冊五，79/2322/9)

按："重樓朱粉"之"粉"，《太平廣記》卷三八〇"王璠"引《冥報記》同，《冥報記》卷下作"枌"。《文選》卷三五張協《七命》："棁素炳煥，枌栱嵯峨。"李善注："《說文》曰：'枌，復屋棟也。'枌與粉古字通。"又卷六左思《魏都賦》："枌橑復結，欒櫨迭施。"呂延濟注："枌，棟；橑，椽也。"《藝文類聚》卷六四隋江總《永陽王齋後山亭銘》："叢臺造日，淄館連雲，錦牆列繢，繡地成文，吾王卓爾，逸趣不群，梅梁蕙閣，桂棟蘭枌，竹深蓋雨，石暗迎曛。"是知"枌"可表示樓棟之義，此處作"枌"意思更相合。

[401] 至旦忽憶於武德初年在黍地裏打雀，於故村佛堂中取《維摩經》裂破，用繫杖頭嚇雀。有人見者云道：裂經大罪。滕生反更惡罵。遂入堂中，打白石像，右手總落。夢中所見，宛然舊像。(引《冥報記[冥報拾遺]》；冊五，79/2325/2)

按："打白石像右手總落"當為一句。董志翹曾在《中世漢語中的三類特殊句式》(《中國語文》1986年第6期)一文中舉出唐代小說里"打雙腳脛俱折""擊匠人立死""齧其鼻將落"等例子，說明這種句式是特殊的兼語式，"打雙腳脛俱折"即"打雙腳脛，雙腳脛俱折"的縮略形式。其說甚是。唐鄭處誨《明皇雜録》卷下："忽覽鏡視其齒，皆斑然焦黑，遽命侍童取鐵如意擊其齒盡墮，收於衣帶中。""擊其齒盡墮"也是這種句式。而此處的"打白石像右手總落"，正屬此類特殊兼語式。

# 《法苑珠林校注》卷八十商議

[402] 佛告阿難：過去不可計劫，時有大國，名為葉波。其王號曰溫波。（引《佛說太子須大挐經》；冊五，80/2334/7）

《校注》："'溫'字，《高麗藏》本作'濕'。"

按：《大正藏》本、《中華藏》本作"濕"，《大正藏》本校："宋、元、明、宮作'溫'。"（53/879b/26）《中華藏》本校："'濕波'，磧、普、南、徑、清作'溫波'。"（72/431b/20）"溫波"未聞。東晉聖堅譯《太子須大挐經》作"濕波"，唐澄觀述《大方廣佛華嚴經隨疏演義鈔》卷五十也作"濕波"。三國吳康僧會譯《六度集經》卷二"須大挐經"："昔者葉波國王號曰濕隨，其名薩闍。治國以正，黎庶無怨。王有太子，名須大挐。"其中葉波國王之號前一音節也取"濕"。當據改。"溫"易誤為"濕"，如《朝野僉載》卷一："其孫佺之北也，處鬱曰：'飧若入咽，百無一全。'山東人謂溫飯為飧，幽州以北並為燕地，故云。"此"溫飯"當以"濕飯"為是。《說文》："飧，水澆飯也。"《釋名·釋飲食》："飧，散也，投水於中解散也。"古代訓詁專書對"飧"的解釋也可證"溫飯"於此不合文意。

[403] 王自禱祠諸神，夫人便覺有身。至滿十月，

太子便生，字為須大拏。至年十六，書藝悉備，大小已來，常好布施。（引《佛說太子須大拏經》；冊五，80/2334/9）

按："大小已來"所指未詳。《珠林》各本作"少小已來"，東晉聖堅譯《太子須大拏經》原作"少小以來"，"已"通"以"。當據改。"少小已來"為中古習語，指"從小以來"，"少小"為"年幼"義，如後漢失譯人名《大方便佛報恩經》卷三："爾時仙人報大王言：'貧身有此一女，稚小無知，未有所識。少小已來，住此深山，未聞人事，服草食果。王今云何乃欲顧録？又此女者，畜生所生。'"北涼法盛譯《佛說菩薩投身飴餓虎起塔因緣經》："太子慈仁，聰明智慧貫練群籍及九十六種道術，威儀靡不通達。少小已來，常好布施，於身命財，無所遺惜。"隋敦煌本侯白《啟顔録》卷上："此人即云：'少小已來，自許明辯，至於通傳言語，堪作通事舍人，並解作文章，兼能嘲戲。'"即其例也。

[404] 曼坻言：使國豐溢，富樂無極。但當努力共於山中求索道耳。太子言：人在山中，恐怖之處。汝快憍樂，何能忍是。（引《佛說太子須大拏經》；冊五，80/2336/11）

《校注》："'快'字，《高麗藏》本作'常'。"

按：《大正藏》本、《中華藏》本作"常"，《大正藏》本校："宋、元、明作'快'。"（53/880a/26）《中華藏》本校："磧、普、南、徑、清作'快'。"（72/432b/19）東晉聖堅譯《太子須大拏經》原作"慣"。"慣憍樂"指習慣了驕縱享樂，於義為長。"快"當是"慣"的草書形訛字，"常"疑是

"快"字無解後據文意所改。

[405] 二萬夫人以真珠各一顆,以奉太子。(引《佛說太子須大拏經》;冊五,80/2337/4)

《校注》:"'顆'字,《高麗藏》本作'貫'。"

按:《大正藏》本、《中華藏》本作"貫",《大正藏》本校:"宋、元、明作'顆'。"(53/880b/7)《中華藏》本校:"普、南、徑、清作'顆'。"(72/432c/9)東晉聖堅譯《太子須大拏經》作"貫"。"一貫"猶言一串,如東漢安世高譯《地道經》:"譬如四衢中墮一貫真珠裏,一人當見已見,便喜愛意,喜欲得珠。""一貫真珠裏"即裝有一串珍珠的包裹。《魏書·趙柔傳》:"柔嘗在路,得人所遺金珠一貫,價直數百縑,柔呼主還之。"《珠林》卷三三引《唐高僧傳》:"又以念誦銅珠一貫,遺才為信。""一貫"比"一顆"更能顯現夫人們送太子禮物的貴重,當改作"一貫"。

[406] 四千大臣以七寶珠奉上太子。太子從宮出城,悉施四遠,即時皆盡。(引《佛說太子須大拏經》;冊五,80/2337/5)

《校注》:"'以'字,《高麗藏》本作'作'。"

按:《大正藏》本、《中華藏》本作"作",《大正藏》本校:"宋、元、明作'以'。"(53/880b/8)《中華藏》本校:"普、南、徑、清作'以'。"(72/432c/9)東晉聖堅譯《太子須大拏經》作"作","七寶珠"作"七寶華"。所謂"七寶華",在佛教中指用七種珍寶做成的蓮花,雖然"七寶"具體所指說法不一,但"作七寶華"皆可成一語。如西晉法炬、法立共譯《法句譬喻經》卷一:"昔佛在世時,弗加沙王與瓶沙王親友。弗加沙王未知佛道，作七寶華以遺瓶沙。瓶沙王得之，轉奉上佛。"東晉佛陀跋陀羅譯《佛說觀佛三昧海經》卷八："須達聞已，歡喜踴躍，辦諸供具，作七寶華高十一丈，置佛坐處。"故此處宜從原書改為"作七寶華"。

[407] 國中大小數千萬人共送太子。觀者皆悉垂淚而別。（引《佛說太子須大拏經》；冊五，80/2337/6）

《校注》："'悉'字，《高麗藏》本作'惜'。"

按：《大正藏》本、《中華藏》本作"惜"，《大正藏》本校："元、明作'悉'。"（53/880b/10）《中華藏》本校："磧、普、南、徑、清作'悉'。"（72/432c/12）"觀者皆悉垂淚而別"一句是節縮東晉聖堅譯《太子須大拏經》以下幾句而來："觀者皆共惜之。太子於城外樹下坐，辭謝來送者：'可從此而還。'吏民大小垂淚而歸。"此處作"悉"和"惜"句意皆可通。但根據節縮的常例，"觀者皆共惜之"縮減為"觀者皆惜"一句的可能性更大，當據改。

[408] 太子言：父王徙我著檀特山中。於此留者，違父王命，非孝子也。隨便出城，顧視不復見城。（引《佛說太子須大拏經》；冊五，80/2338/5）

按："隨便"，《珠林》各本作"遂便"，東晉聖堅譯《太子須大拏經》同，當據改。"遂便"為"於是就；隨即"義，當時常用，例不贅舉。

[409] 婦行汲水，道逢年少，嗤說其婿。持水既歸，語其婿言：我適取水，年少調我。為我索奴婢，我不自汲水，人亦不笑我。（引《佛說太子須大拏經》；

冊五，2339/9）

《校注》："'既'字，《高麗藏》本作'且'。"

按：《大正藏》本、《中華藏》本作"且"，《大正藏》本校："宋、元、明、宮作'既'。"（53/881a/3）《中華藏》本校："磧、普、南、徑、清作'既'。"（72/433c/4）此處"持水既歸，語其婿言"兩句是東晉聖堅譯《太子須大拏經》"婦便持水啼泣，且歸語其婿言"兩句的節縮，宜以作"且"為是。

［410］婆羅門言：若無物者，與我兩兒以為給使。如是至三。太子言：卿故遠來，無不相與。（引《佛說太子須大拏經》；冊五，80/2340/2）

《校注》："'無'字，《高麗藏》本作'何'。"

按：《大正藏》本、《中華藏》本作"何"，《大正藏》本校："宋、元、明作'無'；宮作'而'。"（53/881a/17）《中華藏》本校："磧、普、南、徑、清作'無'。"（72/433c/20）檢東晉聖堅譯《太子須大拏經》，此處"卿故遠來，無不相與"兩句原作"卿故遠來，欲得我男女，奈何不相與？"作"何"則保留了原有的反問句式，而反問語氣在此更能表現須大拏不給會失信，若給很不捨的矛盾心理。

［411］兩兒言：莫復撾我，我自去耳。仰天呼言：山神樹神一切哀念。我不見母別，可語我母，拾果疾來，與我相見。（引《佛說太子須大拏經》；冊五，80/2340/11）

按："拾"，《珠林》各本同，東晉聖堅譯《太子須大拏經》作"棄"。下文記兩兒之母有感後也是"棄果走還"。故疑此"拾"字乃是"捨"之形近誤字。三國吳康僧會譯《六度集經》卷二"須大拏經":"兩兒蹙身,宛轉父前,哀號呼母曰:'天神地祇、山樹諸神,一哀告吾母意云:兩兒以惠人,宜急捨彼果,可一相見。'"字也作"捨",可以助證。

[412] 天王帝釋知太子以兒與人,恐妃障其善心,便化作師子,當道而蹲。(引《佛說太子須大拏經》;冊五,80/2340/12)

《校注》:"'障'字,《高麗藏》本作'敗'。"

按:《大正藏》本、《中華藏》本作"敗",《大正藏》本校:"宋、元、明作'障';宮作'亂'。"(53/881b/10)《中華藏》本校:"磧、普、南、徑、清作'障'。"(72/434b/1)東晉聖堅譯《太子須大拏經》原作"敗"。三國吳康僧會譯《六度集經》卷二"須大拏經":"帝釋念曰:菩薩志隆,欲成其弘誓之重任。妻到,壞其高志也。化為師子,當道而蹲。"字用"敗"的同義詞"壞"。此處宜以"敗"為是。

[413] 是時拘留國婆羅門得兒還家,婦逆罵之:何忍持此兒還。此兒國王種,而無慈心,搞打令生瘡,身體皆膿血。捉持銜賣,更求使者。婿隨婦言,即行賣之。(引《佛說太子須大拏經》;冊五,80/2342/4)

按:"捉持",《大正藏》本、《中華藏》本作"促持",《大正藏》本校:"'促',宋、元、明、宮作'捉'。"(53/881c/19)《中華藏》本校:"磧、普、南、徑、清作'捉持'。"(72/434c/23)"捉持銜賣",東晉聖堅譯《太子須大拏經》作"速將炫賣之"。"促"即是"速"義,《廣韻》入聲"燭韻":"促,速也。"《珠林》一書中多見用例,如卷二一引《優填王經》:"歸語其妻曰:吾為無比得婿。促莊飾女,當將往也。"卷四七引《佛說一切施王所行檀波羅蜜經》:"彼劫人王聞婆羅門子所說,即復蹲地啼淚而言:告救諸臣,促解王縛,洗浴衣被,著其印綬,還立為王。"本篇前文云:"王言:汝正坐布施太劇,空我國藏,失我敵寶,故逐汝耳。促疾出去。不聽汝也。""促"原書作"速",在此與"疾"同義連用。下文又有:"王抱兩孫,手摩其頂,問兩兒言:汝父在山,何所飲食?被服何等?兒具苔之。王即遣使促迎太子。"故此處當取"促","捉持銜賣"意即趕快拿去叫賣。又《珠林》卷五六引《菩薩本行經》:"王言:此人福德殊特乃爾,我今云何而毀辱之。即敕吏言:捉放出去,勿使稽遲。便放令去。""捉放出去"之"捉",也當據東晉失譯人名《佛說菩薩本行經》卷中、《大正藏》本《珠林》以及《諸經要集》卷六引改為"促"。

[414] 王問婆羅門:賣索幾錢?婆羅門未苔。男兒便言:男直銀錢一千,特牛一百頭。女直金錢二千,牸牛二百頭。(引《佛說太子須大挐經》;冊五,80/2342/9)

按:依此標點,似乎是婆羅門不能或不願回答,男兒纔說了下面的賣價。而東晉聖堅譯《太子須大挐經》中,"婆羅門未答"句本作"婆羅門未及得對"。故此,"婆羅門未苔"後當用逗號,以顯現不是婆羅門不能答或不願答,而是還沒有來得及回答,因為國王爺爺將兒孫逐出國,自己卻沉於女色,此時孫兒搶著報價錢,就是為後面表達這一怨氣作鋪墊。

# 《法苑珠林校注》卷八十一商議

[415] 一、心重財輕，如貧女將一錢施大眾，得福弘多。（冊五，81/2355/7）

按：既言"財輕"，則不當言"將一錢施"，錢與財有別。《諸經要集》卷十作"將一疊施"，當從之。"疊"指木棉布。《一切經音義》卷十四釋《大寶積經》："白氎，音牒。《考聲》云：毛布也，草花布也。從毛，疊聲也。經文單作疊，非本字，器物也。"後秦佛陀耶舍共竺佛念譯《長阿含經》卷三："爾時福貴被二黃疊，價直百千，即從座起，長跪叉手而白佛言：'今以此疊奉上世尊，願垂納受。'佛告福貴：'汝以一疊施我，一施阿難。'"北魏慧覺等譯《賢愚經》卷五："尋曰：'我意欲以此疊布施。'夫言：'我之與汝，共此一疊，出入求索，以自存活。今若用施，俱當守死，欲作何計？'"此即以疊布施之例。

[416] 如《大寶積經》云："財施有五種：一、至心施，二、信心施，三、隨時施，四、自手施。五、如法施。"（冊五，81/2356/8）

《校注》："此段出處待考。"

按：此段出自唐窺基《妙法蓮華經玄贊》卷四，原文為："施有五相：至心及信心、隨時、自手施，如法行。"

[417] 如《大寶積經》云："所不應施復有五事……五、音樂女色不以施人，壞淨心故。"（冊五，81/2357/1）

《校注》："此段出處待考。"

按：此段出自後秦鳩摩羅什譯《發菩提心經論》卷上《發菩提心經論檀波羅蜜品》。

[418] 如是施者，名無憐湣，不知報恩。是人未來雖得財寶，常求不集，不能出用，身多病苦。（引《優婆塞戒經》；冊五，81/2358/8）

按："常求不集"，《珠林》各本及《諸經要集》卷十《量施緣》引同。北涼曇無讖譯《優婆塞戒經》卷五原作"常失不集"，前文又言："若人施已，生於悔心；若劫他物，持以布施。是人未來雖得財物，常耗不集。""失"與"耗"同義對應，此處當以作"失"為是。《珠林》卷八十又引有同一段文字，作"常失不集"，《珠林》各本及《諸經要集》卷十《述意緣》引同，也可為證。蓋道世編纂兩書時，文字已出現歧異。

# 《法苑珠林校注》卷八十二商議

[419] 是以持戒為德，顯自大經；性善可崇，明乎大論。或復方之日月，譬若寶珠，義等塗香，事同惜水。（冊五，82/2373/6）

《校注》："'或'字，《高麗藏》本作'戒'。"

按：《大正藏》本校："'戒'，宋、元、明、宮作'或'。"（53/889c/10）《中華藏》本校："'戒'，磧、南、徑、清作'或'。"（72/452b/11）《諸經要集》卷十也作"或"。"戒復"於此文意不順，當以"或"為是。王引之《經傳釋詞》卷三："或，猶又也。""或"和"復"都有"又"義，故"或復"常在承接前一義的基礎上另起一義，道世在《珠林》述意部中頻繁使用，此不贅舉。

[420] 言行忠信，戰戰兢兢。豈可放縱心馬，不加彎勒；馳騁情猴，都無制鎖。（冊五，82/2374/1）

《校注》："'猴'字，《高麗藏》本作'猨'。"

按：《大正藏》本、《中華藏》本作"猨"，《大正藏》本校："宋、元、明、宮本作'猴'。"（53/889c/17）《中華藏》本校："磧、南、徑、清作'猴'。"（72/452b/18）《諸經要集》卷十也作"猴"。《珠林》卷五一："是故隨順邪師，信受惡友，致使煩惑難攝，亂使常行；心馬易馳，情猴難禁。"也用"情猴"。可見道世用語如此，"情猴"為原文。

[421] 何等為不起惡戒？此菩薩不自高貴，言我持戒。見犯戒人，亦不致呵，令其憂惱。但一其心持清淨戒。（引《華嚴經》；冊五，82/2376/4）

按："高貴"，《珠林》各本同。《大方廣佛華嚴經》卷十二原作"貢高"，當據正。後漢支婁迦讖譯《佛說伅真陀羅所問如來三昧經》卷中："菩薩不自貢高，輕侮他人，常自制止，是為持戒。"也作"貢高"。"貢高"乃佛教常語，是"驕傲自負"之義。蓋兩字順序先誤倒，而後又訛作"高貴"。

[422] 如劍林棘叢，處中多傷毀，愚劣不堪任，護持如此戒。（引《大莊嚴論》；冊五，82/2382/8）

《校注》："'叢'字原作'聚'，據《高麗藏》本改。"

按：《大正藏》本校："'叢'，宋、元、明、宮作'聚'。"（53/892b/17）《中華藏》本作"藂"，校："'藂'，磧、南、徑、清作'聚'。"（72/455c/3）後秦鳩摩羅什譯《大莊嚴論經》卷三原也作"聚"。慧琳《一切經音義》卷五七釋《無上處經》："叢聚，族公反，孔注《尚書》：叢亦聚也。《說文》：草木聚生為叢，從丵取聲。經從草作藂，非也。亦俗字也。""叢"俗或作"藂"，諸本作"聚"，實為"藂"之誤省。

[423] 又於漢水漁人牽網所，如前三告，引網不得，方復歸心，空網而返。（引《唐高僧傳》；冊五，82/2386/4）

《校注》："'所'字原闕，據《唐高僧傳》補。"

按：《珠林》各本以及韓國湖林博物館藏開寶藏本《珠林》卷八二皆無"所"。《大正藏》本、《中華藏》本《續高僧傳》卷十六"釋法聰"也無"所"。此處原作"又於漢水，漁人牽網，如前三告，引網不得，方復歸心，空網而返"，四字一頓，句式整齊，與漢譯佛經表達習慣甚合，且文意流暢，不加"所"反倒為佳。

[424] 後卒於江陵天官寺，即是梁太一年也。其寺現有碑記。(引《唐高僧傳》；冊五，82/2386/6)

《校注》："'天官寺'，《高麗藏》本作'天宮寺'。"又："'太一年'，《高麗藏》本作'太初年'，梁皆無此年號，《唐高僧傳》作'大定五年'。"

按：《大正藏》本作"天宮寺"，校："'宮'，宋、元、明、宮作'官'。"(53/893c/4)《中華藏》本作"天宮寺"，校："磧、南、徑、清作'天官寺'。"(72/457a/9)韓國湖林博物館藏開寶藏本《珠林》卷八二也作"天宮寺"。考《續高僧傳》卷十六"釋法聰"原作："及湘東王作牧荆峽，於江陵造天宮寺迎以處之，遂終此寺。"宋曇照《智者大師別傳注》卷上："天宮寺，梁元帝為湘東王時，高祖崩，故造薦福也。"明不著撰人《神僧傳》卷四："湘東王承聞，馳駕山門，伸師襄之禮。頻請下都，固辭不許。乃捨宮造天宮寺邀延，永住巴峽空晉鴻上。湘東王柏木為寢殿，及感放光，旬日不歇。"《古今圖書集成·神異典·釋教部·紀事》卷上引明心泰編《佛法金湯編》："元帝為湘東王時，捨宮造天宮寺，請法聰居之。修崇佛事，即位於江陵。"以上所記梁湘東王於江陵所造者，皆作"天宮寺"，當從。

又："太一年"，《大正藏》本作"太初年"，校："'初'，宋、元、明、宮作'一'。"（53/893c/4）《中華藏》本作"太初年"，校："'初年'，磧、南、徑、清作'一年'。"（72/457a/9）韓國湖林博物館藏開寶藏本《珠林》卷八二作"太初年"。"太一""太初"皆非梁代年號，《珠林》何以誤成，未詳其實。《大正藏》本、《中華藏》本《續高僧傳》卷十六"釋法聰"原作"太清年"，當從。據上條所引《智者大師別傳注》，梁武帝去世後，湘東王造天宮寺以薦福，"太清"為梁武帝最後一個年號，按理法聰卒於天宮寺不應在武帝的太清年間，然而據《梁書·元帝本紀》："大寶三年，世祖猶稱太清六年。"也即簡文帝離世後，王僧辯、陳霸先等將領率兵討逆，沿用大寶年號至三年，故梁元帝繼位後，不認可"大寶"年號，而改稱"太清"。依此，法聰太清年間卒於天宮寺可得解釋。至於《校注》所據本《唐高僧傳》作"大定五年"，頗疑為"大寶三年"之誤，也即指太清六年（552），如此則與《大正藏》本、《中華藏》本《續高僧傳》所記一致。

　　[425] 遂於此山香鑪峰自投而下，誓粉身骨，用生淨土。便於中虛，頭忽倒垂，冉冉而下，處於深谷，不損一毛。（引《唐高僧傳》；冊五，82/2387/1）

　　《校注》："'垂'字，《唐高僧傳》作'上'。"

　　按：《大正藏》本校："'上'，宋、元、明、宮作'垂'。"（53/893c/13）《中華藏》本校："'上'，磧、南、徑、清作'垂'。"（72/457a/19）《高麗藏》本、韓國湖林博物館藏開寶藏本《珠林》卷八二也作"上"。《續高僧傳》卷十六"釋法充"原作"上"。當以"上"為是。此言法充志在必死，故頭往下而投身，及在空中，頭忽倒轉而在上，故冉冉落下，得以安然無恙。

[426] 經于六年，方乃卒也。時屬隆暑，屍不臭爛。（引《唐高僧傳》；冊五，82/2387/3）

按：《大正藏》本校："宋、元、明、宮'時'前有'世'字。"（53/893c/17）《中華藏》本校："'時屬'，磧、南、徑、清作'世時屬'。"（72/457b/1）"卒也"，《續高僧傳》卷十六"釋法充"原作"卒世"。"卒世"有"去世"義，如趙萬里編《漢魏南北朝墓誌集釋》（上）圖版八〇《魏故安西將軍涼州刺史元君之墓誌》："君諱維，字景範……春秋廿六，以建義元年四月十三日河梁之下，非命卒世。"（374頁）清陸心源輯《唐文拾遺》卷六七《唐中嶽沙門釋法如禪師行狀》："法無去來，延促思盡，即永昌元年歲次己丑七月二十七日午時，寂然卒世，春秋五十有二，瘞於少室山之原也。"周一良、趙超主編《唐代墓誌彙編續集》會昌〇一一《唐故彭城郡劉（巖）府君墓誌銘》："前夫人江夏費氏，先府君而卒世。"（951頁）《漢語大詞典》失載"卒世"一詞，當補。此處當據《續高僧傳》改"卒也"為"卒世"。《珠林》各本"時屬"前有"世"字者，當是校改"也"字的旁批被寫入正文而誤字又未刪去所致。

[427] 時有惡魔，化作五百健罵丈夫，恒尋逐我，與諸惡罵。（引《菩薩藏經》；冊五，82/2388/5）

《校注》："'與'字，《高麗藏》本作'興'。"

按：《大正藏》本、《中華藏》本以及韓國湖林博物館藏開寶藏本《珠林》卷八二作"興"。《大寶積經》卷四五原也作"興"。此處當作"興"。後秦竺佛念譯《出曜經》卷二十:"盡滅善本,出語成惡,不慮前後,觸類興罵,語常粗纇,以瞋恚為首。"唐法藏《梵網經菩薩戒本疏》卷四:"惜草葉而起重嗔,發惡言而興罵辱,故宜重也。"以上即為"興罵"搭配使用之例。

[428] 又書云:"天道無親,唯仁是與。"(冊五,82/2390/6)

《校注》:"此段出處待考。"

按:此段出《孟子·盡心上》:"存其心,養其性,所以事天也。"東漢趙岐注:"能存其心,養育其正性,可謂仁人。天道好生,仁人亦好生,天道無親,惟仁是與。行與天合,故曰'所以事天'。"《大正藏》本、《中華藏》本以及韓國湖林博物館藏開寶藏本《珠林》卷八二"與"作"興",乃形誤字。

[429] 第三忍辱有十事……若人能成如是十事,當知是人能修於忍。(引《大寶積經》;冊五,82/2391/7)

《校注》:"此段出處待考。"

按:此段《大寶積經》未見,經檢核,出後秦鳩摩羅什譯《發菩提心經論》卷上《羼提波羅蜜品》。

[430] 身死神去,輪轉三塗,自生苦惱。無量諸佛賢聖所不愛惜,亦如汝言,不惜澡盤。(引《法句喻經》;冊五,82/2394/8)

按:晉法炬、法立譯《法句譬喻經》卷三"自生"後原有"自死"兩字,《珠林》卷七六引《法句經》同。"輪轉三塗,自生自死"是比照前文"(澡盤)輪轉而走,自跳而墮"

（《法句譬喻經》原作"自跳自墮"）而言。故此處當校點為："身死神去，輪轉三塗，自生自死，苦惱無量。"

[431] 此鬼若以手打耆闍崛山者，能令碎如糠糟，況復打人而不苦痛。 （引《雜阿含經》；冊五，82/2396/5）

《校注》："'糟'字，《高麗藏》本作'糩'。"

按："糠糟"本指穀皮和酒滓，因貧窮人家常以之充饑，故用以指粗劣的食物，其義於此未洽。《大正藏》本、《中華藏》本以及韓國湖林博物館藏開寶藏本《珠林》卷八二也作"糩"，當據改。《一切經音義》卷一○○釋《念佛三昧寶王論》："糠穅……下口外反。《字書》云'麤糠也'。《說文》亦'糠也'，從禾，會聲。論文作糩，俗用字，誤也。"故知"糠糩"同義復用，仍是指糠。西晉無羅又譯《放光般若經》卷一："三千大千國土其中大風起，吹須彌大山令如糠糩，能以一指障其風力令不起者，當學般若波羅蜜。"唐玄奘譯《大般若波羅蜜多經》卷三："若菩薩摩訶薩見有三千大千世界所依風輪飄擊上涌，將吹三千大千世界蘇迷盧山、大蘇迷盧山、輪圍山、大輪圍山及餘小山、大地等物碎如糠糩，欲以一指障彼風力令息不起，應學般若波羅蜜多。"此兩例也用使山碎如糠糩之語。

又："況復打人而不苦痛"一句分敘兩事，"不苦痛"非"打人"的結果，當點斷為："況復打人，而不苦痛？"意思是：何況是打人，竟然會不痛苦？

[432] 故憍陳那見聖諦已，佛以神力除破闇障，令其憶念過去世事，使便自見為羯利王，佛為仙人，

自以利劍斷佛七支作七瘡孔，佛不瞋恨，反以誓願欲饒益之。（引《新婆沙論》；冊五，82/2397/11）

《校注》："'破'字，《高麗藏》本作'彼'。""'事'字，《高麗藏》本作'時'。"

按："破"，《大正藏》本、《中華藏》本以及韓國湖林博物館藏開寶藏本《珠林》卷八二作"彼"，唐玄奘譯《阿毘達磨大毘婆沙論》卷一八二原作"彼"，《諸經要集》卷十引同。當據改。

又："事"，《大正藏》本、《中華藏》本作"時"，《大正藏》本校："宋、元、明、宮作'事'。"（53/896b/24）《中華藏》本校："磧、南、徑作'事'。"（72/461a/20）唐玄奘譯《阿毘達磨大毘婆沙論》卷一八二原作"事"，《諸經要集》卷十引同。當據改。

# 《法苑珠林校注》卷八十三商議

[433] 光於山南見一石室，乃止其中，安禪合掌，以為棲禪之處。（引《梁高僧傳》；冊五，83/2411/7）

按："棲禪"與前文"安禪"用語重復。《高僧傳》卷十一"晉剡隱嶽山帛僧光"作"棲神"，當據改。"棲神"是棲息精神、心無旁騖之義，此處受上文"安禪"影響，"神"訛為形近字"禪"。

[434] 鴻大愧懼，收之於室，以塼疊其外而泥之。（引《梁高僧傳》；冊五，83/2412/1）

《校注》："'疊'字原作'累'，據《高麗藏》本改。"

按：慧琳《一切經音義》卷三釋《大般若波羅蜜多經》"囑累"："《說文》：累，增也。坺土為牆曰累，古文作壘、絫，皆象形字也。或從三田作壘，或作累、纍。"是知壘、累本為異體字。佛經中屢見"塼累""累塼"的用例，如晉法顯《法顯傳》："夫人伺王不在時，遣人伐其樹倒。王來見之，迷悶躃地。諸臣以水灑面，良久乃蘇。王即以塼累四邊，以百甖牛乳灌樹根。"《珠林》卷六三引《梁京寺記》："到二十三日，於光處忽有泉湧。仍見此瑞像隨水而出。遠近駭觀，咸生隨喜。泉既不竭，乃累塼為井，井猶存焉。"故此處不必據《高麗藏》本改。

[435] 須臾見有五人炳炬火，執信旛，逕來入屋，叱喝僧規。（引《冥祥記》；冊五，83/2414/6）

《校注》："'喝'字原作'呾'，據《高麗藏》本改。"

按：《大正藏》本、《中華藏》本作"喝"，《大正藏》本校："宋、元、明、宮作'呾'。"（53/900b/27）《中華藏》本校："磧、南、徑、清作'呾'。"（72/469b/22）唐懷信述《釋門自鏡録》卷上引《冥祥記》、《永樂大典（殘卷）》卷四九〇引《法苑》作"呾"。慧琳《一切經音義》卷四三釋《金剛恐怖觀自在菩薩最勝明王經》："呪詛……下側助反。鄭注《周禮》云：詛謂祝之使敗也。欲相共惡之也。《考聲》云：詛，咒罵也。《說文》：從言，且聲……經文作呾，非也。"是知"呾"是"詛"之俗寫，義為"咒罵"。此處"叱呾"猶如"叱罵"，意自可通，原文不誤。

[436] 大同四年四月十二日中，竟有一客僧名法珍，緣家在壽陽，來寺禮拜。（引《唐高僧傳》；冊五，83/2416/6）

按："竟"當連上為句。"中"指中食。寺中僧人一日兩餐，即朝食和中食，合稱兩餐為"朝中"，如東晉僧伽提婆譯《中阿含經》卷二："有信族姓男、族姓女，於房舍中常施於眾朝粥、中食。"《珠林》卷十九引《冥祥記》："其谷舊多虎，常為暴害。立寺之後，皆如家畜。鮮卑慕容德以二縣租課充其朝中。"唐懷信述《釋門自鏡録·序》："余且約計五十之年，朝中飲食蓋費三百餘碩矣，寒暑衣藥蓋費二十余萬矣。""中竟"就是"中食竟"，即中午吃完齋食。《宋書·袁粲傳》："孝建元年，世祖率群臣並於中興寺八關齋，中食竟，滑孫別與黃門郎張淹更進魚肉食……並免官。"《續高僧傳》卷二七"釋僧崖"："因即應聲，二百許人悉見天花如雪，紛紛滿天，映日而下。至中食竟，花形漸大，如七寸盤。"此"中食竟"之用例。《高僧傳》卷八"釋智順"："初順之疾甚，不食多日，一時中竟，忽索齋飲。"《珠林》卷三六引《高僧傳》："嘗夏安居竟，信心看［者］採雜華施僧座下，中竟檢視，唯跋摩所坐，鮮榮如初。"此"中竟"之用例。

# 《法苑珠林校注》卷八十四商議

　　[437] 爾後三年，忽聞車騎隱隱，從者彌峰。俄而有人著幘，稱珠欺王，通既前，從其妻子男女等二十三人，並形貌端正，有逾於世。（引《梁高僧傳》；冊五，84/2432/5）

　　按：古時上門探訪有身份的人，皆需先以名帖通報來訪者姓名請見，稱為"通刺"或"通名"，簡稱"通"，如《後漢書·孔融傳》："河南尹何進當遷為大將軍，楊賜遣融奉謁賀進，不時通，融即奪謁還府，投劾而去。"《太平廣記》卷二九四"陳緒"引《幽明錄》："新城縣民陳緒家，晉永和中，旦聞扣門，自通云'陳都尉'，便有車馬聲，不見形。徑進，呼主人共語。"《高僧傳》卷八"釋法度"："住經歲許，忽聞人馬鼓角之聲，俄見一人持名紙通度曰斬尚。"此例的"通"意義同以上諸例。故"通"當屬上句。中華書局本《高僧傳》卷十一"支曇蘭"標點正確（408頁）。《高僧傳》卷十一"釋曇超"："後時忽聞風雷之聲，俄見一人秉笏而進，稱嚴鎮東通。須臾有一人至，形甚端正，羽衛連翩，下席禮敬。"中華書局本《高僧傳》（424頁）及《校注》卷六三引（1887/4）均在"嚴鎮東（陳）通"下用專名號，非是。"嚴鎮東"或"嚴鎮陳"是人名，"通"指通名求見，其用法與此處相同。

［438］既至蘭所，暄涼訖。蘭問：住在何處？答云：樂安縣韋鄉山。久服夙聞，今與家累仰投，乞受歸戒。蘭即授之。（引《梁高僧傳》；冊五，84/2432/6）

按："夙聞"，《大正藏》本、《中華藏》本作"風問"，《大正藏》本校："宋、宮作'夙問'，明作'夙聞'。"（53/905a/24）《中華藏》本校："磧作'夙問'，南作'風聞'，徑、清作'夙聞'。"（72/480a/9）《高僧傳》卷十一"支曇蘭"原作"風問"，《太平御覽》卷六五六引同。當據原書作"風問"。"風問"語出《後漢書·文苑傳下·高彪》："承服風問，從來有年，故不待介者而謁大君子之門，冀一見龍光，以敘腹心之願。"李賢注："風問，風猷令問。"後世相沿使用，如《續高僧傳》卷二四"釋慧乘"："於時乘從偽鄭，詞被牽連。主上素承風問，偏所顧屬，特蒙慰撫，命住勝光。"北宋王安石《臨川集》卷八一《謝知州啟》："伏以某官美業内充，懿文彌飾，傅會昇平之世，躋昇通顯之官，風問日隆，寵靈交至。""風問"指聲望名譽，用於此處正合。

［439］稠呼優婆夷，三呼乃出。便謂神曰：眾僧行道，宜加擁護。婦人以足撥於故泉，水即上湧。時共深異，威儀如此。（引《梁［唐］高僧傳》；冊五，84/2437/8）

按："威儀"，《續高僧傳》卷十六"釋僧稠"原作"威感"。"威感"指威望的感召，如《珠林》卷四三引《賢愚經》："王復知之，即立誓願：若我有福，斯諸仙人悉皆當來，承王威感。五百仙人盡到王邊，扶輪御馬，共至天上。"

又卷四四："萬國來朝，百辟作詠。肇高武皇，後嗣宗聖。凶夷險阻，威感除併。"南宋金允中《上清靈寶大法》卷三五："梵炁晨華，徹照鑊湯。度仙上聖，威感無方。"而"威儀"諸義於此不如"威感"妥帖，當改從原書。

# 《法苑珠林校注》卷八十五商議

[440] 齊武成世，并州東看山側有人掘地，見一處土，其色黃白，與傍有異。尋見一物，狀人兩唇，其內有舌，鮮紅赤色。（引《侯君素集》；冊五，85/2451/6）

按：文中"并州"和"東看山"下皆標地名號，不妥。唐李吉甫《元和郡縣圖志》卷十三《河東道二·太原府（並州）·太原縣》："牢山，一名看山，在縣東北四十五里。"是知地名號當僅限於"並州"和"看山"，"東"指東面，不應誤標。《校注》卷十八引《梁［唐］高僧傳》作："齊武成世，並東看山人掘見土黃白，又見一物，狀如兩唇。"衹在"並"和"看山"下用地名號（冊二，594/8），極是。

# 《法苑珠林校注》卷八十六商議

[441] 正勝寺法願道人善通樊許之術，謂寵曰：君年滿當死，無可避處。唯祈誠諸佛，懺悔先愆排脫，或可冀耳。（引《梁〔唐〕高僧傳》；冊五，86/2486/5）

按："排脫"，《珠林》各本同，但他書未見用例。《大正藏》本、《中華藏》本《續高僧傳》卷五"釋法寵"作"越脫"，"越"同"跳"字。《大正藏》本校："'越'，宋、明、元、宮作'挑'。"（50/461b/5）《中華藏》本校："諸本作'挑脫'。"（61/560a/20）今謂，"越（跳）脫"與"挑脫"為同一詞，此處的"排"為"挑"之形近誤字，當據改。隋智顗述《觀音義疏》卷上："若有、設有、復有，皆是不定挑脫之辭也。"又《摩訶止觀》卷九："譬如良醫，精別藥病，解色、解聲、解脈，逗藥即差，有命盡者，亦不能起死；若不解脈醫，問病相，依語作方，亦挑脫得差。"唐湛然述《止觀輔行傳弘決》卷二二："依語作方，亦有得益，則大師自斥我為凡師。眾生既無值聖之緣，遇此凡師，亦遇然得益，故云挑脫。"是知"挑脫"有"不一定、偶然"之義，而《漢語大詞典》失載。考"挑脫"早期寫作"跳脫"，有"躍動、擺動"義，如西漢焦贛《易林·無妄之師》："火起上門，不為我殘，跳脫東西，獨得生完。"《全唐文》卷五九九劉禹錫《楚望賦》："設機沉深，如拾於陸。彼遊儵之瑣類，咸跳脫於窘束，雖三趾與六眸，時或加乎一目。"後用"跳脫"稱人佩戴的一種連環手鐲，詞無定字，詞形可作"挑脫"，如《淵鑒類函》卷三八一引《字彙》："釧，古謂之挑脫，金條旋轉數匝，浮貫臂間。古男女同用，今惟女飾用之。"因為這種連環手鐲"浮貫臂間"，在手腕和小臂之間滑動，並未固定，所以此詞又引申為"不一定、偶然"義，字形作"挑脫"。此處的"挑脫"不是"懺悔"的賓語，而是"冀"的對象，提前置於主語位置，故"排脫或可冀耳"當為一句。幾句大意是：你年滿四十必當死去，不可逃避。祇有誠心向諸佛祈願，懺悔先前的過錯，或許有望出現偶然，免於一死。

# 《法苑珠林校注》卷八十七商議

[442] 接濟沉溺，喻之橋樑。運度大海，喻之浮囊。能除昏暗，喻之燈光。防非止惡，喻之戒善。（冊六，87/2490/1）

《校注》："'能'字，《高麗藏》本作'照'。"

按：《大正藏》本、《中華藏》本作"照"，《大正藏》本校："宋、元、明、宮作'能'。"（53/921a/15）《中華藏》本校："磧、南、徑、清作'能'。"（72/515a/13）當以"照"為是。"照除"為一詞，漢譯佛經中多見，如後秦鳩摩羅什譯《大智度論》卷五："諸菩薩如藥王，能除一切諸煩惱；諸菩薩如日，能照除一切闇；諸菩薩如地，能含受一切眾生。"北魏菩提留支譯《大薩遮尼幹子所說經》卷一："如來智日輪，照除世間闇，諸梵王等光，隱沒不能現。"北涼曇無讖譯《佛本行經》卷五："我已燃智燈，照除世闇冥。"歸納"照除"用例，知其有"照亮"之義，辭書失載，當補。

[443] 王聞斯語，自投於地，稱怨自責：我造罪根，坐不安席。即自嚴辦香油酥薪，取六死屍而闍維之，為起六偷婆。與之供養，日三懺悔。（引《大莊嚴

論》；冊六，87/2495/9)

　　按："與之供養"，後秦竺佛念譯《出曜經》卷十及《經律異相》卷十九引皆作"興敬供養"，於義為長。"興敬供養"指因生發敬意而供奉，在竺佛念的譯經中多見，如《出曜經》卷九："過去久遠無數世時，有佛出世，名曰迦葉至真等正覺，在世教化所度有緣眾生已訖，於無餘泥洹界而般泥洹。爾時眾生四部之眾耶旬舍利，起七寶塔，興敬供養。"《最勝問菩薩十住除垢斷結》卷三："時有菩薩名曰究暢，即從坐起，長跪叉手，前白佛言：'唯然世尊，是三昧定有何名號，乃令三千大千刹土、十方境界普在掌中，其中眾生興敬供養而無增減乎？'"《菩薩瓔珞經》卷四："復令無數阿僧祇刹土眾生之類，各生善心，興敬供養諸佛世尊，香華繒采，作倡伎樂。"此處蓋先誤認"興"為"與"，而後又擅改"敬"為"之"。

　　[444] 昔有旃陀利家，生其七男……至於齋日，數數懺悔，望得罪薄，免於地獄。（引《大莊嚴論》；冊六，87/2495/15)

　　《校注》："出《大莊嚴論》卷八。"

　　按：《大莊嚴論》卷八僅略記其事，文字與此大有差異。據《珠林》內容看，與後秦竺佛念譯《出曜經》卷十及《經律異相》卷十九所引高度吻合，似本應出自《出曜經》卷十，道世誤標出處。

# 《法苑珠林校注》卷八十八商議

[445] 如迦葉佛時有優婆塞，由飲酒故淫他妻，盜他雞殺。他人來問時，答言不作，便犯妄語。（卷八八引《薩婆多論》；冊六，88/2520/3）

按：《〈法苑珠林校注〉標點疑誤補舉》（《古籍整理研究學刊》2015 年第 6 期）云："當作：'如迦葉佛時有優婆塞，由飲酒故淫他妻，盜他雞，殺他人。來問時，答言不作，便犯妄語。'此段文字論說五戒中何者為實戒。五戒即殺生、偷盜、邪淫、妄語、飲酒。此優婆塞五戒均犯。"今謂，"盜他雞殺"仍當為一句。南朝齊求那毘地譯《百喻經》卷四："雄鴿不信，瞋恚而言：'非汝獨食，何由減少。'即便以觜啄雌鴿殺。"梁銀峰《"啄雌鴿殺"的"殺"是表結果的不及物動詞嗎》（《中國語文》2003 年第 2 期）分析云："'啄雌鴿殺'可以理解為'啄雌鴿而殺之'，'殺'仍為及物動詞，為'殺害'之義，'殺'後省略賓語'之'，應看作連動式。"同時舉有句式相同的兩例：北魏吉迦夜、曇曜譯《雜寶藏經》卷三："有一大龜，背廣一里，心生悲愍，來向船所，負載眾人，即得渡海。時龜小睡，不識恩者，欲以大石打龜頭殺。諸商人言：'我等蒙龜濟難活命，殺之不祥，不識恩也。'""打龜頭殺"即"打龜頭而殺之"。又卷五："佛言：

286

'昔在人間，於僧自恣日，佛經行道頭，然燈供養。阿闍世王，斬其腰殺，以是善因，命終之後，得生天中，重於我邊，聞法信解，得須陀洹道。'""斬其腰殺"即"斬其腰而殺之"。由此可見，"盜他雞殺"是和"啄雌鴿殺"相同的句式，應理解為"盜他雞而殺之"，則此句言優婆塞犯有偷盜和殺生兩戒。

# 《法苑珠林校注》卷八十九商議

[446] 於晉義熙年中，新陽縣虎災，縣有大社，樹下築神廟。左右居民以百數人，遭虎死者夕有一兩。（引《梁高僧傳》；冊六，89/2584/11）

按："新陽"當作"陽新"，王東《〈法苑珠林校注〉補正》一文（《宗教學研究》2010 年 2 期）已校正。"大"修飾"社樹"，而不是修飾"社"，"樹"當屬上句。中華書局本《高僧傳》卷六"釋法安"（235 頁）、《校注》卷十九引《冥祥記》記載釋法安此事（632/8），標點不誤。

又："以百數人"欠通順。《高僧傳》卷六、《太平御覽》卷六五六引《高僧傳》、《珠林》卷十九引《冥祥記》皆無"人"字，當刪。"以百數"是古代習語，指幾百人。

[447] 先有道士欲以寺地為館，住者輒死。及後為寺，猶多恐動。自度居之，群妖皆息。經歲許間，忽有人馬鼓角之聲。俄見一人持名紙通度曰靳尚。度前之，尚形甚都雅，羽衛亦嚴。（引《梁高僧傳》）；冊六，89/2586/2）

按："經歲許間，忽有人馬鼓角之聲"當校作"經歲許，忽聞有人馬鼓角之聲"。《高僧傳》卷八、《太平御覽》卷六五八引《高僧傳》、《太平廣記》卷九一引《歙州圖經》記載此事，"聞"都作"聞"，居於"忽"之後，蓋因"聞""忽"兩字先誤倒，而後"聞"又誤作"聞"也。

［448］齊竟陵王子良、始安王等並遙恭以師敬，資給四事，六時無闕。（引《梁高僧傳》；冊六，89/2586/10）

按：前面"竟陵王"後有人名"子良"，同理"始安王"後也該有人名"遙光"。《梁書・裴邃傳》："東昏踐阼，始安王蕭遙光為撫軍將軍、揚州刺史，引邃為參軍。後遙光敗，邃還壽陽。"即此人。疑《珠林》本作"始安王遙光等"，因"光"錯訛為"並"，加上文字顛倒而成"始安王等並遙"。《高僧傳》原書卷八"等並遙"三字作"遙光"，可資校改。

［449］至十九年，法義病死，埋於野外，貧無棺槨，以雜木瘞之而穌，自推木出歸家。（引《冥報記》；冊六，89/2588/6）

《校注》："'雜'字，《高麗藏》本、《磧砂藏》本作'新'。"

按："新木"同"薪木"，即柴木，和"雜木"一樣是材質不佳的樹木。如唐菩提流志譯《大寶積經》卷九一："譬如有人，於大火聚投以薪木，數數添之。如是添已，其焰轉熾，彌更增明，無有盡滅。"《酉陽雜俎》卷八"夢"："柳嘗夢有一人呈案，中言欠柴一千七百束。因訪韋解之，韋曰：'柴，薪木也。公將此不久乎？'"《冥報記》卷下作"薪柴不（木）"，《太平廣記》卷一一五"張法義"引《珠林》作"薪木"。此處似"新木"為原文。

[450] 法義至一曹，見官人遙責使者曰：是華州張法義也。本限三日至，何因乃淹七日？使者云：法義家狗惡，兼有祝師祝神見打甚困。袒而示背，背青腫。（引《冥報記》；冊六，89/2588/8）

按："是華州張法義也"在此非判斷句，其意為"這個華州張法義"，作"本限三日至"的主語；"也"在主謂之間作一延宕，起到提示強調的作用。故此句後的句號當改為逗號。

[451] 官曰：稽過多咎，與杖二十。言杖亦畢，血流灑地。（引《冥報記》；冊六，89/2588/10）

按："言杖亦畢"不通。《冥報記》卷下作"言畢亦畢"，《太平廣記》卷一一五"張法義"引《珠林》作"言訖，杖亦畢"。"言"後當據補一"畢"字，以足語意。

[452] 判官召主典，取法義案。案簿甚多，盈一牀。主典對法義前披檢云：案簿多先朱勾畢。有未朱勾者，則錄之曰……始錄一條，即見昔巖穴中僧來。判官起迎問：何事？僧曰：張法義是貧道弟子，其罪並懺悔訖滅除，天曹案中已勾畢。今枉追來，不合死。（引《冥報記》；冊六，89/2589/1）

按："案簿多先朱勾畢"不是主典之言，而是敘述之語，"披檢云"當據《冥報記》卷下作"披檢之"，文中應點校為"主典對法義前披檢之。案簿多先朱勾畢，有未朱勾者，則錄之曰"。此處是說主典當著張法義的面檢核案簿，由於之前張法義已至心懺悔，所以案簿上多有用紅筆勾掉的罪狀，即下文主典所說的"經懺悔者，此案勾了"。

[453] 隴西王博叉與法義鄰近，委之。王為臨說。

（引《冥報記》；冊六，89/2590/1）

　　按："博叉"，當作"博乂"。隴西王博乂，傳記見《舊唐書》卷六十《宗室列傳》。岑仲勉在《唐唐臨〈冥報記〉之復原》一文中已指出《珠林》"作博叉則誤，博乂，《舊書》六〇有傳"（《岑仲勉史學論文集》766 頁）。《冥報記》卷下"張法義"亦作"博乂"。

# 《法苑珠林校注》卷九十商議

[454] 身嘗行經青溪廟前過，因入廟中看。暮歸夢一婦人來語云：君當來作我廟中神不？復夕，曇遂夢問婦人是誰？婦人云：我是青溪中姑。（引《續搜神記》；冊六，90/2613/5）

按："復夕"不辭。今本《搜神後記》卷五以及《太平廣記》卷二九四引，"夕"皆作"久"，以"不復久"為句，可從。"不復久"指時間不長，如東晉伽提婆譯《增壹阿含經》卷四一："是時，商主復以偈報曰：汝等實遭厄，惑此不肯歸，如此不復久，盡為鬼所食。"《晉書·載記第五·石勒下》："劉氏謂石堪曰：'皇祚之滅不復久矣，王將何以圖之？'"《宋書·自序》："高祖賜書曰：'頻再破賊，慶快無譬。既屢摧破，想不復久爾。'"蓋青溪姑前一句話乃是命令之言，而非探詢之語。又，"曇遂夢問婦人是誰"之後不當用問號。故此段可點校為："身嘗行經青溪廟前過，因入廟中看。暮歸夢一婦人來語云：君當來作我廟中神，不復久。曇遂夢問婦人是誰，婦人云：我是青溪中姑。"

[455] 如此一月許，便卒。病臨死，謂同學年少：我無福，亦無大罪。死乃當作青溪廟神。諸君行便，

可見看之。(引《續搜神記》;冊六,90/2613/6)

按:"病臨死"為一句,則"病"字唐突,在前文中沒有依託。實則此處"病"字當屬上句,"卒"通"猝","卒病"猶如說暴病,如《太平御覽》卷六四五引《會稽典録》:"上虞有寡婦雙,養姑至孝。姑卒病亡,其女言縣以雙煞其母。"又卷九一八引《風俗通》:"臘除夕,以雄雞著門上,以和陰陽。案:今人卒病,皆殺雄雞傅其心。"北涼曇無讖譯《大般涅槃經》卷一:"猶如慈父,唯有一子,卒病喪亡,送其屍骸置於塚間,歸還悵恨,愁憂苦惱。"竺曇遂無徵兆而暴病離世,正說明青溪姑神言之不誣。

[456] 臨去云:久不聞唄,思一聞之。其伴慧觀便為作唄訖。其猶唱讚語云:岐路之訣,尚有悽愴,況此之乖,形神分散。窈冥之歎,情何可言。既而歔欷,悲不自勝。"(引《續搜神記》;冊六,90/2613/7)

按:"臨去"的主語是諸年少道人,"云"的主語是竺曇遂,因而"臨去"後當用逗號點斷。又,僧人誦經畢,聽眾當吟詠讚頌佛主的言辭,如《廣弘明集》卷二十八梁簡文帝《八關齋制序》:"聽經契終,有不唱讚者,罰禮十拜。"文中"唱讚"是對慧觀誦完經的響應,後面當用句號;"語云"後並非對佛主的讚頌之語,而是感歎與眾伴生死相隔,當另起一句。故此段中間部分應標點為:"其伴慧觀便為作唄,訖,其猶唱讚。語云……"

[457] 宋沙門智達者,益州索寺僧也。行頗流俗而善經唄。年二十三。宋元徽三年六月病死,身暖不殄。遂經二日穌還,至三日旦而能言視。(引《冥祥

記》；冊六，90/2614/1）

《校注》："'穌'字原作'稍'，據《高麗藏》本改。"

按：《大正藏》本作"穌"，校："宋、元、明、宮作'稍'。"（53/953a/21）《中華藏》本作"稍"，校："麗作'穌'。"（72/576a/22）"穌還"，唐懷信《釋門自鏡録》卷上作"氣息稍還"，唐惠詳《弘贊法華傳》卷九作"入息稍還"，《珠林》所記文字有脱漏，致使文意不清，未可輕易據《高麗藏》本改。

[458] 堂上有一貴人，朱衣冠幘，據牀傲坐，姿貌嚴肅，甚有威容。（引《冥祥記》；冊六，90/2614/5）

《校注》："'肅'字原作'遠'，據《高麗藏》本、《磧砂藏》本、《南藏》本、《嘉興藏》本改。"

按：據牀傲坐，《大正藏》本、《中華藏》本作"倨傲牀坐"，當據乙為"據傲牀坐"。"據傲"與"倨傲"同，有"傲慢"之義，如《吕氏春秋·懷寵》："子之在上無道，據傲荒怠，貪戾虐眾，恣睢自用也。"畢沅校注："據，當與'倨'通。"慧琳《一切經音義》卷三十釋《大樹緊那羅王所問經》："巨我，普我反，如醉人據傲，侮慢不敬之貌。""牀坐"即在牀上坐，如《太平廣記》卷四"徐福"引《廣異記》："可行十餘日，近一孤島，島上有數百人，如朝謁狀。須臾至岸，岸側有婦人洗藥，因問彼皆何者。婦人指云：'中心牀坐，須鬢白者，徐君也。'"南宋淨善《禪林寶訓》卷二："鐘山僧遠，鸞輿及門，而牀坐不迎。"唐懷信《釋門自鏡録》卷上作"據傲牀座"、唐惠詳《弘贊法華傳》卷九作"專牀坐"，也可證此處"牀坐"當連文。

又："姿貌嚴肅"句，《大正藏》本校："'肅'，宋、元、明、宮作'遠'。"（53/953b/1）《中華藏》本校："'肅'，磧、南、徑、清作'遠'。"（72/576b/10）《中華藏》本與中華書局《校注》本出示的校語中，《磧砂藏》本和《南藏》本兩本有異（上海古籍出版社 1991 年影印《磧砂藏》本作"遠"）。校以他書，唐懷信《釋門自鏡錄》卷上作"嚴遠"；唐惠詳《弘贊法華傳》卷九作"嚴達"，"達"為"遠"之形近誤字。故當以"嚴遠"為是。"嚴遠"本指路途險遠，如《初學記》卷十引南朝梁沈約《為安陸王謝荊州章》："是以攄情陸白，布欸幄垂，霄塗嚴遠，事隔披照。"五代杜光庭《道門科範大全》卷八："臣聞玉天嚴遠，難陞浩劫之家；金洞渺清，徒仰素靈之館。"北宋路振《乘軺錄》："二十二日，自鐵漿館東北行至富穀館八十里，山勢嚴遠。"《漢語大詞典》釋"嚴遠"為"謂嚴肅而使人敬畏"，書證即《珠林》此例（1675 頁）。所釋是引申義，其"路途險遠"的本義當補。

[459] 二人引達將去。行數十里，稍聞轟蹵，鬧聲沸火，而前路轉闇。（引《冥祥記》；冊六，90/2614/9）

按：沸火，《珠林》各本同。唐懷信《釋門自鏡錄》卷上、唐惠詳《弘贊法華傳》卷九均作"沸天"，當據改。"沸天"指聲音很喧鬧，如南朝宋鮑照《蕪城賦》："當昔全盛之時，車掛轊，人駕肩。廛閈撲地，歌吹沸天。"《全唐文》卷一八二唐王勃《還冀州別洛下知己序》："風煙匝地，車馬如龍；鐘鼓沸天，美人似玉。"南宋宗曉《四明尊者教行錄》卷一："十月十日夜，忽夢江湖中魚約計數萬，悉號泣云：'長者去矣，吾眾烹矣。'哭聲沸天，所不忍聞。"即是其例。

[460] 說初亡時，見兩人驅將去，使輂米。伴輂可有數千人，晝夜無休息。（引《冥祥記》；冊六，90/2615/11）

《校注》："'伴輂'，《高麗藏》本作'甐輩'。"

按：《大正藏》本、《中華藏》本作"甐輩"，《大正藏》本校："'來甐輩'，宋、元、明、宮作'米伴輂'。"（53/953c/6）《中華藏》本校："'甐輩'，磧、南、徑、清作'伴輂'。"（72/577a/4）原文"伴輂"當是"伴輩"之形誤。"伴輩"是一個同義並列複合詞，意思是同伴、同類，未見辭書收載，略舉數例於下。西晉竺法護譯《修行地道經》卷四"行空品"："或有賈客，失眾伴輩，獨在後行，上無傘蓋，足下無履，體面汗出，脣口焦乾，熱炙身體，張口吐舌，劣極甚渴，四顧望視，其心迷惑。"舊題陶潛《搜神後記》卷六："有一傖小兒，放牛野中，伴輩數人。見一鬼依諸叢草間，處處設網，欲以捕人。"北魏慧覺等譯《賢愚經》卷十"須達起精舍品"："長跪合掌，問世尊言：'舍衛城中，如我伴輩，聞法易染，更有如我比不？'"北涼失譯人名《大愛道比丘尼經》卷下："得與伴輩相呼談笑論說世間不急之事。小語大笑動亂道德清淨之志。常當自重不妄出戶三尺。罪何從得入耶。"《廣雅·釋詁一》："甐，輩也。"由此知《高麗藏》本作"甐輩"是同義複詞，義與"伴輩"同，也可助證原文"輂"本當作"輩"。

# 《法苑珠林校注》卷九十一商議

[461] 我龍法有五事苦。何等為五？謂生時、眠時、淫時、瞋時、死時。一日之中，三過皮肉落地，熱沙爐身。（引《僧祇律》；冊六，91/2621/1）

《校注》："'爐'字原作'薄'，據《高麗藏》本改。"

按：《大正藏》本、《中華藏》本作"爐"，《大正藏》本校："宋、元、明、宮作'薄'。"（53/955a/5）《中華藏》本校："'爐身'，磧、南、徑、清作'薄身'。"（72/583b/14）其他佛教文獻也異文繁多，如《摩訶僧祇律》原書卷三十二作"爆"，《經律異相》卷四三引作"煿"，《諸經要集》卷六引作"曝"，《太平廣記》卷四二〇"俱名國"、宋宗曉述《金光明經照解》卷上引作"簸"，宋釋行霆述《重編諸天傳》卷下引作"薄"，清錢謙益《大佛頂首楞嚴經疏解蒙鈔》引作"搏"。之所以有眾多異文，應是後代對"薄"有"附著"的古義已不明了而隨意改字所致。"薄"有附著義，如東晉王嘉《拾遺記》卷二："泛沸海之時，以銅薄舟底，蛟龍不能近也。"余詳參江藍生《魏晉南北朝小說詞語彙釋》（19頁）、蔡鏡浩《魏晉南北朝詞語例釋》（21～22頁）、王雲路和方一新《中古漢語語詞例釋》（46頁）所釋。本文原作"薄"，義自可通，如《長阿含經》卷十八："一者舉閻浮提所有諸龍，皆被熱風、熱沙著身，燒其皮肉及燒骨髓，以為苦惱。""薄身"即是此處"著身"之意。《珠林》卷六："亦有薄福諸龍，日別熱沙搏身，為諸小蟲之所唼食。"《校注》："'搏'字，《高麗藏》本作'爆'。"（冊一，216/3）《大正藏》本、《中華藏》本作"爆"，《大正藏》本校："宋、元、宮作'博'，明作'搏'。"（53/320a/7）《中華藏》本校："磧、南、徑、清作'搏'。"（71/261c/21）"搏（博）"通"傅"，也是附著義。《文選》卷三張衡《東京賦》："嬴氏搏翼，擇肉西邑。"薛綜注："搏翼，謂著翼也。"《說文·手部》"搏"下段玉裁注："蓋搏亦為今之附近字。許則雲駙者、近也。《左傳》則作傅。"此處異文中，"㷱"為熱義，"曝（爆、煿）"為曝曬或烤幹義、"簇"為圍擁義，皆不及用"薄"切近。"搏"則是"搏"之形誤字。

[462] 鷹求像未獲，沂江西上，暫息林間。遇見婆羅門僧持此像行曰：欲往徐州與吳蒼鷹供養。鷹曰：必如來言，弟子是也。便付像，將還至京。詔令摸取十軀，皆足下施銘，而人莫辨新舊，任鷹採取。（引《晉史雜録》；冊六，2624/7）

《校注》："'採'字，《高麗藏》本作'探'。"

按："摸取"，唐道宣《集神州三寶感通録》卷中作"模取"，《續高僧傳》卷二九"釋僧明"作"詔令模之，合造十軀"。當以"模取"為是。《珠林》卷十三："時瓦官寺沙門慧邃欲求摹寫，寺主僧尚恐損金色，語邃曰：若能令佛放光回身西向者，非途所及。邃至誠祈請，至於中宵，聞有異聲。開殿見像，大放光明，轉坐面西。於是乃許摸之，傳寫數十軀，所在流布。"董志翹《〈法苑珠林校注〉匡補》（《古籍整理研究學刊》2007 年第 2 期）云："乃許摸之"當為"乃許模之"之誤。俗書"扌""木"常混同。所謂"模之"即"依形造模（澆鑄佛像）"。其說甚是。《梁書·諸夷列傳》即作"許模之"，而《南史·夷貊列傳上》誤作"許摸之"。

又：採取，《大正藏》本、《中華藏》本作"探取"，《大正藏》本本校："'探'，宋、元、明、宮作'採'。"（53/955c/）《中華藏》本校："磧、南、徑、清作'採取'。"（72/596c/）《集神州三寶感通錄》卷中、《續高僧傳》卷二九"釋僧明"也作"探取"。"探取"乃探尋佛教奧義，如梁寶亮等集《大般涅槃經集解》卷十三："唯有密語者。迦葉探取佛意。言唯有密語。無密藏也。"隋智顗《妙法蓮華經玄義》卷九："常途小乘師探取經義，釋所弘之論，辨菩薩義。"《續高僧傳》卷十一"釋吉藏"："王謂未得盡言，更延兩日。探取義科，重令豎對，皆莫之抗也。"此處以作"探取"為長。

[463] 會畢，有人稱銓信與凝相聞。言：感君厚惠，事始獲宥。言已失去，於是而絕。（引《冥祥記》；冊六，91/2625/6）

按："信"指信使，其後當用逗號點斷；"相聞"指傳達資訊，其後應改用逗號。

[464] 實本事鑒為和上，既聞此語，望得參話，希展上流，整衣將起。咨諸僧曰：鑒是實和上。諸僧直視，忽隱寺所。（引侯君素《旌異記錄》；冊六，91/2626/6）

《校注》："'咨'字，《高麗藏》本作'荅'。"

按："咨"，《大正藏》本、《中華藏》本作"荅"，《大正藏》本校："宋、元、明、宮作'咨'。"（53/956b/5）《中華藏》本校："磧、南、徑、清作'咨'。"（72/585b/5）《太平廣記》卷九九"靈隱寺"引侯君素《旌異記》作"白"。王鍈《唐宋筆記語辭彙釋》云："咨，告語、稟告，不含'徵詢'義，字或作'諮'……尚有'咨白'一詞更為習見，為同義疊用。"（245～246頁）可見，此處"咨"即是"告語、稟告"，義甚相合；《太平廣記》作"白"，義同；《高麗藏》本等作"荅"，詞義有別，不可採納。

[465] 既得王已，詐作王書，語得叉人云：駒那羅有大罪過，急挑眼出。詐作書已竟，向王眠睡，偷王齒印。（引《阿育王經》；冊六，91/2639/4）

按："向王眠睡"不通。西晉安法欽譯《阿育王傳》卷三原作"伺王眠睡"，"伺"在此可解作"等候"，與文意相合，當據改。

[466] 時駒那羅王荅婦：我等自造，今日受之。恩愛會離，何用啼為。（引《阿育王經》；冊六，91/2640/5）

《校注》："'啼'字下，《高麗藏》本有'哭'字。"

按：《大正藏》本、《中華藏》本有"哭"，《大正藏》本校："宋、元、明、宮作'泣'。"（53/959c/7）《中華藏》本校："磧、南、徑、清無。"（72/590a/17）駒那羅王荅婦之言，西晉安法欽譯《阿育王傳》卷三原作："自作此惡業，今日自受之。一切世界苦，恩愛會別離。汝應遠苦惱，何用啼哭為?"顯而易見,《珠林》是將原書文字由五字句變為四字句,並減少兩句而成。正如"恩愛會別離"中同義連用的"別離"刪去了"別"一樣,"何用啼哭為"一句中同義連用的"啼哭"也省去了"哭"。多出"哭"或"泣"字,反而失去了句式的齊整。

又:"何用……為"是中古漢語中習見的反問句式,"何用啼為"意思是"為什麼要啼哭呢",所以句末當用問號。

[467] 晉時庾亮誅陶稱後,咸康五年冬節,會文武數十人,忽然悉起,向階拜揖。庾驚問故,並云:陶公來。陶公是稱父侃也。(引《冤魂志》;冊六,91/2651/5)

按:古時節日筵會稱為"節會",如東漢王粲《英雄記·公孫瓚》:"公孫瓚與諸屬郡縣每至節會,屠牛作脯,每酒一觴,致脯一豆。"三國吳支謙譯《撰集百緣經》卷十:"時彼城中,作大節會。爾時沙彌,語和上言:'今節會日,宜早乞食,必當多獲。'"王雲路、方一新《中古漢語語詞例釋》(221~222頁)已釋,可參。故此處前段當標點為:"晉時庾亮誅陶稱後,咸康五年冬節會,文武數十人忽然悉起,向階拜揖。"《晉書·禮志下》:"魏晉則冬至日受方國及百僚稱賀,因小會。其儀亞於獻歲之旦。"由此可見,魏晉之時,帝王有在冬至日朝會群臣、國賓之禮,文中"冬節會"即指此。

[468] 文宣同母弟常山王演本在並州,權勢甚重。因文宣山事,隨梓宮出鄴,以地望見疑,仍留為錄尚書事。(引《冥祥記[還冤記]》;冊六,91/2652/5)

《校注》："'事'字，《太平廣記》引作'陵'。"

按："山事"費解。《太平廣記》卷一二〇引《還冤記》，末四句僅作"因文宣山陵，留為録尚書事"，文字脫落較多，"山陵"也不詳何指。《北齊書·文宣帝紀》載，文宣帝高洋於天保十年（559）十月，暴崩於晉陽宮德陽堂（晉陽是并州治所），遺詔："凡諸凶事一依儉約。"十一月，梓宮還京師（鄴）。又《孝昭帝紀》載："及文宣崩，帝居禁中護喪事，幼主即位，乃即朝班……幹明元年，從廢帝赴鄴，居於領軍府。時楊愔、燕子獻、可朱渾天和、宋欽道、鄭子默等以帝威望既重，内懼權逼，請以帝為太師、司州牧、録尚書事。"以上即本段文字的史實，詳審之，頗疑"山事"乃"凶事"之誤。

[469] 陳武帝霸先既害梁大司馬王僧辯，次討諸將。義興太守韋載，黃門郎放第四子也，為王公固守。陳主頻遣攻圍，不克。（引《冥祥記 [還冤記]》；冊六，91/2653/5）

《校注》："'韋載'，《太平廣記》引作'韋戴'。下同。"

按：據《梁書·敬帝本紀》《陳書·高祖本紀》《南史·梁本紀下》《南史·陳本紀上》及《資治通鑑》卷一六六，陳霸先殺害王僧辯後，舉兵固守的義興太守都作"韋載"，《太平廣記》引作"韋戴"，有誤。

# 《法苑珠林校注》卷九十二商議

[470] 云何似羊？猶如有人受人供養，便自食噉，起染著心，不知惡道而自貢高。（引《增一阿含經》；冊六，92/2659/6）

按："惡道"於此欠通順。《增一阿含經》卷十一原文與"不知惡道"對應的句子是"不知出要之道"，《珠林》卷九十節引作"不知出要"（冊六，2597頁），故知此處"不知惡道"當作"不知要道"，也是為了四字諧句而作的節縮，蓋"要"與"惡"的異體"悪"形近而致誤。"出要（之道）"，或稱作"出離生死之要道"，佛教用以指出離生死以求解脫的重要道理或方法。唐代僧人宗密在《圓覺經大疏釋義鈔》卷五疏解"發菩提心"時云："如大導師，善知菩薩出要道故；如善知識，能解一切生死縛故。"而在其《圓覺經大疏》上卷之三中，同樣是疏解"發菩提心"時有偈云："慈父訓菩薩，慈母生菩薩，導師知要道，帝王願自在。"此也是"出要（之）道"可省作"要道"之例。

[471] 迦葉，入聚落時，不礙、不縛、不取。欲得利者求利，欲得福者求福，如自己得利，歡喜亦復同之。如手空中轉，無礙無繫縛。（引《毘尼母經》；

冊六，92/2659/12）

《校注》："'手'字，《高麗藏》本作'毛'。"

按："迦葉"後的逗號應刪去。此處佛並非呼叫"迦葉"，而是以迦葉入聚落為例。《毘尼母經》卷六在"迦葉"前有"諸比丘"，前文還有"諸比丘，汝等攝心入聚落時，如迦葉入聚落行也""諸比丘，迦葉入聚落時，終不生如此等念"等，可證佛呼告的對象是"諸比丘"。

又：《毘尼母經》卷六此段之前云："世尊即時動手於空，告諸比丘言：此手今空中回轉，無礙無繫縛，諸比丘行世，心無礙無繫縛，亦應如此……"是知此處作"手"不誤，《高麗藏》本作"毛"不可取，無煩列為異文。

# 《法苑珠林校注》卷九十三商議

[472] 時斑足王有二夫人：一是王種，二是婆羅門種。斑足出遊，勸二夫人隨我後往。誰先到者，當與一日極相娛樂。其墮後者，吾不見之。（引《賢愚經》；冊六，93/2702/3）

按："勸二夫人"後當用冒號，後面均為斑足王說的話。又"其墮後者"之"墮"，《磧砂藏》本同；北魏慧覺等譯《賢愚經》卷十一"無惱指鬘品"原作"隨"，《大正藏》本《珠林》、《諸經要集》卷十七引也作"隨"。當改作"隨"。"墮"與"隨"形近常互訛，參拙著《中古小說校釋集稿》（268～269頁）。

[473] 王得食之，覺美倍常。即問廚監：由來食肉，未有斯美。此是何肉？廚監惶怖，腹拍王前：若王原罪，乃敢實說。（引《賢愚經》；冊六，93/2702/12）

《校注》："'腹拍王前'，《高麗藏》本作'復白王言'。"

按：《大正藏》本、《中華藏》本作"復白王言"，《大正藏》本校："宋、元、明、宮作'腹拍王前'。"（53/976c/26）《中華藏》本校："磧、南、徑、清作'腹拍王前'。"（72/625b/14）北魏慧覺等譯《賢愚經》卷十一《無惱指鬘品》原作"腹拍王前",《諸經要集》卷十七引同。當作"腹拍王前"。理解此句的關鍵在於"腹拍",西晉竺法護譯《修行地道經》卷三:"復有迷誤,不識東西,或有馳走,如風吹雲,不知所至也。中有惶懅,以腹拍地。""腹拍"亦即此例中的"以腹拍地"。慧琳《一切經音義》卷七八釋《經律異相》:"腹拍,下普百反。《廣雅》:拍,擊也。《古今正字》云:撫也。從手自〔白〕聲。""腹拍"即是以腹觸地。李維琦《佛經詞語彙釋》曾歸納《賢愚經》中三例"腹拍",解釋為:"腹部接地,亦即五體投地,表示苦苦哀求。"(125頁)所釋極是。"腹拍王前"猶言在王前五體投地,乃佛經中常語,如東晉佛陀跋陀羅譯《佛說觀佛三昧海經》卷八:"長者瞋恚,號哭詣王,腹拍王前,白言大王:'國內荒亂,摩偷羅國諸羅剎女來住此城,破我家業。'"東晉失譯人名《菩薩本行經》卷上:"諸夫人婇女,及諸王群臣人民,皆悉同時腹拍王前,同聲白王言:'唯願天王大慈大悲,無量大哀,以我等故,莫於身上而燃千燈。'"即其例也。

# 《法苑珠林校注》卷九十四商議

[474] 為半錢債，而失四錢，兼有道路疲勞之困。所債甚少，所失極多，果被眾人之所怪笑。（引《百喻經》；冊六，94/2659/1）

按："疲勞之困"當據原書卷一作"疲勞乏困"，"之"為"乏"之形誤字。

[475] 飲訖告退，老翁送元寶出，云：後會難期，以為悽恨，別甚殷勤。老翁還入。元寶不復見其門巷，但見高崖對水，淥波東傾。（引《洛陽寺記錄》；冊六，2706/11）

按："別甚殷勤"意思是分別時情意非常濃厚，顯然不能作為老翁之語。"老翁還入"是下文承接之句，後面不該用句號。故此段可標點為："老翁送元寶出，云：後會難期，以為悽恨。別甚殷勤。老翁還入，元寶不復見其門巷……"又，原文見於《洛陽伽藍記》卷三"大統寺"，范祥雍《洛陽伽藍記校注》標點作："飲訖辭還，老翁送元寶出，云：'後會難期！'以為悽恨，別甚殷勤。"（141頁）祇把"後會難期"一句作為老翁之語，非是；《漢語大詞典》"悽恨"條引此為書證，標點也沿襲其誤（4318頁）。周祖謨《洛陽伽

藍記校釋》（120 頁）、周振甫《洛陽伽藍記校釋今譯》（94
頁）標點不誤。

［476］口云：初有兩人，並著赤衣，門前召出之。
有上符遣追，便即隨去。（引《冥報記》；冊六，94/
2713/11）

按：《太平廣記》卷一〇九“李氏”引《冥祥［報］
記》，“門前召出之”的“之”作“云”。中華書局輯校本
《冥報記·補遺》改“之”為“云”（94 頁），得之。

［477］復有人聞，勘校老母初死之時，婢得惡忤，
久而始蘇，腹背青腫，蓋是四十杖跡。（引《冥報記》；
冊六，94/2714/3）

《校注》：“‘忤’字，《磧砂藏》本、《南藏》本作
‘疾’，《太平廣記》引作‘遞’。”

按：“惡忤”，《大正藏》本作“惺悟”，校：“‘惺’，宋、
元、明、宮作‘惡’；‘悟’，宋作‘誤’，元、明作‘忤’。”
（53/980a/4）《中華藏》本作“惡誤”，校：“磧、南、清
‘惡疾’；普、徑作‘惡忤’；麗作‘惺悟’。”（72/633c/9）
此處作“惡忤”是，其餘異文皆誤。傳說中“惡忤（悟）”
指中鬼邪而得暴病，如東漢應劭《風俗通義》卷八《祀典·
畫虎》：“虎者，陽物，百獸之長也，能執搏挫銳，噬食鬼
魅。今人卒得惡悟，燒虎皮飲之，擊其爪，亦能辟惡。”唐
孫思邈《千金翼方》卷二一《萬病·總療萬病》：“療冷病
方……卒中惡忤，心腹脹滿，氣急垂死，三服，一服一盞，
當大吐，吐出血。”又《萬病·阿伽陀丸主萬病》：“諸卒得
惡忤，以人乳汁半合，研藥一丸如梧子大，灌鼻；以水半

合，研藥一丸如梧子，灌口；三日禁食。"明李梴《醫學入門外集》卷七《急救諸方》："卒中惡忤：中惡中忤鬼氣，其證暮夜或登廁，或出效野，或遊空冷屋室，或人所不到之地，忽然眼見鬼物，鼻口吸著惡氣，驀然倒地，四肢厥冷，兩手握拳，鼻口出清血，性命逡巡，須臾不救。"本文敘此婢突然被冥司追去對質，遭四十杖後放還，其症狀為暴死後復蘇，正與"惡忤"同。

[478] 又語其姊曰：兒小時患漆，遂殺一螃蟹取汁，塗瘡得差。（引《冥報拾遺》；冊六，94/2717/1）

校注："'患漆'，《南藏》本、《嘉興藏》本作'患染'，《太平廣記》引作'染患'。"

按：《大正藏》本、《中華藏》本作"患漆"，《大正藏》本校："'漆'，宋、元、明作'染'。"（53/980c/14）《中華藏》本校："'漆'，普、南、徑、清作'染'。"（72/634c/19）唐孟獻忠《金剛般若經集驗記》卷中引作"患染"。此處當以作"患漆"為是。相傳螃蟹有化漆為水的功效，故古代常用螃蟹汁治漆瘡，《本草綱目·木部·漆》引陶弘景："仙方用蟹消漆為水，煉服長生。"又《介部·蟹》引北宋蘇頌曰："其黃能化漆為水，故塗漆瘡用之。"南宋洪邁《夷堅丙志》卷十三《蟹治漆》："乾道五年，襄陽有劫盜當死，特旨貸命黥配。州牧慮其復為人害，既受刑，又以生漆塗其兩眼。囚行至荊門，盲不見物，寄禁長林縣獄，以待傳送。時里正適以事在獄中，憐而語之曰：'汝去時，倩防送者往蒙泉側，尋石蟹搗碎之，濾汁滴眼內，漆當隨汁流散，瘡亦愈矣。'明日，賂送卒，得一小蟹，用其法，經二日目睛如初，略無少損。"諸本作"患染"者，疑是"患漆"俗寫作"患柒"，抄手不知曉螃蟹汁可治漆瘡，遂因形近而誤作"患染"；《太平廣記》引作"染患"，則又是"患染"之誤倒也。

[479] 又語其姊曰……今入刀林地獄，肉中現有折刀七枚。願姊慈念，為作功德救助。（引《冥報拾遺》；冊六，94/2717/1）

《校注》："'念'字原作'流'，據《高麗藏》本改。"

按：《大正藏》本、《中華藏》本作"念"，《大正藏》本校："宋、元、明、宮作'流'。"（53/980c/15）《中華藏》本校："磧、普、南、徑、清作'流'。"（72/634c/21）"慈流"有"推愛及人、發慈悲"的意思，如《珠林》卷三一引《佛本行經》："時羅刹女雖作如是慈流言語，雞屍馬王仍將彼輩五百商人，安隱得度大海彼岸，到閻浮提。"又卷七二引《冥報拾遺》："受生日逼，忽迫不得更住，從二月受胎，至十二月誕育，願兄等慈流，就彼相看也。"《全唐文》卷二一四陳子昂《為蘇令本與岑內史啟》："所以仰瞻恩惠，不棄於疏微；冀降慈流，有憐於孤賤。"又卷二七二徐堅《答王方慶問服制書》："今女子母攜重適人，寄養他門，所適慈流，情均膝下，長而出嫁，始不同居。"圓仁《入唐求法巡禮行記》卷二："先日，伏蒙慈流及問，殊慰勤慕，無任感慶。"原作"慈流"可通，不必校改。

[480] 知姊煎迫，交不濟辦。但隨身衣服，無益死者，今並未壞，請以用之。（引《冥報拾遺》；冊六，94/2717/2）

按："交不濟辦"句意難解。唐孟獻忠《金剛般若經集驗記》卷中引作"卒不濟辦"，《太平廣記》卷一〇三"尼修行"引作"卒難濟辦"。"辦"與"辦"通，此處"交"應為"卒"之形誤字。"濟辦"謂把事辦成，"卒不濟辦"意即突然之間不能把事辦妥。

［481］若有惡比丘導毘尼教中聽食魚肉，聽著蠶衣者，此是魔說。（引《宣律師感應記》；冊六，94/2718/1）

按："導"，《中華藏》本、《磧砂藏》本、《北藏》本、《清藏》本、《四庫》本同，《大正藏》本、《高麗藏》本作"噵"。"導"為"噵"之形誤字，當據正。《集韻》上聲皓韻："噵，說也，通作道。""道說"義與後文"此是魔說"相合。前文又有："佛告天人龍鬼神等：我之正法滅後，多有諸比丘執我小乘教跡，不解毘尼意，道我聽諸比丘食肉。"其中之"道"不誤。

# 《法苑珠林校注》卷九十五商議

[482] 費少而敬信，誦《法華經》數年，勤至不倦。後忽得病苦，心痛守命。闔門惶懼，屬纊待時。（引《述異記》；冊六，95/2749/7）

按："苦"在文中是動詞，指"受……苦"，應連下為句。"苦心痛"是古代常語，如《全晉文》卷二六王羲之《雜帖》："吾故苦心痛，不得食經日，甚為虛頓。"《宋書·王微傳》："吾本佇人，加疹意悟，一旦聞此，便惶怖矣。五六日來，復苦心痛，引喉狀如胸中悉腫，甚自憂。"《大唐西域記》卷一："其夜夢見毘沙門天曰：'汝有何力，敢壞伽藍？'因以長戟貫徹胸背。可汗驚悟，便苦心痛。""守命"猶僅得維持生命，如北涼曇無讖譯《佛本行經》卷一《厭患品》："王聞子不悅，勸令重出遊，即敕諸群臣，莊嚴復勝前。天復化病人，守命在路傍，身瘦而腹大，呼吸長喘息，手腳攣枯燥，悲泣而呻吟。"又《珠林》卷三二引《冥祥記》："六月末得病，至八月四日危篤守命，其日黃昏後，忽朗然徹視。""苦心痛守命"一句意即困於心痛，僅得保命。

[483] 其後兒女在靈前哭，忽見其母臥靈牀上，貌如平生。諸兒號感，奄然而滅。（引《述異記》；冊六，95/2749/12）

《校注》："'感'字，《太平廣記》引作'戚'。"

按："號感"猶言哀號想念，是哀悼追思尊長之語。《漢語大詞典》未收此詞。如《宋書·孝義傳·王彭》："少喪母。元嘉初，父又喪亡，家貧力弱，無以營葬，兄弟二人，晝則傭力，夜則號感。鄉里並哀之，乃各出夫力助作磚。"《全唐文》卷一○二五代梁末帝《國忌輟朝詔》："朕頃遭家冤，近平內難，倏臨祥制，俯迫忌辰，音容永遠而莫追，號感彌深而難抑，將欲表宅憂於中禁，是宜輟聽政於外朝，雖異常儀，願申罔極。"又卷二一○陳子昂《遷祔謝恩表》："天德彌厚，殘喘待終，泣血扶靈，方滅歸路，號感恩造，窮絕迷圖，不勝號噎，戀恩殞絕。"王安石《慈聖光獻皇后昇遐慰皇帝表》："伏以上天降禍，太皇太后奄棄大養。伏惟皇帝陛下攀號感慕，聖情難居。""攀號感慕"即"號感"之意。而"號戚"未聞，不可取。

[484] 前齊永明中，揚都高座寺釋慧進者……無病而卒，八十餘矣。（引《冥祥記》；冊六，95/2752/15）

《校注》："出《集神州三寶感通錄》卷下，又《太平廣記》卷二〇九引。"

按：《集神州三寶感通錄》卷下引自《高僧傳》，見《高僧傳》卷十二"齊京師高座寺釋慧進"。又此段見《太平廣記》卷一○九"釋慧進"引《祥異記》（明抄本作"出《冥異記》"），"卷二〇九"乃"卷一〇九"之誤。

[485] 唐絳州南孤山陷泉寺沙門徹禪師，曾行遇癩人在穴中……故經云：病之良藥。斯言驗矣。右二驗出《冥報拾遺》。（冊六，95/2753/6）

　　按："右二驗",《大正藏》本、《中華藏》本、《磧砂藏》本、《清藏》本、《四庫》本均作"右一驗",於上一條"薛孤訓"下皆無出處。當作"右一驗"。上一條下校注:"《太平廣記》卷一一六引,作出《冥祥記》,誤,應是《冥報拾遺》。""薛孤訓"條記唐代之事,斷非出自《冥祥記》;文中無聞見緣由,似非出自《冥報記》;除此處外,各本都未標明出處,認定為《冥報拾遺》文也無據。

# 《法苑珠林校注》卷九十六商議

[486] 是三王子，於園遊戲，漸到竹林，憩駕止息。第一王子作如是言：我於今日心甚怖懼。於是林中，將無衰損。（引《金光明經》；冊六，96/2756/9）

《校注》："'懼'字原作'懅'，據《高麗藏》本改。"

按：《大正藏》本、《中華藏》本作"怖懼"，《大正藏》本校："'懼'，宋、元、明、宮作'懅'。"（53/990a/5）《中華藏》本校："磧、南、徑、清作'怖懅'。"（72/657b/11）北涼曇無讖譯《金光明經》卷四作"怖懅"。慧琳《一切經音義》卷三三釋《佛說睒子經》："怖遽，渠御反。杜注《左傳》云：'遽，畏懼也。'《考聲》：'遽亦懼也。'《說文》從辵豦聲也。經從心作懅，非也。"又卷七八："怖懅，音巨，怖懼也。字書中並無此字。"《廣韻·魚韻》："懅，怯也。"《集韻·御韻》："懅，懼也。"由上可知，"懅"本有懼怕義，是"遽"的後起俗字，漢譯佛經中多有，宋代字書中始收錄此字。此處"怖懅"不用從《高麗藏》本改。

[487] 寧封子，黃帝時人也。世傳為黃帝陶正。有人過之，為其掌火，能出入五色煙，久則以教封子。封子積火自燒，而隨煙上下，視其炭爐，猶有其骨。

（引《搜神記》；冊六，96/2766/1）

按：據《列仙傳》卷上"寧封子"以及今本《搜神記》卷一，"能出入五色煙"的"入"是衍字。"能出五色煙（氣）"是古代得道神人的異術，如《神仙傳》卷四"玉子"："又能吐五色氣，起數丈；見飛鳥過，指之即墮地。"《藝文類聚》卷七八引梁王筠《東南射山》詩："還丹改容質，握髓駐留年，口含千里霧，掌流五色煙。"又卷八〇引《許邁別傳》："邁有道術，燒香皆五色煙出，後莫知所在。"唐施肩吾《經吳真君舊宅》詩："古仙煉丹處，不測何歲年，至今空宅基，時有五色煙。"此處"能出五色煙"正是敘寫異人的特殊道術；"封子積火自燒，而隨煙上下，視其炭燼，猶有其骨"數句，則是描寫寧封子接受道術成為神人後自焚而化的表現。

[488] 其後旬有四日，瑜房中生雙桐樹，根枝豐茂，巨細相如，貫壤直聳，遂成奇樹理。識者以為娑羅寶樹，克炳泥洹。（引《高僧傳》；冊六，96/2767/7）

按："理識者"應連文，在此指有見識的人。"理識"為"見識、見解"義，古書中不乏其例，如《晉書·謝邈傳》："邈性剛鯁，無所屈撓，頗有理識。"《藝文類聚》卷四八引《王瑉別傳》："新除侍中王瑉，才學廣瞻，理識清通，宜處機近，以參時務，其以瑉為長兼中書令。"《北史·裴寬傳》："寬弟漢……善尺牘，尤便簿領，理識明贍，斷割如流。"又《元壽傳》："若知非不舉，情涉阿縱；如不以為非，豈關理識？"《大正藏》本、《中華藏》本、《高麗藏》本等"理"作"深"，非是。《珠林》卷六三引《冥祥記》也記載釋僧瑜此事，文字多有相同，《校注》標點時"理"連下為句（冊四，

1906/3），極是；中華書局本《高僧傳》卷十二標點為"貫壞直聳，遂成連樹理，識者以為娑羅寶樹"（452頁），文意失真。

[489] 曾於一家將欲受戒，無何，笑曰：將捨寶物，生疑慮耶？眾相推問，有楊氏婦欲施銀釵，恐夫責及，因決捨之。（引《唐高僧傳》；冊六，96/2773/1）

按："無何"後不應點斷。"無何"在此不是表示時間短暫，而是表示無緣無故之意。"無何笑"即指僧崖在眾人皆不覺可笑時沒來由地笑，顯示其獨可感知楊氏婦有疑慮的異相。《漢書·金日磾傳》："何羅亡何從外入。"師古曰："亡何，猶言無故。"清劉淇《助字辨略》卷二："諸無何並是無故之辭，無故猶云無端，俗云沒來由是也。"《洛陽伽藍記》卷四"寶光寺"："普泰末，雍州刺史隴西王爾朱天光總士馬於此寺。寺門無何都崩，天光見而惡之。"《太平廣記》卷九六"金剛仙"引《傳奇》："是僧無何取吾子，欲為膏，恨伊之深，痛貫骨髓，但無計而奈何。"又卷一三〇"寶凝妾"引《通幽記》："永泰二年四月，無何几上有書一函，開見之，乃凝先府君之劄也。"以上均可證"無何"有"無故"義。

[490] 獵者驚曰：汝在益州已燒身死，今那在此？崖曰：誰道許誑人耳？汝能燒身不？射獵得罪也，汝當勤力作田矣。便爾別去。（引《唐高僧傳》；冊六，96/2775/3）

按："誰道許誑人耳"句難明其意，當標點為："誰道許？誑人耳！"猶如今言："誰說的？騙人罷了！""許"用作語助詞，可以置於名詞、代詞等之後而無實義，相當於現代表示領屬關係的"的"。《珠林》卷六七引《幽冥錄》："鬼以一千錢、一疋青絞縷袍與奴。囑云：此袍是市西門丁與許。君可自著，慎勿賣也。"《魏晉南北朝小說詞語彙釋》把此例解釋為"名＋許"表示領屬，"丁與許"義為"丁與的"。（236～237頁）"誰道許"與"丁與許"結構一樣，實則可看作"許"放在主謂結構之後。"誰道許"在隋唐和宋代似為民間常語，如《隋書・五行志上》："大業中，童謠曰：'桃李子，鴻鵠繞陽山，宛轉花林裏。莫浪語，誰道許。'……莫浪語，密也；宇文化及自號許國，尋亦破滅，誰道許者，蓋驚疑之辭也。""誰道許"是用反問表示否定，童謠中"許"暗指"許國"，全句有驚問持疑之意，所以稱之為"驚疑之辭"。南宋丘崈《洞仙歌・庚申樂淨錦棠盛開作》詞："人間稱絕色，傾國傾城，試問太真似花否。最娉婷，偏豔冶，百媚千嬌，誰道許，須要能歌解舞。"以上兩例"誰道許"都是單獨成句。

# 《法苑珠林校注》卷九十七商議

[491] 年少時，嘗得病，臨死，謂其母曰：我死當復生，埋我以竹杖，拄我瘞上。若杖拔，掘出我。及死埋之，拄如其言。七日往視之，杖果拔出。即掘屍出活。（引《搜神記》；册六，97/2802/7）

按：介賓結構"以竹杖"不是作"埋"的補語，而是作"拄"的狀語。"拄"有"抵住"義，引申而有"插入"義，參見 [220] 条。故"埋我以竹杖，拄我瘞上"當斷句為"埋我，以竹杖拄我瘞上"。

[492] 漢杜蝦家葬，而婢誤不得出。後十餘年開塚附葬，而婢尚生。其始如瞑，有頃漸問之，自謂當一再宿耳。（引《搜神記》；册六，97/2804/3）

按："有頃漸問之"，《珠林》各本、《永樂大典（殘卷）》卷四九〇皆如此。今本《搜神記》卷十五作"有頃漸覺，問之"，《晉書‧五行志》、《宋書‧五行志》、《初學記》卷十九引《搜神記》、《永樂大典（殘卷）》卷三〇〇一同，《藝文類聚》卷三五、《太平御覽》卷五〇〇引《搜神記》"漸"後亦有"覺"。缺"覺"字語意有變，當補足。

[493] 涵謂曰：作柏棺，勿以桑木為榱。人問其

故。涵曰：吾在地下見發鬼兵，有一鬼稱是柏棺，應免兵主。吏曰：你雖柏棺，桑木為榬。遂不免兵。（引《洛陽寺記》；冊六，97/2805/5）

按："應免兵主"不通，當標點為"應免兵。主吏曰……"。"免兵"指免除兵役，如《宋書·文五王傳·竟陵王誕》："誕素無才略，畜養又寡，自拒王命，士庶離散。城內乏糧，器械不足，徒賴免兵倉頭三四百人，造次相附，恩怨夙結。""免兵倉頭"，即免除兵役的奴僕。《廣弘明集》卷九載北周甄鸞《笑道論》："道人不兵租者，以本王種故免也。道士庶賊，兵租是常。道經若此，若免兵租，便違道教。""免兵租"指免除兵役和租稅。"主吏"在這裏指主持征發鬼兵之吏。《洛陽伽藍記》原書作"應免主兵吏曰……"，似"主""兵"兩字誤倒。

[494] 須臾奴子外來，云：郎求鏡。婦以奴詐，乃指牀上以示奴。奴云：適從郎處來。於是馳白其夫。（引《續搜神記》；冊六，97/2809/4）

《校注》："'處'字原作'聞'，據《高麗藏》本改，《搜神後記》作'間'。"

按：《大正藏》本、《中華藏》本作"處"，《大正藏》本校："宋、元、明、宮作'聞'。"（53/1004/a）《中華藏》本校："磧、普、南、徑、清作'聞'。"（72/681/b）《北藏》本作"聞"，《四庫》本作"間"。《珠林》各本或作"聞"，是"閒（間）"之形誤字。"閒（間）"在六朝時可以表示處所，意思猶"處，那裏"，如《宋書·文九王傳·巴陵哀王休若》："東宮典書姓何者相識，數去來，師解神語，東宮典書具道神語。東宮典書答云：'我識巴陵閒一左右，當為汝向道。'"巴陵閒"即巴陵王處。南朝梁陶弘景《周氏冥通記》卷二："子良答曰：'早至師閒，師賜食，謂是甘果，不以為欺。'""師閒"即師傅那裏。另詳參見蔡鏡浩《魏晉南北朝詞語例釋》（163～164 頁）。《高麗藏》本等作"處"，則是以同義詞替換原書中的六朝俗語詞。

[495] 慮是其魂神，不敢驚動。乃共以手徐徐撫牀，遂冉冉入席，漸漸消滅。夫婦慌怖如此。少時夫得病，性理乖錯，於是終卒。（引《［續］搜神記》；冊六，97/2809/6）

按："如此少時"當為一句，猶言"此後不久"。文中"如此"後的時間詞語不表示某一事件延續的時長，而是指某一事件結束後經歷的時間。《搜神後記》卷五："嘗行經青溪廟前過，因入廟中看。暮歸，夢一婦人來，語云：'君當來作我廟中神，不復久。'曇遂問：'婦人是誰？'婦人云：'我是青溪姑。'如此一月許，便卒。""如此一月許"即此後一個月左右。《神仙傳》卷三"王遠"："須臾，引見經父母兄弟，因遣人召麻姑相問……有頃，信還，但聞其語，不見所使人也。答言……如此兩時間，麻姑來。""如此兩時間"即過了兩個時辰。又卷四"班孟"："人家有桑果數十株，皆聚之成積如山，如此十餘日，吹之各還其本處如常。""如此十餘日"即此後十多天。以上"如此"都是同樣的用法。

[496] 宋時有諸生遠學，其父母然火夜作。兒至前歎息曰：今我但魂歸爾，非復生人。父母問之，兒曰：此月初病，以今日某時亡。今在琅琊任子成家，

明日當殞，來迎父母。父母曰：去此千里，雖復願倒，那得及汝？兒曰：外有車乘，去自得至耳。（引《［續］搜神記》；冊六，97/2809/8）

《校注》："'願到'原作'顛倒'，據《高麗藏》本改。"

按：《大正藏》本、《中華藏》本作"願到"，《大正藏》本校："宋、元、明作'傾倒'，《宮》作'顛倒'。"（53/1004b/4）《中華藏》本校："磧、普、南、徑、清作'顛倒'。"（72/681b/13）《北藏》本、《四庫》本作"顛倒"。原作"顛倒"不誤，改為"願到"實不可取，"傾倒""願到"皆為"顛倒"之形誤。"顛倒"在此指"急速而往"，同樣的例子如《神仙傳》卷三"王遠"："煩信承來在彼，登當顛倒。而先受命當按行蓬萊，今便暫往。"有時為"急速"義，如《晉書·五行志中》："其鄰人有責息於外，歷年不還。乃假之使為責讓，懼以禍福，負物者以為鬼神，即偵倒畀之。""偵"同"顛"。《宋書·五行志二》作"傾倒"，乃"顛倒"之形誤，"顛倒畀之"即急速與之。《藝文類聚》卷五八引《晉陽秋》："劉弘為荊州刺史，每有興發，手書郡國，丁寧款密，故莫不感悅，顛倒恭赴。咸曰：'公一紙書，賢於十部從事也。'""顛倒"的這一意義源於《詩經·齊風·東方未明》："東方未明，顛倒衣裳，顛之倒之，自公召之。"筆者《中古小說校釋集稿》（73～74頁）曾有考釋，可參看。

［497］有一人訴成云：毀破某屋。王遣使檢之。報云：是實。成曰：成犁地，不覺犁破其塚，非故然

也。王曰：汝雖非故，心終為不謹耳。遂令人杖其腰七下。（引《冥報拾遺》；冊六，97/2811/2）

按："心"當屬上句，"故心"在此意思是"本意"，如《周禮·地官·調人》："凡過而殺傷人者，以民成之。"鄭玄注："過，無本意也。"賈公彥疏："此謂非故心，是過誤攻殺或傷於人者。"《左傳·昭公十六年》："子產怒曰：'發命之不衷，出令之不信，刑之頗類。'"孔穎達疏："事有相類，真偽難明。緣此事類，以致偏頗，雖非故心，亦為罪也。"《全唐文》卷一一五晉高祖《招撫流亡官健敕》："昨以朝廷近有指揮，搜羅官健，震驚戶口，騷動鄉原，致彼編甿，不思樂業，結聚徒伴，藏避山林。其間亦有接便為非，率意行劫，事不獲已，想非故心。"以上三例"故心"皆當釋為"本意"。汪紹楹本《太平廣記》卷三八二"裴則子"引《冥報拾遺》（3046頁）、方詩銘本《冥報記》附《冥報拾遺》（128頁）標點正確。

# 《法苑珠林校注》卷九十八商議

[498] 西方有王名缽羅婆，北方有王名耶婆那，南方有王名非釋迦，東方有王名兒沙羅。此之四王，皆多眷屬，殺害比丘，破壞塔寺，四方盡亂。（引《雜阿含經》；冊六，98/2833/9）

按："兒沙羅"，南朝宋求那跋陀羅譯《雜阿含經》卷二五原作"兜沙羅"，失撰人《翻梵語》卷四翻譯此例云："兜沙羅王，譯曰霜也。"南朝梁僧祐《釋迦譜》卷五、《經律異相》卷六引《雜阿含經》同作"兜沙羅"。當據改。

[499] 時有菩薩精進修德者，眾魔比丘咸共嫉之，誹謗揚惡，擯黜驅遣，不令得住。自共於後，不修道德，寺廟空荒，不復修理，輾轉毀壞。（引《法滅盡經》；冊六，98/2834/11）

《校注》："'共'字，《高麗藏》本作'此'。"

按："共"，《大正藏》本、《中華藏》本作"此"，《大正藏》本校："宋、元、明、宮作'共'。"（53/1011c/11）《中華藏》本校："磧、南、徑、清作'共'。"（72/697b/20）南朝宋失譯人名《法滅盡經》原作"共"，南朝梁僧祐《釋迦譜》卷五、《經律異相》卷六引同。當作"共"。"自共"

乃其時常語，如《抱朴子內篇·登涉》：“夜半有十餘人來，與伯夷對坐，自共樗蒲博戲，伯夷密以鏡照之，乃是群犬也。”《左傳·昭公十六年》：“宣子有環，其一在鄭商。”杜預注：“玉環，同工共樸，自共為雙。”《宋書·張永傳》：“虜既乘利，方向盛冬，若脫敢送死，兄弟父子，自共當之耳。”《珠林》卷四二引《灌佛形像經》：“殘有肴饌，啖食不盡，皆當送與守寺中持法沙門眾僧，自共分之。”又卷五二引《法句喻經》：“長者問曰：吾及室家自共娛樂，何故慚羞？”細審諸例，“自共”猶今言“各自一同”，用為範圍副詞，在句中作狀語。作“此”者，蓋不明“自共”用法而臆改，不可取。

[500] 即御四兵，攻難雀寺。寺有二石師子，號吼動地。王大驚怖，退走入城。人民看者，嗟泣盈路。王益忿怒，自不敢入，驅逼兵將，詐行死害。就令勤與呼攝七眾一切集會。（引《舍利弗問經》；冊六，98/2837/5）

按：“就令”之“就”，《大正藏》本作“蹴”，校：“宋、元、宮作‘鶩’，《明》作‘就’。”（53/1012b/22）《中華藏》本作“趢”，校：“磧作‘鶩’，南、徑、清作‘就’。”（72/698c/9）《高麗藏》本作“趢”。“蹴”與“趢”為異體關係，“就”與“鶩”有通借關係，此處的關鍵，在於“趢”與“鶩”孰是孰非。考慧琳《一切經音義》卷五四引玄應釋《摩登伽經》：“頻蹙，子六反，謂迫，促，從。蹙，皺也，急也，近也。經文作趢，目六反。趢，踢也，非今所用也。”由此可知，“趢”是“蹙”的俗寫。此處當以“趢（蹴）”為是，取“催促”義，“趢（蹴）令勤與”後應逗開。東晉失譯人名《舍利弗問經》原作"督"，義亦是"催促"。因為"趨（蹴）"的通常義無法解釋，又昧於"趨"與"麼"的字形關係，故有改為"鷟（就）"之失。

# 《法苑珠林校注》卷九十九商議

[501] 有人語夫：卿婦羅刹，肉血為食。夫不信人。數數語之，夫心遂疑，意欲試之。夜臥揚出，鼾聲如眠，婦謂定眠，竊起出城，詣於塚閒。（引《修行地道經》；冊六，99/2846/10）

按：《〈法苑珠林校注〉拾零》（《鄭州大學學報》，2009年第4期）云“夜臥揚出，鼾聲如眠”中的“夜臥揚出”頗費解，當依《修行地道經》作“夜佯臥，出鼾聲如眠”。此處文字確實當據《修行地道經》乙改，但應標點為“夜佯臥出，鼾聲如眠”。“臥出”意為“熟睡”，是佛經中的慣用詞語，李維琦《佛經詞語彙釋》（319～320頁）已有詳論，可參看。“揚”當作“陽”，“陽”同“佯”，皆假裝之義。

# 《法苑珠林校注》卷一百商議

[502] 或合藏騰於天府，或單瑞於王臣。或七難由之獲銷，或二求因之果遂。斯徒眾矣，不述難聞。（冊六，100/2904/5）

《校注》："'單'字，《高麗藏》本作'呈'。"

按："單"，《大正藏》本、《中華藏》本作"呈"，《大正藏》本校："宋、元、明、宮作'單'。"（53/1029b/3）《中華藏》本校："磧、南、徑、清作'單'。"（72/730b/11）唐道宣《集神州三寶感通錄》卷上、《大唐內典錄》卷十作"單部"。此處前四句兩兩對文，"單部"與"合藏"字數相諧，意義相對，當從。"瑞"在此是動詞"使獲吉祥"義（參見《漢語大詞典》2401頁"瑞"下③義）。抄者因原文奪"部"字，又解"瑞"為名詞義，遂擅改"單"為"呈"。

[503] 至宋元嘉十二年至廣州。刺史韋朗表聞，宋太祖遣信迎接。（冊六，100/2905/10）

《校注》："'韋'字，《高麗藏》本、《磧砂藏》本作'車'。"

按：韋，《大正藏》本、《中華藏》本作"車"，《大正藏》本校："《明》作'韋'。"（53/1029c/9）《中華藏》本

校：“‘車朗’，《南》《徑》《清》作‘韋朗’。”（72/731a/5）
南朝梁僧祐《出三藏記集》卷十四“求那跋陀羅傳”作“車
朗”，《高僧傳》卷三、唐智昇《開元釋教録》卷五、唐法藏
《華嚴經傳記》卷二、唐圓照《貞元新定釋教目録》卷七
“求那跋陀羅”同。考《宋書·文帝紀》：“（元嘉十年）六月
乙亥，以前青州刺史韋朗為廣州刺史。”《初學記》卷二二、
卷二五，《太平御覽》卷三五六、卷三五七、卷六九八等引
《宋元嘉起居注》，皆有御史中丞劉楨彈奏前廣州刺史韋朗的
記載。《珠林》卷五、卷二二兩引《冥祥記》以及《比丘尼
傳》卷三“法緣”記宋元嘉年間東官俞氏二女見佛，刺史韋
朗迎之供養。據《宋書·州郡志四》，東官郡正屬廣州管轄，
刺史韋朗與此處為同一人。從以上所記看，作“韋朗”是，
“車朗”非。

# 附　錄

## 一、《法苑珠林》校本及今人專論目錄

大正新修大藏經（53 册）《法苑珠林》（簡稱《大正藏》本），臺北新文豐出版公司，1983 年影印。

中華大藏經（71—72 册）《法苑珠林》（簡稱《中華藏》本），中華書局，1994 年版。

王東：《〈法苑珠林校注〉拾零》，載於《江海學刊》，2014 年第 3 期。

王東：《〈法苑珠林校注〉拾零》，載於《鄭州大學學報（哲學社會科學版）》，2009 年第 4 期。

王東：《〈法苑珠林校注〉拾遺》，載於《江海學刊》，2014 年第 1 期。

王東：《〈法苑珠林校注〉商補》，載於《古籍整理研究學刊》，2008 年第 3 期。

王東：《〈法苑珠林校注〉商斠》，載於《江海學刊》，2014 年第 2 期。

王東：《〈法苑珠林校注〉補正》，載於《宗教學研究》，2010 年第 2 期。

王東：《〈法苑珠林校注〉劄記》，載於《江海學刊》，

2014 年第 4 期。

　　王紹峰：《〈法苑珠林校注〉商補》，載於《寧波大學學報》，2012 年第 5 期。

　　永樂北藏（139－142 冊）《法苑珠林》（簡稱《北藏》本），綫裝書局，2004 年影印。

　　向玲玲：《〈太平廣記〉所引〈法苑珠林〉異文研究》，安徽師範大學碩士學位論文，2012 年。

　　吳建偉：《〈法苑珠林校注〉標點疑誤補舉》，載於《古籍整理研究學刊》，2015 年第 6 期。

　　宋磧砂版大藏經本《法苑珠林》（簡稱《磧砂藏》本），上海古籍出版社，1991 年影印。

　　周叔迦、蘇晉仁：《法苑珠林校注》（簡稱《校注》），中華書局，2003 年版。

　　邵天松：《韓國湖林博物館藏〈法苑珠林〉卷八二的校勘價值》，載於《圖書館雜誌》，2012 年第 6 期。

　　禹建華：《〈法苑珠林〉異文研究》，湖南師範大學博士學位論文，2011 年。

　　高麗大藏經（69－71 冊）《法苑珠林》（簡稱《高麗藏》本），綫裝書局，2004 年影印。

　　乾隆大藏經（125－127 冊）《法苑珠林》（簡稱《清藏》本），清（1733－1738）刻印。

　　曾良：《〈法苑珠林〉考校略劄》，載於《敦煌文獻叢劄》，浙江古籍出版社，2010 年版。

　　曾良：《〈法苑珠林〉異文及校勘劄記》，閩南佛學院編：《2007 閩南佛學》（第五輯），宗教文化出版社，2007 年版。

　　欽定四庫全書本《法苑珠林》（簡稱《四庫》本），清乾隆年間刻印。

董志翹：《〈法苑珠林校注〉匡補》，載於《古籍整理研究學刊》，2007 年第 2 期。

薛玉彬：《〈法苑珠林校注〉勘誤補正》，載於《阜陽職業技術學院學報》，2015 年第 32 期。

薛玉彬：《〈法苑珠林校注〉補疑》，載於《哈爾濱職業技術學院學報》，2015 年第 5 期。

韓海振：《宋版〈法苑珠林〉隨函音義字形研究》，河北大學碩士學位論文，2014 年。

羅明月：《〈法苑珠林校注〉商校》，載於《鄭州大學學報（哲學社會科學版）》，2016 年第 6 期。

羅明月：《〈法苑珠林校注〉商榷（一）》，載於《江海學刊》，2014 年第 5 期。

## 二、引用古代文獻目錄

《周禮》，十三經注疏本，中華書局，1980 年影印清阮元校刻本。

《詩經》，十三經注疏本，中華書局，1980 年影印清阮元校刻本。

《儀禮》，十三經注疏本，中華書局，1980 年影印清阮元校刻本。

丁度等：《集韻》，中國書店，1983 年版。

干寶撰，汪紹楹校注：《搜神記》，中華書局，1979 年版。

干寶撰，黃滌明譯注：《搜神全譯》，貴州人民出版社，1991 年版。

公羊高：《公羊傳》，十三經注疏本，中華書局，1980年影印清阮元校刻本。

牛僧孺撰，程毅中點校：《玄怪錄》，中華書局，2006年版。

王引之：《經傳釋詞》，嶽麓書社，1984年版。

王文元：《佛典譬喻經全集》，重慶出版社，2009年版。

王充撰，黃暉校釋：《論衡校釋》，中華書局，1990年版。

王念孫：《讀書雜志》，中國書店，1985年版。

王重民等：《敦煌變文集》，人民文學出版社，1984年版。

王符撰，汪繼培箋：《潛夫論箋》，中華書局，1979年版。

王欽若等：《冊府元龜》，中華書局，1960年版。

王溥：《唐會要》，中華書局，1955年版。

王嘉撰，齊治平校注：《拾遺記》，中華書局，1981年版。

王鳴盛：《十七史商榷》，上海書店出版社，2005年版。

令狐德棻：《周書》，中華書局，1971年版。

司馬光主編，胡三省注：《資治通鑒》，中華書局，1957年版。

司馬遷：《史記》，中華書局，1982年版。

左丘明：《左傳》，十三經注疏本，中華書局，1980年影印清阮元校刻本。

左丘明撰，尚學鋒、夏德靠譯注：《國語》，中華書局，2007年版。

玄奘撰，董志翹譯注：《大唐西域記》，中華書局，2012年版。

石聲漢：《齊民要術今釋》，中華書局，2009年版。

列子撰，楊伯峻集釋：《列子集釋》，中華書局，1979年版。

吉伽夜、曇曜譯撰，陳引馳注譯：《雜寶藏經》，花城出版社，1998年版。

朱熹：《詩集傳》，中華書局，1958年版。

朱駿聲：《說文通訓定聲》，武漢古籍出版社，1983年版。

呂不韋撰，張雙棣等譯注：《呂氏春秋》，中華書局，2007年版。

李吉甫撰，賀次君點校：《元和郡縣圖志》，中華書局，1983年版。

李百藥：《北齊書》，中華書局，1972年版。

李延壽：《北史》，中華書局，1974年版。

李延壽：《南史》，中華書局，1975年版。

李昉等：《太平御覽》，中華書局，1960年版。

李昉等編，汪紹楹校注：《太平廣記》，中華書局，1981年版。

李時珍編纂，劉衡如、劉山永校注：《本草綱目》，華夏出版社，2002年版。

李復言撰，程毅中點校：《續玄怪錄》，中華書局，2006年版。

李劍國：《新輯搜神後記》，中華書局，2007年版。

李劍國：《新輯搜神記》，中華書局，2007年版。

杜佑撰，王文錦等點校：《通典》，中華書局，1988年版。

求那毘地譯，周紹良譯注：《百喻經譯注》，北京圖書館出版社，2006年版。

沈約：《宋書》，中華書局，1974年版。

周一良、趙超：《唐代墓誌彙編續集》，上海古籍出版社，2001年版。

孟安排編集：《道教義樞》，正統道藏本。

孟軻撰：《孟子》，十三經注疏本，中華書局，1980年影印清阮元校刻本。

宗懍撰，姜彥稚輯校：《荆楚歲時記》，嶽麓書社，1986年版。

屈原等撰，王逸注，洪興祖補注，白化文等點校：《楚辭補注》，中華書局，1983年版。

房玄齡：《晉書》，中華書局，1974年版。

姚思廉：《梁書》，中華書局，1973年版。

姚思廉：《陳書》，中華書局，1972年版。

段成式撰，方南生點校：《酉陽雜俎》，中華書局，1981年版。

洪邁撰，何卓點校：《夷堅志》，中華書局，1981年版。

范曄：《後漢書》，中華書局，1965年版。

郎餘令撰，方詩銘輯校：《冥報拾遺》，中華書局，1992年版。

唐臨撰，方詩銘輯校：《冥報記》，中華書局，1992年版。

孫昌武等：《雜譬喻經譯注（四種）》，中華書局，2008

年版。

　　孫思邈撰，李景榮等校釋：《千金翼方校釋》，人民衛生出版社，1998 年版。

　　徐時儀：《一切經音義三種校本合刊》，上海古籍出版社，2008 年版。

　　徐堅：《初學記》，中華書局，1962 年版。

　　晉葛洪：《肘後備急方》文淵閣四庫全書本。

　　桓寬撰，王利器校注：《鹽鐵論校注》，中華書局，1992 年版。

　　班固：《漢書》，中華書局，1962 年版。

　　秦越人：《難經》，四川科技出版社，2008 年版。

　　荀悅：《前漢紀》，欽定四庫全書本。

　　袁珂：《山海經全譯》，貴州人民出版社，1991 年版。

　　郝春文：《英藏敦煌社會歷史文獻釋錄》（第二、三卷），社會科學文獻出版社，2003 年版。

　　郝懿行：《爾雅義疏》，上海古籍出版社，1983 年版。

　　常璩撰，劉琳校注：《華陽國志校注》，巴蜀書社，1984 年版。

　　康僧會譯撰，吳海勇注譯：《六度集經》，花城出版社，1998 年版。

　　張自烈：《正字通》，中國工人出版社，1996 年版。

　　張君房編，李永晟點校：《雲笈七籤》，中華書局，2003 年版。

　　張華撰，范寧校證：《博物志校證》，中華書局，1980 年版。

　　張繼禹：《中華道藏》，華夏出版社，2004 年版。

張鷟撰，趙守儼點校：《朝野僉載》，中華書局，1979年版。

梁元帝：《金樓子》，欽定四庫全書本。

許慎：《說文解字》，中華書局，1963年版。

許慎撰，清段玉裁注：《說文解字注》，上海古籍出版社，1981年版。

陳彭年等：《宋本廣韻》，中國書店，1982年版。

陳壽撰，南朝宋裴松之注：《三國志》，中華書局，1982年版。

陶潛撰，汪紹楹校注：《搜神後記》，中華書局，1981年版。

陸德明：《經典釋文》，中華書局，1983年版。

傅亮等撰，孫昌武點校：《觀世音應驗記》（三種），中華書局，1994年版。

傅亮等撰，董志翹譯注：《〈觀世音應驗記三種〉譯注》，江蘇古籍出版社，2002年版。

彭定求等：《全唐詩》，中華書局，1960年版。

揚雄撰，錢繹撰集：《方言箋疏》，上海古籍出版社，1984年版。

逯欽立校輯：《先秦漢魏晉南北朝詩》，中華書局，1983年版。

楊衒之撰，周振甫譯注：《洛陽伽藍記校釋今譯》，學苑出版社，2001年版。

楊衒之撰，周祖謨校釋：《洛陽伽藍記校釋》，上海書店出版社，2000年版。

楊衒之撰，范祥雍校注：《洛陽伽藍記校注》，上海古籍出版社，1978 年版。

楊琳注：《小爾雅今注》，漢語大詞典出版社，2002年版。

葛洪撰，中華書局編輯部：《西京雜記》，中華書局，1985 年版。

葛洪撰，王明校釋：《抱樸子內篇校釋》，中華書局，1985 年版。

葛洪撰，邱鶴亭注譯：《神仙傳今譯》，中國社會科學出版社，1996 年版。

葛洪撰，楊明照校箋：《抱樸子外篇校箋》，中華書局，1991 年版。

董誥等：《全唐文》，中華書局，1983 年影印。

虞世南：《北堂書鈔》，中國書店，1989 年版。

解縉：《永樂大典（殘卷）》，中華書局，1986 年版。

管仲：《管子》，二十二子本，上海古籍出版社，1986年版。

趙超：《漢魏南北朝墓誌彙編》，天津古籍出版社，1992年版。

趙萬里：《漢魏南北朝墓誌集釋》，臺灣新文豐出版公司，1986 年版。

劉向撰，邱鶴亭注譯：《列仙傳今譯》，中國社會科學出版社，1996 年版。

劉向撰，趙善詒疏證：《說苑疏證》，華東師範大學出版社，1985 年版。

劉安：《淮南子》，二十二子本，上海古籍出版社，1986年版。

劉知幾著，姚松、朱恒夫譯注：《史通全譯》，貴州人民出版社，1997 年版。

劉昫：《舊唐書》，中華書局，1975 年版。

劉肅撰，許德楠、李鼎霞點校：《大唐新語》，中華書局，1984 年版。

劉敬叔撰，范寧校點：《異苑》，中華書局，1996 年版。

劉義慶撰，徐震堮校箋：《世說新語校箋》，中華書局，1984 年版。

劉熙撰，王先謙撰集：《釋名疏證補》，上海古籍出版社，1984 年版。

墨翟：《墨子》，二十二子本，上海古籍出版社，1986 年版。

慧覺等譯撰，溫澤遠等注譯：《賢愚經》，花城出版社，1998 年版。

樂史撰，王文楚等點校：《太平寰宇記》，中華書局，2013 年版。

歐陽修等：《新唐書》，中華書局，1975 年版。

歐陽詢：《藝文類聚》，中華書局，1982 年版。

鄭處誨撰，田廷柱點校：《明皇雜錄》，中華書局，1994 年版。

魯迅輯錄：《魯迅輯錄古籍叢編（第一卷）》，人民文學出版社，1999 年版。

蕭子顯：《南齊書》，中華書局，1972 年版。

蕭統編，李善注：《文選》，中華書局，1977 年版。

應劭撰，王利器校注：《風俗通義校注》，中華書局，1981 年版。

戴侗撰，黨懷興、劉斌點校：《六書故》，中華書局，2012 年版。

韓非撰，陳秉才譯注：《韓非子》，中華書局，2007 年版。

顏之推撰，王利器集解：《顏氏家訓集解》，上海古籍出版社，1980 年版。

顏元孫：《幹禄字書》，欽定四庫全書本。

魏收：《魏書》，中華書局，1974 年版。

魏徵等：《隋書》，中華書局，1973 年版。

魏張揖撰，王念孫疏證：《廣雅疏證》，中華書局，1983 年版。

羅國威校注：《〈冤魂志〉校注》，巴蜀書社，2001 年版。

贊寧撰，范祥雍點校：《宋高僧傳》，中華書局，1987 年版。

嚴可均校輯：《全上古三代秦漢三國六朝文》，中華書局，1958 年版。

竇懷永、張湧泉輯校：《敦煌小說合集》，浙江文藝出版社，2010 年版。

釋行均：《龍龕手鑒》，四庫全書本。

釋圓仁撰，白化文等校注：《入唐求法巡禮行記》，花山文藝出版社，1992 年版。

釋慧皎撰，湯用彤校注：《高僧傳》，中華書局，1992 年版。

釋寶唱撰，王孺童校注：《比丘尼傳校注》，中華書局，2006 年版。

鶡冠子撰，黄懷信彙集：《鶡冠子彙校集注》，中華書局，2004 年版。

顧祖禹撰，賀次君、施和金點校：《讀史方輿紀要》，中華書局，2005 年版。

顧野王：《宋本玉篇》，中國書店，1983 年版。

酈道元撰，譚屬春，陳愛平點校：《水經注》，嶽麓書社，1995 年版。

## 三、參考論著要目

秦公輯：《碑別字新編》，文物出版社，1985 年版。

呂叔湘：《標點古書評議》，商務印書館，1988 年版。

岑仲勉：《岑仲勉史學論文集》，中華書局，1990 年版。

王紹峰：《初唐佛典詞彙研究》，安徽教育出版社，2004 年版。

王雲路：《詞彙訓詁論稿》，北京語言文化大學出版社，2002 年版。

張永言：《詞彙學簡論》，華中工學院出版社，1982 年版。

朱起鳳：《辭通》，上海古籍出版社，1982 年版。

《辭源》修訂組：《辭源》（修訂本），商務印書館，1979 年版。

方一新：《東漢魏晉南北朝史書詞語箋釋》，黄山書社，1997 年版。

蔣禮鴻：《敦煌變文字義通釋》（第四次增訂本），上海古籍出版社，1988 年版。

曾良：《敦煌佛經字詞與校勘研究》，廈門大學出版社，

2011 年版。

　　高國藩：《敦煌俗文化學》，上海三聯書店，1999 年版。

　　黃征：《敦煌俗字典》，上海教育出版社，2005 年版。

　　張涌泉：《敦煌俗字研究》，上海教育出版社，1996 年版。

　　曾良：《敦煌文獻叢劄》，浙江古籍出版社，2010 年版。

　　項楚：《敦煌文學叢考》，上海古籍出版社，1991 年版。

　　吳福秀：《〈法苑珠林〉分類思想研究》，中國社會科學出版社，2014 年版。

　　李華偉：《法苑珠林研究——晉唐佛教的文化整合》，中國社會科學出版社，2015 年版。

　　朱慶之：《佛典與中古漢語詞彙研究》，文津出版社，1992 年版。

　　任繼愈：《佛教大辭典》（第 2 版），鳳凰出版社，2011 年版。

　　陳洪：《佛教與中古小說》，學林出版社，2007 年版。

　　李維琦：《佛經詞語彙釋》，湖南師範大學出版社，2004 年版。

　　俞理明：《佛經文獻語言》，巴蜀書社，1993 年版。

　　丁福保：《佛學大辭典》，中國書店出版社，2011 年版。

　　王邁：《古文標點例析》，語文出版社，1992 年版。

　　吳金華：《古文獻研究叢稿》，江蘇教育出版社，1995 年版。

　　程毅中：《古小說簡目》，中華書局，1981 年版。

　　宗福邦等編纂：《故訓匯纂》，商務印書館，2003 年版。

　　徐仁甫：《廣釋詞》，四川人民出版社，1981 年版。

湯用彤：《漢魏兩晉南北朝佛教史》（增訂本），北京大學出版社，2011 年版。

鄭賢章：《漢文佛典疑難俗字彙釋與研究》，巴蜀書社，2016 年版。

楊琳：《漢語詞彙與華夏文化》，語文出版社，1996 年版。

漢語大詞典編輯委員會：《漢語大詞典》（縮印本），漢語大詞典出版社，1997 年版。

漢語大字典編輯委員會：《漢語大字典》（第二版），四川辭書出版社、崇文書局，2010 年版。

王力：《漢語史稿》，中華書局，2004 年版。

張涌泉：《漢語俗字叢考》，中華書局，2000 年版。

張春雷：《〈經律異相〉異文研究》，南京師範大學博士學位論文，2011 年。

董志翹等：《〈經律異相〉整理與研究》，巴蜀書社，2011 年版。

朱季海：《南齊書校議》，中華書局，1984 年版。

華學誠：《潛齋語文叢稿》，南京大學出版社，1991 年版。

吳金華：《三國志校詁》，江蘇古籍出版社，1990 年版。

張相：《詩詞曲語辭匯釋》，中華書局，1953 年版。

王鍈：《詩詞曲語辭例釋》（增訂本），中華書局，1986 年版。

張永言、蔣宗許等：《世說新語辭典》，四川人民出版社，1992 年版。

吳金華：《世說新語考釋》，安徽教育出版社，1994

年版。

　　宋聞兵：《〈宋書〉詞語研究》，中華書局，2009 年版。

　　丁福林：《宋書校議》，上海古籍出版社，2002 年版。

　　中國佛教文化研究所：《俗語佛源》，天津人民出版社，2008 年版。

　　曾良：《俗字及古籍文字通例研究》，百花洲文藝出版社，2005 年版。

　　湯用彤：《隋唐佛教史稿》，北京大學出版社，2010 年版。

　　吳鋼輯、吳大敏：《唐碑俗字錄》，三秦出版社，2004 年版。

　　李劍國：《唐前志怪小說史》，南開大學出版社，1984 年版。

　　王鍈：《唐宋筆記語辭匯釋》（修訂本），中華書局，2001 年版。

　　江藍生、曹廣順：《唐五代語言詞典》，上海教育出版社，1997 年版。

　　李劍國：《唐五代志怪傳奇敘錄》，南開大學出版社，1993 年版。

　　王啟濤：《吐魯番出土文獻詞典》，巴蜀書社，2011 年版。

　　蔡鏡浩：《魏晉南北朝詞語例釋》，江蘇古籍出版社，1990 年版。

　　江藍生：《魏晉南北朝小說詞語彙釋》，語文出版社，1988 年版。

　　裘錫圭：《文字學概要》，商務印書館，1988 年版。

《西方校勘學論著選》，蘇傑編譯，上海人民出版社，2009 年版。

中國社會科學院語言研究所詞典編輯室：《現代漢語詞典》（2002 年增補本），商務印書館，2002 年修訂第 3 版。

李明龍：《〈續高僧傳〉詞彙研究》，中國社會科學出版社，2014 年版。

郭在貽：《訓詁叢稿》，上海古籍出版社，1985 年版。

陸宗達、王寧：《訓詁方法論》，中國社會科學出版社，1983 年版。

董志翹：《訓詁類稿》，四川大學出版社，1999 年版。

郭在貽：《訓詁學》，湖南人民出版社，1986 年版。

張永言：《訓詁學簡論》，華中工學院出版社，1985 年版。

華學誠：《揚雄方言校釋匯證》，中華書局，2006 年版。

蔣禮鴻：《義府續貂》（增訂本），中華書局，1987 年版。

袁雪梅：《中古漢語的關聯詞語》，人民出版社，2010 年版。

王雲路、方一新：《中古漢語語詞例釋》，吉林教育出版社，1992 年版。

董志翹：《中古近代漢語探微》，中華書局，2007 年版。

羅維明：《中古墓誌詞語研究》，暨南大學出版社，2003 年版。

董志翹：《中古文獻語言論集》，巴蜀書社，2000 年版。

范崇高：《中古小說校釋集稿》，巴蜀書社，2006 年版。

陳垣：《中國佛教史籍概論》，中華書局，1962 年版。

方立天：《中國佛教文化》，中國人民大學出版社，2006年版。

秦永洲：《中國社会风俗史》，山东人民出版社，2008年版。

## 四、本書商議主要詞句音序索引

*方括号中的数字，是该词句在书中的条目编号。

## C

| cai | 才德 [56] |
| | 材頭 [136] |
| | 采衣 [200] |
| | 採取 [462] |
| | 蔡射 [336] |
| | 蔡興 [336] |
| can | 殘林 [79] |
| | 慘痛 [87] |
| cang | 藏擧 [169] |
| | 藏弃 [169] |
| chang | 常求不集 [418] |
| | 常失不集 [418] |
| che | 車朗 [503] |
| cheng | 承其死 [81] |
| | 承其罪 [81] |
| chi | 叱喝 [435] |
| | 叱咀 [435] |
| chong | 崇向 [119] |
| chou | 抽腸 [376] |
| | 抽腹 [376] |
| chu | 初 [92] |
| | 出田 [298] |
| | 出五色煙 [487] |
| | 出因 [298] |
| chuang | 牀案 [52] |

高邑 [50]

藁 [250]

gong　　　宮物 [57]

共醉 [205]

貢高 [421]

gou　　　構 [11]

穀 [11]

gu　　　孤幼 [40]

谷口 [291]

谷之不徙 [27]

雇 [6]

顧 [6]

顧納 [242]

痼病 [167]

故心 [497]

gua　　　瓜步 [265]

瓜洲 [265]

絓是 [29]

掛 [220]

guan　　　官物 [57]

慣 [404]

guang　　　光趺 [65]

gui　　　鬼傳教 [134]

**H**

hai　　　孩幼 [40]